Dorpat und die Grüne Kiste

Schriftenreihe der Carl-Schirren-Gesellschaft
Band 15

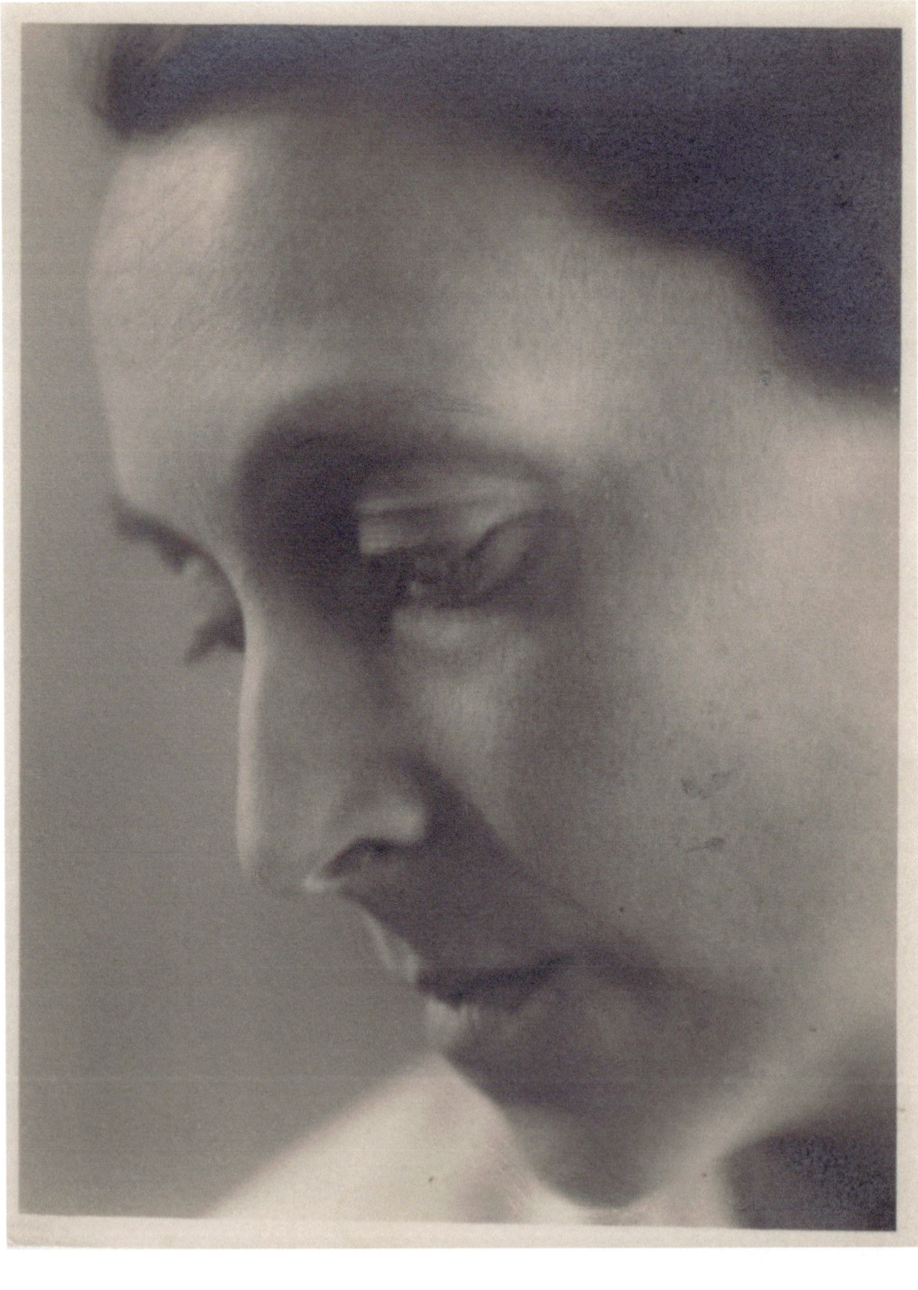

Sophie Pannitschka

Dorpat und die Grüne Kiste

Bibliografische Information der Deutschen Nationalbibliothek:
Die Deutsche Nationalbibliothek verzeichnet diese Publikation in der Deutschen Nationalbibliografie; detaillierte bibliografische Daten sind im Internet über http://dnb.dnb.de abrufbar.

Herstellung: BoD – Books on Demand, Norderstedt

ISBN: 978-3-9231-4986-5

Inhaltsverzeichnis

Für meine Großmutter, meine Mutter, meine Kinder und Enkelkinder

Julie und Carl Schulz	meine Urgroßeltern, Dagmars Großeltern
Emma und Arthur Schulz	meine Urgroßeltern, Dagmars Eltern
Dagmar Schulz	meine Großmutter
Herbert Boehm	mein Großvater
Monika	meine Mutter, Dagmars und Herberts Tochter
Charly, Edith, Gerta, Sigrid, Gunnar Schulz	Geschwister meiner Großmutter Dagmar
Werner M.	mein Großonkel, Ehemann von Edith Schulz
Walther K.	mein Großonkel, Ehemann von Sigrid Schulz
Milly und Maximilian Boehm	meine Urgroßeltern, Eltern von Herbert
Max Hildebert, Sigfried, Erika, Ilse Boehm	Geschwister meines Großvaters Herbert

Prolog: Ein Ring

Seit einigen Monaten funkelt ein Ring an meiner Hand. In das gelbe Gold sind zwei große, runde Brillanten eingelassen, die wie auf einem Thron eingemeißelt sitzen. Von dort schauen sie in die Welt, treu nebeneinander, Hand in Hand. Sie glitzern und funkeln, sie strahlen aus ihrer Quelle. Es ist ein königlicher Ring, der sich bescheiden präsentiert und sich wie unters Volk mischt. Das gelbe Gold umschmeichelt den Finger, den es umringt, die Brillanten ruhen in einem goldenen Bett, das ihnen Halt gibt – eine bewährte Einheit. Der Ring glänzt an meinem Finger, er wirkt an meiner Hand so, als wäre er für mich gemacht, als trüge ich ihn schon immer – kaum, dass er auffällt. Ich schaue ihn an und lausche, was er mir zu erzählen hat.

Und ich erfahre: Mehr als fünfundzwanzig Jahre hat er in einer Schatulle gelegen, in einem Schmuckkästchen. Nach dem Tod meiner Großmutter Dagmar Schulz hat ihn meine Mutter mit den anderen Geschmeiden aufbewahrt. Als einzige Tochter hat sie sich um den Nachlass gekümmert und Aufbewahrungsorte für all die Gegenstände bestimmt, die den Tod ihrer Mutter überdauert haben. Offensichtlich hatte sie nicht die Ambition, den Ring zu tragen. So wartete er neben anderem Gold auf eine neue Zeit. Und ich erinnere mich. Ja. Meine Großmutter hat den Ring getragen. Immer. Das Bild steigt hoch, ich sehe ihre Hand noch vor mir. An ihre Hand gehört dieser Ring. Sie war eine stolze Frau, die sich nicht brechen ließ, obgleich der Zahn der Zeit kräftig an ihr gezerrt hat. Noch im 19. Jahrhundert geboren, hat sie beide Weltkriege erlebt und erlitten. Sie war fünfzig Jahre alt, als der Bruch unabwendbar hinter ihr lag, als sie ein neues Leben in Trümmer-Deutschland begann, das Baltikum und damit ihre Heimatstadt Dorpat endgültig hinter sich ließ. Meine Großmutter, die wir als Kinder Baba nannten, hatte nur wenig aus ihrer estnischen Heimat retten können, abgesehen vom Schatz der Erinnerungen aber einige Fotos und Schmuckstücke. Nicht alles war verloren gegangen, gestohlen oder vertickt worden, um zu überleben. Vielleicht stimmt es, dass der Schmuck der Mutter Emma, den sie von ihrer Schwiegermutter Julie geerbt hatte, kurz vor dem Ausbruch des Zweiten Weltkrieges unter den drei Töchtern an ihrem Grab verteilt worden war. Und meine Großmutter bekam, unter anderem, einen schweren Goldring mit einem Saphir und zwei Brillanten.

Wie auch immer er in ihre Hände kam, den Ring hat sie, die Fotografin in dritter Generation, später nach dem Krieg in Deutschland umarbeiten lassen. Die Nachkriegszeit bot sich nicht an, auffälligen Schmuck zu präsentieren. Und außerdem wollte sie vielleicht auch gerne etwas für ihre Tochter haben – so stelle ich mir das vor. Und es wurden zwei Ringe aus einem Ring. Einer mit dem Saphir und einer mit den Brillanten. Die Geschichte des Saphirrings ist eine andere, von der ich zu wenig weiß, um sie hier zu erzählen, die des Brillantrings aber fand für Jahrzehnte ihre Heimat an der Hand meiner Großmutter. Als ich den Ring bekam, zu einem erhabenen Geburtstag, wurde gewispert, dass er einst ein Geschenk des russischen Zaren für eine Fotografie gewesen sei. Der Mythos wurde gehegt und übersteigert, bis dahin aber nicht verifiziert. Mehr, als dass meine Vorfahren mütterlicherseits Fotografen im Baltikum gewesen waren, wusste ich damals nicht. Und ich schaue auf meine Hand mit dem Ring, der eine lange und geheimnisvolle Geschichte in sich trägt. Als ich dem Archivar, der mir in Dorpat bei meiner Spurensuche hilft, die Geschichte erzähle und nachfrage, ob er etwas über seine Herkunft herausfinden könne, sendet er mir postwendend eine Anzeige aus der Dörptschen Zeitung von 1893 zur Provenienz des Ringes:

> *Wie wir hören, ist dem Inhaber des bekannten photographischen Ateliers C. Schulz hierselbst kürzlich eine sehr ehrende Auszeichnung von Wien her zu Theil geworden. Für von ihm für den Wiener Hof hergestellte Vergrößerungen hat Kaiser Franz Joseph ihm durch den Generaladjutanten Grafen Paar seinen Dank aussprechen und zugleich einen schweren goldenen Ring mit einem Saphir und zwei Brillanten übersenden lassen. – Wir erinnern daran, dass die Firma C. Schulz schon früher die von ihr hier am Embach-Ufer gepflegte photographische Kunst in der verwöhnten Kaiserstadt an der Donau zu Ehren gebracht hat, in dem im vorigen Jahre, wie I. B. berichtet, ein von ihr für den Kaiser von Oesterreich hergestelltes großes Portrait des Erzherzogs Carl Salvator in entsprechender Weise gewürdigt worden ist.*

Der Märchencharakter schwindet zu Gunsten eines klaren Bildes, die Quelle liegt geöffnet vor mir. Nicht also vom russischen Zaren Hof, sondern aus Wien, von Kaiser Franz Joseph – vor einhundertvierundzwanzig Jahren! Was der Ring erlebt hat, bevor er von Wien nach Estland transportiert wurde, das weiß ich nicht. Vielleicht hat Sissi ihn getragen. Jetzt prangt er an meiner Hand und meine Geschichte mit ihm beginnt.

1944: Das Ende von Dorpat

„Am 17. August wird von der Polizei der Befehl erteilt, alle Frauen und Kinder binnen zwei Stunden aus der Stadt zu evakuieren. Panik. Am 18. August sind alle Speisehäuser geschlossen. Die deutsche Gendarmerie greift auf den Straßen alle sechzehn bis sechzigjährigen Männer auf. Alle Behörden werden evakuiert. Am 19. August leeren die Deutschen alle Lager und Geschäfte. Über der Stadt kreisen vereinzelt russische Flugzeuge, die von Zeit zu Zeit einige Sprengbomben in den Bezirk der Rigaschen Straße und der Kastanienallee werfen. Todesopfer und Zerstörungen. Nachmittags minieren deutsche Pioniere die wichtigsten öffentlichen Gebäude der Stadt. Der näherkommende Geschützdonner läßt Fenster und Türen erschüttern.

In der Nacht zum 20. August brechen russische Panzer durch die Front. Um zwei Uhr mittags schlagen die ersten Granaten in die Häuser der Kastanienallee und an der Werroschen Straße ein. Als die Sonne am Morgen des 23. August blutig im Osten aufgeht, erglühen bald die von Brandbomben getroffenen Häuser in blutigem Rot. Das Feuer frißt sich von Haus zu Haus weiter. Niemand ist zum Löschen da. Mittags entstehen neue Brandherde in der Bahnhofstraße und der Techelferschen Vorstadt, die allmählich von Artilleriefeuer von der Fellinschen Straße aus in Brand gesetzt werden. In der letzten Not schickt die Kommandantur die Bemannung der Peipusflotte in den Kampf. Im Militärgefängnis an der Mühlenstraße werden die Gefangenen unter der Bedingung in Freiheit gesetzt, daß sie sofort an die Front gehen. Sie gehen mit fast leeren Händen in den Kampf. Der größte Teil ist gefallen. Am frühen Morgen des 24. August wollen die Einwohner, die schon geflüchtet waren, ihre Möbel retten. Als die mit Möbeln hochbeladenen Wagen über den Rathausplatz fahren wollen, werden sie von der Feldgendarmerie aufgehalten. Kostbare Mahagonischränke brechen auseinander, Spiegel zerklirren. Die leeren Wagen werden in die Ritterstraße geleitet, um ein Schuhlager fortzubringen. In der Kommandantur treffen Verwundete ein, die nach Verbandsplätzen und Lazaretten suchen, die es aber nicht mehr gibt. Um 17 Uhr wird die Stadt von zwei schweren Explosionen erschüttert. Die Deutschen haben die Eisenbahnbrücke über dem Embach und den Bahnhof gesprengt. Es folgen weitere Sprengungen. Fabrikanlagen, Forstämter, Post und Telegraphenamt, der Güterbahnhof, das Observatorium, die Sternwarte, Universität, Rathaus und Kirchen sind in dichten Rauch gehüllt. Um 19 Uhr wird in der Rigaschen-, Mühlen-, Katholischen-, Bahnhofs-, Teich-, und Marienhöfschenstraße gekämpft, bald auch in der Peplerstraße und im Wallgraben. Die Kliniken brennen. Die Teufels- und die Engelsbrücke gehen in die Luft. Um 20 Uhr fängt die Pauluskirche Feuer. Durch die gewaltige Hitze und den Sog fangen die Glocken von selbst an, klagend und trotzend zu läuten. Am 25. August verlassen die letzten Verteidiger die Stadt Dorpat. Sie nehmen ihre Toten und Verwundeten mit. Um drei Uhr morgens zieht die Wehrmachtskommandantur ab. Um sechs Uhr morgens sind die Russen Herren der Trümmer der südlichen Stadt. Um sieben Uhr morgens werden die Freiheitsbrücke, die Reste der Steinbrücke, die Holzbrücke, die Markthalle, das Spritzenhaus und der ganze Hafen gesprengt.

Durch die gewaltigen Explosionen werden fast alle Häuser am alten und neuen Markt zerstört. Von der Artillerie werden die Wanemuine-, die Markt-, Alexander- und die Gartenstraße in Brand geschossen. Noch am selben Tag setzen die Russen ihre Truppen über den Embach, in dem Blut und Leichen treiben. Am 3. September beginnen die Deutschen ihren Gegenangriff. Die Ritterstraße und das Gymnasium und die Johanniskirche liegen in Trümmern. Am 7. September brennt auch die Petrikirche. Vom 11.-15. September versuchen die Deutschen zum letzten Mal zur Stadt vorzudringen. Am 18. September verlassen die letzten deutschen Truppensplitter den Raum der Stadt Dorpat."[1]

Das Haus an der Gartenstraße Ecke Altstraße ist bis auf die Grundmauern abgebrannt und eingestürzt. Die Seitenfassade ragt als mahnende Wand noch bis zum zweiten Stock, die Eckhälfte der Vorderseite des Hauses steht noch bis über die Fensterstürze des Erdgeschosses.

Der ganze rechte Teil in der Altstraße ist eingebrochen. Der obere Teil des Hauses, der aus Holz gebaut worden war, ist dem Feuer ungehindert anheimgefallen. Ein Schornstein ragt einsam und verlassen in die Höhe. Die Fensterscheiben sind zerklirrt, die großen Öffnungen an der Front- und Stirnseite des Hauses verbergen nichts. Berge von Schutt liegen im „Innern" des Anwesens, Geröll, Steine, vermutlich auch Mobiliar, Bücher, Betten, Schränke… möglicherweise auch Unglückliche – erkennen lässt sich außer Geröll nichts. Die Mauer an der Gartenstraße steht noch, im Hintergrund sehe ich die Fassade des Ateliers, dazwischen einige Bäume, die sich gen Himmel zu retten versuchen und im Schulz'schen Hof und Garten zwischen den beiden Häusern gestanden haben.

Rechts auf dem Bild sind die Reste des Juweliergeschäfts gegenüber zu sehen, auch das ist ausgebrannt, davor die Litfaßsäule, sie hat die Hälfte ihrer Höhe eingebüßt. Die linke Hälfte des Fotos zeigt die große, mit Kopfsteinpflaster versehene Straßenkreuzung. Gartenstraße, Altstraße, Promenadenstraße: Neumarkt. Das graue Foto, das von Gebäuderuinen und dem Kopfsteinpflaster geprägt ist, zeigt aber auch, dass es weitergeht. Kinder sind auf dem Bild zu sehen, Fahrradfahrende Kinder, spielende, laufende und stehende. Die Kinder sind in Bewegung, das ist deutlich, während die steinerne Katastrophe um sie herum jeglichen Humor vergessen zu haben scheint. Niemand ist auf dem Bild mit dem Wiederaufbau beschäftigt, keine Erwachsenen sind zu sehen. Es ist Sommer. Vielleicht 1945. Jedenfalls zeigt das Schwarz-weiß-Foto die Ruinen des Eckhauses, des Gartens und Hofs sowie des

[1] Verfasser ungenannt: Dorpats letzte Tage (1944). In: Baltische Hefte, 13. Band, 1967. Herausgeber und Verlag Harro v. Hirschheydt, Hannover-Döhren. S. 121-124.

Ateliers, in dem meine Vorfahren über sechzig Jahre gearbeitet und gelebt haben, es ist das Geburtshaus meiner Großmutter Dagmar Schulz in Dorpat.

Biografisches Gepäck

Auch meine Kindheits- und Jugendstadt im Ruhrgebiet ist im Zweiten Weltkrieg komplett zerstört worden. Auf dem Brachland der Trümmer wurde sie neu errichtet, nicht mehr als ihren Namen hat sie behalten. Schnell, hoch, funktional, überall Beton. Kaum Relikte der Altvorderen, alles aus dem Boden gestampft, ein Inbegriff der Postmoderne. Der Blick aus der Küche meiner Kindheit fällt auf das Opelwerk. Ich kenne nichts anderes als arbeitende Menschen und volle Autobahnen; Landschaft und Natur gibt es nur im Urlaub.

In meiner Kindheit und Jugend hatte ich das Gefühl, dass die kleine Familie, in der ich aufwuchs, abgesehen von zwei Großmüttern, keine Verwandten hat – wir waren irgendwie allein und unterwegs, warum und wohin, das war mir nicht klar. Ich wusste wohl, dass es da noch den Bruder meines Vaters und eine Halbschwester meiner Mutter gibt (und es gab sogar noch einige mehr), ich habe sie auch ein paar Mal in meinem Leben gesehen, aber das waren nicht die Menschen, mit denen wir uns trafen, die zu meinem Leben dazugehören, zu denen ich eine Verbindung hatte, die mir Briefe zum Geburtstag geschrieben hätten oder von denen es ein Weihnachtspäckchen gab – so wie ich das bei Freundinnen mitbekam. Die Kategorie „Verwandte" spielte in meinem Leben überhaupt keine Rolle, sie gehörte wie nicht zu unserer Familie, ja, fast waren Verwandte Fremde, jedenfalls waren sie fremder als Freunde und Weggefährten meiner Eltern. Es gab keine Familienfeste oder Anlässe, zu denen die Verwandtschaft zusammengekommen wäre. Es gab in meinem Erleben nur die vierköpfige Familie mit zwei Großmüttern, die äußerlich weit weg wohnten, innerlich aber, zumindest uns Kindern, nah waren. Und zum anderen hatte ich das Gefühl, dass es, abgesehen von einer nicht vorhandenen Verwandtschaft, auch keine handhabbare Vergangenheit gab. Das Leben meiner Familie konstituierte sich nicht aus übergebenen Traditionen und Werten, aus Familienerinnerungen, Bräuchen oder gemeinsamen Orten, sondern aus aktuellen, politischen und nach vorne gerichteten Überzeugungen und gedanklichen Konstrukten. Der Kontinuitätsbruch durch den Nationalsozialismus und den Zweiten Weltkrieg muss innerhalb der Familien so gewaltig gewesen sein, dass es nichts mehr gab, was aus der Zeit davor zu stammen schien und weiter transportiert werden konnte. Es gab zwar ein paar Erzählungen, aber diese hatten wie keinen Relevanz- oder Echtheitswert – es waren irgendwie nur Geschichten. Den alten Berichten hörte ich in meiner Kindheit ungläubig zu – es soll Zeiten gegeben haben, in denen „Deutsche" in ganz Europa zuhause waren. Die Rede ist von einem Land, in dem es im Sommer nachts kaum dunkel wird, in dem es Birken und Blaubeeren gibt, Seen und Himbeeren... Zeiten, in denen die Menschen viele Sprachen beherrschten: mit dem Kindermädchen in einer anderen Sprache als mit den Eltern, dem Besuch oder in der Schule sprachen... diese Bilder kommen nicht nur aus einer anderen Zeit, sondern auch aus einer anderen Welt, die ich nicht kannte.

Was es gab, war eine Gegenwart mit explosiven und brüchigen Fragen und für mich nicht wirklich einzuordnenden Aussagen. Keine Verwandtschaft und keine Vergangenheit – das war mein Kindheitsgefühl, es ist das biografische Gepäck, das ich bis heute auf meinem Rücken trage, es ist der Rucksack, der mit einem Loch gefüllt ist, mit Abwesenheit von etwas.

Schon in der Midlifecrisis meines Lebens machte ich mich einmal auf, um meinen Vorfahren nachzuspüren. Selbst Kriegsenkel, meine Eltern Kriegskinder, meine Großeltern in der Generation der Kriegsteilnehmer, hatte ich das Gefühl, dass es schön sein könne, die „alte Heimat" einmal kennen zu lernen – denn mir selbst ist so etwas wie eine gewachsene Verbindlichkeit mit einem Ort fremd. Die Reise zu den Wurzeln der mütterlichen Vorfahren führte mich weit in den Osten, die Anzahl der Birken vervielfachte sich. Es war Sommer und ich träumte durch das Land. Ich schaute und staunte und fuhr immer weiter. Ich verstand die Sprache nicht, sah aber Klänge, hörte Landschaften, fühlte Vergangenes, roch alte Geschichten und fuhr über den sandigen Boden, der mit Blut aus dem Osten und dem Westen getränkt ist. Die grünen Ufer der Seen schwiegen eisern und luden grußlos zum Verweilen ein. Den Gleisen der Eisenbahn konnte mein Blick weit folgen, denn die Ebene verbirgt ihre Geheimnisse nicht. Damals wusste ich noch nicht, wonach ich eigentlich suche und so wurde die Reise zu einem klangvollen Eindruck des fremden Landes.

Der Zweite Weltkrieg hat auch im Baltikum gravierende Spuren hinterlassen, Russen und Deutsche fielen mehrfach übereinander her, die Bevölkerung ganz Europas wurde durchgeschüttelt, das wusste ich wohl. Das Haus meiner Familie in Dorpat ist zerstört worden, der Platz, auf dem das stolze Holzhaus samt Atelier gestanden hatte, ist heute neu bebaut. Wie das wohl alles zugegangen ist? Ich halte mich an den alten Fotos aus dem Familienbesitz fest. Auf der Rückseite steht in geschwungenen Lettern wieder und wieder: Fotografisch-Artistisches Atelier C. Schulz, Gartenstraße 3, Dorpat. Ein Name schafft Identität. Auf der Suche nach meiner eigenen mache ich mich, nachdem mir klar geworden ist, was zerrissene biografische Fäden anrichten, erneut auf die Reise, auf den Weg meiner Herkunft so nachzuspüren, so dass sich daraus möglicherweise neue Fäden und Gepäckstücke für meinen biografischen Rucksack erschaffen lassen, dass Fragen nicht nur Vorboten von Antworten sind, sondern zu diesen werden.

Brief I

Liebe Baba.
Ich bin angekommen. Noch einmal. Ich bin wieder in der Stadt, in der du 1897 geboren wurdest. Das ist lange her. Aber du hast mir einiges von den vielen Jahren erzählt, die du hier verbracht hast. Erst 1939 bist du aus deiner Heimat endgültig fort, da habe ich noch nicht gelebt. Hier also begann dein Leben. Und all die vielen glücklichen, verhängnisvollen oder unübersehbaren Ereignisse haben sich in dieser Stadt abgespielt, die dein Leben geprägt haben. Glorifizierte Kindheitserinnerungen – vielleicht –, enttäuschende Jugenderlebnisse – möglicherweise –, schwierige Zeiten – sicherlich –, jedenfalls: der Ort des Geschehens, deine Heimat für mehr als vierzig Jahre deines Lebens.

Ich bin die letzte Strecke mit dem Zug gekommen. Allerdings von Norden, von Reval, wie du sagen würdest, während du wohl meistens von Süden kamst, von Riga – wenn meine Vorstellung an dieser Stelle stimmt. Meine Sympathie für Land, Leute und deine Stadt sind unmittelbar da, auch wenn ich die Schwierigkeiten sofort erkenne. Die Esten sind nun wieder Herr im eigenen Hause. Das war nicht immer so. Aber es war in den Jahren zwischen den zwei Weltkriegen, in deinen letzten Jahren hier, auch so. Deutsche, Russen und Esten versuchten es immer wieder und wechselten sich in der Herrschaft und damit mit ihren Vorstellungen und Vorgaben ab – um es freundlich auszudrücken. Und ihr Baltendeutschen habt euch immer mit den Herrschenden arrangiert, irgendwie, in manchen Zeiten konntet ihr deutliche Privilegien für euch erringen, in anderen war es schwerer für euch.

Der Bahnhof steht stolz und bescheiden im gleißenden Licht da – noch immer. Ein Bau aus Holz, wie es hier üblich ist. Das Gebäude ist frisch gestrichen. Damals war es dunkelbraun, jetzt ist es beigefarben. In klaren Lettern steht in der Mitte, direkt auf dem Holz, TARTU. Das ist die Stadt, in die ich will. Mit der Buchstabenkombination T-A-R-T-U kann ich gefühlsmäßig nichts anfangen. Ein komisches Wort, nicht gerade klangvoll. Aber so heißt die Stadt heute, es ist ihr estnischer Name, wie du weißt, obgleich du, neben dem deutschen und estnischen Namen wohl viele Jahre den russischen, Jurjew, gebrauchen musstest. In dem großen Bahnhofsgebäude, außen anspruchslos, innen prächtig, es ist nur ein kleiner Kiosk da, an dem ich mir ein eingepacktes Sandwich kaufen könnte, überwiegt der Freiraum – Luft und Leere. Alles ist aufs Beste renoviert. Hohe Räume, hölzerne

Konstruktionen mit wunderschönen Verzierungen, prächtige Stuckdecken und ausgefallene Lampen. Eine Empfangshalle geht in die andere über, fast wirkt es so, als ob ich in einem Schloss gelandet sei. Die hölzernen Bänke mit den ledernen Sitzen laden ein, sich länger aufzuhalten. Hunderte von Menschen können hier innehalten und warten. Prächtige Räume präsentieren sich und die Vergangenheit. Aber ich bin alleine hier und schaue mich neugierig um. Nur die in sich versunkene Dame am Kiosk scheint noch mit mir hier zu sein. Die strahlend weißen Wände sind geschmückt mit großen Plakaten, Bildern und Fotos von der langen Geschichte der Schienen und ihrer Haltepunkte. Ein großes Banner zeigt diesen Bahnhof um 1900 auf einem Foto. Ja, er sieht heute noch genauso aus. Groß prangt daneben ein Fahrplan an der Wand: „Baltische Eisenbahn. Winterfahrplan. Gültig ab November 1879". Es werden die Verbindungen zwischen Berlin und St. Petersburg, zwischen Reval und Dorpat und zwischen Riga und Wien angezeigt. Du erinnerst dich?

Dorpat, ja, das ist der Name, der in mir klingt. Es ist deine Stimme, die dieses Wort ausspricht. Die ferne, geliebte Heimat, etwas Besonderes, Unerreichbares – immer lag Wehmut in deiner Stimme. Das Wort Dorpat ist mit dir verknüpft, wie sonst kaum etwas, das heutige Tartu ist nicht mehr das, was für dich Dorpat war. Dorpat und Elva, das sind die Orte deines Lebens neben Reval und Riga, den großen Städten, in die es zu offiziellen Anlässen ging. Wenn ich diese Worte lese, höre ich deine Stimme. In deiner Jugend seid ihr mit der Pferdekutsche und der Bahn gefahren. Ihr brauchtet also Zeit. Und jeweils jemanden, der das Fuhrwerk gelenkt oder der Bahn vorgestanden hat, Fahrkarten wurden noch persönlich gekauft und übergeben, der Schaffner kannte euch beim Namen. Der Bahnhof war ein Schmelztiegel von Sicherheit und Weltläufigkeit, jedenfalls hier, in Dorpat/Tartu. Ihr kanntet euch aus. Das gnädige Fräulein Schulz wurde mit Namen angesprochen, als sie an- oder abreiste – nicht wahr? Ich stehe also an dem Ort, an dem du damals, nach vielen Jahren, deiner Heimat den Rücken gekehrt hast. Heute ist nicht nur die Empfangshalle, sondern auch der Bahnhofsvorplatz leer. Der Himmel prangt blau und blau darüber, die Sonne strahlt herrisch und kräftig. Die Blumenrabatten um 1900 mussten zugunsten einer sich selbst überlassenen und trockenen Wiese im Jahr 2016 weichen. Viel ist hier nicht los. Aber die Allee steht noch da. Damals hieß sie Marienhof'sche Straße, daran erinnere ich mich, heute heißt sie Julius Kuperjanovi – der Name eines für die Esten wichtigen Revolutionärs. 1894, im selben Jahr wie der Vater deiner Tochter geboren, ist der estnische Held schon 1919 am Ende des Ersten Weltkrieges gestorben, nicht ohne unvergessene Taten für das estnische Volk vollbracht zu haben, wie überall in der Stadt erzählt wird. Prächtige Eichen säumen links und rechts die breite Kopfsteinpflasterstraße, die sich sanft den Berg hinab zum Domberg neigt. Wie oft wirst du hier entlanggegangen sein? Wie oft abgefahren, angekommen, hast jemanden abgeholt oder verabschiedet? Bahnhöfe sind Orte, an denen sich nicht selten Schicksal konstituiert. Bahnhöfe haben in deinem Leben eine große Rolle gespielt und zuletzt hast du hier ja ganz nah gewohnt.

Aber ich muss erst einkaufen, ich gehe in den Supermarkt. „Konsum“ prangt in den Himmel, „9-22“. Der große Parkplatz ist schwach frequentiert, es ist noch früh. In einem großen, kalten und gut überschaubaren Flachbau wird die feilzubietende Ware präsentiert. Zunächst denke ich, dass er sich kaum von einem westlichen unterscheidet. Aber dann bemerke ich doch, wie bescheiden alles ist, irgendwie old-fashioned. In der Obst- und Gemüseabteilung gibt es zwar allerlei, aber die Mengen wirken wie rationiert. Fast alles da, aber kein Überfluss. Gut, dass ich die kyrillischen Buchstaben lesen kann, denn vieles kommt offensichtlich aus Russland. Aber was bedeuten die Worte? Ich kann mich kaum mehr erinnern. Ich habe das Fach in der Schule gehasst. Vier Jahre musste ich nachholen. Und das war die Ausrede – für alle Jahre danach, dennoch habe ich das Abitur mit dem Hauptfach Russisch bestanden. Du hast das schrecklich gefunden, dass wir Russisch lernen mussten. Aber das habe ich erst viel später verstanden, was die Russen in deinem Leben bedeuteten. Ich wusste ja kaum etwas von deiner Vergangenheit. Auch du hast Russisch gelernt. Und nicht nur das. Nach der Russifizierung wurde in der Schule nur noch die Sprache des mächtigen Volkes gesprochen. Damals, 1916, im Ersten Weltkrieg, als dein Geburtsland gerade noch unter der Russischen Zarenkrone stand, hast du die Schule beendet.

Zurück in den Supermarkt. Plastik hat hier noch immer Konjunktur. An der Kasse wiederholt die Kassiererin unwirsch die Summe auf Estnisch. Sie hat es nicht nötig, einer Ausländerin sprachlich entgegen zu kommen. Mit dem Nötigsten bin ich nun versorgt. Nach einem kurzen Frühstück in meiner Unterkunft in der Kastani, die damals Kastanienallee hieß, mache ich mich auf, die alten Orte zu finden, dein Dorpat aufzuspüren. Aber zunächst gilt es Hürden zu überwinden. Direkt vor meiner Haustür wird die Straße erneuert. Die Fahrbahn ist wie eine Wunde und liegt offen, das riesige Loch ist sicher drei Meter tief. Ich muss mich an der Hauswand entlangdrücken und an dem Loch, das einmal die Straße war, vorbeibalancieren. Die Bauarbeiter schauen mir kurz zu und machen dann weiter. Löcher gibt es hier nicht nur in Straßen, sondern auch in der Geschichte. Damit muss man leben – und es ist ja auch offensichtlich kein Problem, sich am Abgrund entlang zu hangeln. Die Straße ist von Holzhäusern flankiert. Jedes ist in einer eigenen Tönung gestrichen, an manchen blättert die Farbe ab, andere haben ihre vergangene Pracht aufgepäppelt oder sind gar neu. Ja, jede Farbnuance ist zu sehen. Die Häuser sind in der Regel zweistöckig und von einem Garten umgeben. Hier können historische Filme gedreht werden, die Kulisse ist perfekt. Und dennoch: Alt und neu prallen aufeinander. Ich laufe die Straße entlang, biege in die Vanemuise ein und gehe sie hinunter. Im Flugzeug hatte ich mir die Stadtpläne angeschaut, mich vorbereitet. Hatte die deutschen Straßennamen mit den estnischen verglichen, mir versucht einzuprägen, wie die Namen heute lauten. Aber auch da ist es so, dass die estnischen in meinen Ohren noch nicht klingen – ich verstehe ja sowieso kein Wort dieser Sprache. Es sind die alten deutschen Namen: Gartenstraße, Johannisstraße, Riga'sche-, Stern-, Promenadenstraße und viele mehr, sie klingen und singen, als wärest du mir gestern dort begegnet und hättest mir erzählt, wen du getroffen hast. Sie sind tief mit der Aura deiner Erzählungen verbunden, mit der untergegangenen Welt, aus der du kamst und in die du nie wieder einen Fuß setzen konntest. Die Straßen gehören zu deinem Leben, dem ich mich zu nähern versuche – hundert Jahre später. Die Vanemuise ist damals die Gartenstraße gewesen. Ich vergewissere mich noch einmal auf dem alten Plan von 1910, den ich mir aus dem Internet ausgedruckt habe. 1910 warst du dreizehn Jahre alt. Garten- Ecke Altstraße, dort habt ihr gelebt und dein Vater hatte sein berühmtes Fotoatelier, ja schon dein Großvater – und später hast auch du als selbstständige Fotografin gearbeitet. Drei Generationen Fotografen, mitten in Dorpat.

Und wieder, der Sommertag in Estland ist noch immer blau und schön. Autos und Busse fahren dicht an mir vorbei, einige Fußgänger kommen mir entgegen, vor mir liegt das deutsche Theater, es ist direkt an der Ecke zur Kastani. Ob du hier warst? Ich kann mich nicht erinnern, dass du davon erzählt hättest. Aber woran erinnere ich mich schon? Ach, hätte ich damals mehr gefragt. Erst jetzt ist mir in Ansätzen klar, was es zu fragen gegeben hätte. Mein Leben hat mit deinem Leben zu tun. Diese einfache Wahrheit habe ich erst spät erkannt, zu spät, um mit dir darüber zu sprechen. So muss ich mich an die Grüne Kiste halten. Diese Kiste, sie ist mit grünem Leinen bezogen und aufklappbar, beherbergt Papiere mit Erinnerungen, Fotos, Schriftstücke, Hefte und Daten aus Dorpat, alles ein bisschen durcheinander und auch nicht alles wirklich verständlich. Irgendwann in meiner Kindheit kam die Kiste zu uns. Du hast sie gefüllt, in jahrelanger Arbeit, zusammen mit deiner Schwester. Ich glaube, dass ich mich nie dafür interessiert habe – als du noch da warst. Nun ist sie wie eine Schatztruhe für mich. Die Grüne Kiste ist der Ausgangspunkt meiner Spurensuche um mir selber durch deine Geschichte näher zu kommen – sie hat mich nach Dorpat geschickt.

Während deine Werte in der Vergangenheit lagen, an die du dich hieltest, lagen die deiner Tochter in der Zukunft, alles wurde neu bedacht, so dass eure gemeinsame Gegenwart von Gegensätzen durchzogen war. Ja, so ist das. Und gerade auch nicht, denn das eine geht aus dem anderen hervor, „Erbstrom" nennen wir es. Wir kennen heute den systemischen Blick auf das Familiengefüge und seit einigen Jahren wird explizit über die transgenerationale Weitergabe von Kriegstraumata gesprochen, die „Vererbung" von einschneidenden Ereignissen, die nicht aufgearbeitet werden. Du hast den Ersten und den Zweiten Weltkrieg erlebt, meine Eltern sind beide Kriegskinder, 1940 geboren, die ihre Heimat einige Jahre später fluchtartig verlassen mussten. Daraus folgt, dass ich selbst ein Kriegsenkel bin und offensichtlich so allerlei mitgenommen habe – was für eine Bürde!

Links von mir sehe ich die Bäume des Domberges, ihre großen Baumkronen ragen in den Himmel. Ich will in der Gegenwart bleiben. Schauen, was es hier zu sehen gibt, fühlen, was sich erspüren lässt und die einzelnen Puzzlestücke zusammensetzen. Ich möchte verstehen! Fast bin ich da, rechts steht nun das große Konzert- und Theaterhaus Vanemuine, auch auf der Vanemuise. Und schräg gegenüber musste euer Haus gestanden haben. Aber es ist nicht mehr da. 1939 der Hitler-Stalin-Pakt – in der Annahme, dass es keine Bomben gäbe. 1940 die Sowjets – sie okkupierten das Land, das sich so tapfer die Freiheit nach dem Ersten Weltkrieg errungen hatte. 1941 marschierten die Deutschen ein, 1944 die Sowjets wieder, den Auseinandersetzungen in der Stadt am Ende des Krieges haben viele Holzhäuser nicht standgehalten – geschweige denn die Menschen. Ich stehe an der Ecke. Ein neues hohes, großes Bankgebäude steht dort, wo ich hinwill – und es nichts mehr gibt. Nicht das, was ich suche – nicht das, was ich will. Dort, wo ich die Vergangenheit wähne, dort, wo du geboren bist. In den Erinnerungen heißt es, dass alle Schulz-Kinder zu Hause geboren seien. Dort, gerade hier, wo ich stehe. Gartenstraße Ecke Altstraße. In dem großen Haus, an das hinter dem Hof das Fotoatelier angeschlossen war.

– Dein großer Bruder, Carl, genannt Charly, geboren 1888, gefallen im Ersten Weltkrieg 1915.
– Gerta, geboren 1889, gestorben 1895 an einer Blinddarmentzündung in der Sommerfrische in Kerimois.
– Edith, geboren 1891, gestorben 1985 in Potsdam.
– Sigrid, geboren 1895, gestorben 1964 in Bad Doberan.

Und dann kamst du, Dagmar, geboren 1897. Du hast bis 1989 gelebt, bis wenige Wochen vor dem erneuten Umsturz zwischen Ost und West, und bist in Bad Pyrmont in einem baltischen Altersheim gestorben, als ich dreiundzwanzig Jahre alt war. Die Öffnung des Eisernen Vorhangs hast du nicht mehr miterlebt, du bist mit den alten Bildern von vor dem Zweiten Weltkrieg aus Dorpat gestorben, die sich in dir eingebrannt hatten und Heimat bedeuteten. Das sowjetische Tartu, das ich mir fünfzehn Jahre nach deinem Tod zum ersten Mal angesehen habe, hast du nie gesehen und es hätte dir auch keine Freude bereitet.

Und dann gab es noch Gunnar, deinen kleinen Bruder, er ist 1899 als letzter deiner Geschwister und als letzter im 19. Jahrhundert geboren worden. Gerade in diesen Tagen ging der späte Tod einer Italienerin durch die Presse, sie ist, wie Gunnar, 1899 geboren worden, aber erst 2017 am Lago Maggiore gestorben. Was Gunnar wohl zu erzählen hätte, wenn er bis heute leben würde? Sicherlich wäre ich zu ihm gereist, wo immer er auch leben würde, aber er ist schon 1974 in Südafrika in das Reich der Toten eingetreten, da wusste ich noch nichts von ihm.

Du hast sie alle überlebt, deine Geschwister. Mit deinem langen Leben, das für euch alle in der Gartenstraße begann und an so unterschiedlichen Orten endete. Die Gräber von euch drei Schwestern gibt es noch, die anderen sind dem Wandel der Zivilisation anheimgefallen. Immer wieder schaue ich mir die Fotos an, auf denen ihr als Kinder zu sehen seid, die große Kinderschar, alle fein herausgeputzt. Kostbare Kleidung, sorgfältige Frisuren, adrette Haltung, freundliche Gesichter – Kinder eines Fotografen werden es nicht leicht gehabt haben. Durftet ihr gelegentlich auch in den Wiesen herumtollen, auf Bäume klettern, ins Wasser springen?

Vier Mädchen und zwei Jungen. Die eine Tochter früh verstorben, die zwei nächsten schnell und gut verheiratet, der älteste Sohn früh gefallen, der andere nach Südafrika verschwunden (krumme Geschichten?) und so warst du diejenige, die irgendwie übrigblieb. Du hast den Vater gepflegt, in Berlin am Lette-Verein eine Fotografenausbildung gemacht und schließlich die Mutter bis zu ihrem Tod begleitet. Solltest, wolltest, musstest du das Atelier übernehmen? Das erfolgreiche und so bekannte Fotoatelier, das bereits seit zwei Generationen Geschichte geschrieben hatte? Ich rechne, insgesamt warst du summa summarum dreiundvierzig Jahre in Dorpat, fünf Jahre in Posen und die restlichen vierundvierzig Jahre in Deutschland. Ich werde mich weiter in Dorpat umsehen und mich wieder melden. Gruß in den Himmel. S.

Fragebogen I

Nicht nur Max Frisch hat Fragen, sondern auch ich.

Was hat die Geschichte meiner Großeltern mit mir zu tun?
Was hat die Geschichte meiner Eltern mit mir zu tun?
Was hat meine eigene Geschichte mit mir zu tun?

Welche Bedeutung haben die Kriegsereignisse heute?
Welche Fragen führen mich diesbezüglich weiter?
Welche Fragen müssen unbeantwortet bleiben?

Warum schmerzt mich die Geschichte meiner Großmutter?
Warum fühle ich mich meinem Großvater so nah, obwohl ich ihn nie kennen gelernt habe?
Warum will ich in die Vergangenheit reisen, an die Orte meiner Großeltern?

Woran habe ich bemerkt, dass mein Leben etwas mit der Vergangenheit meiner Vorfahren zu tun hat?
Woran mache ich das fest?
Woran halte ich mich fest, um zwischen Vergangenheit und Zukunft im Jetzt zu bleiben?

Wofür will ich die Orte meiner Vorfahren kennenlernen?
Wofür mache ich das alles?
Wofür könnte es gut sein?

Wie will ich die Fragen beantworten?
Wie hängen Ursachen und Folgen zusammen?
Wie ist es eigentlich zu dieser Geschichte gekommen?

Wo wäre ich aufgewachsen, wenn es den Zweiten Weltkrieg nicht gegeben hätte?
Wo spüre ich den Schmerz heute?
Wo ist meine Heimat?

Wann ist der richtige Zeitpunkt?
Wann brauche ich Antworten?
Wann entzündet sich die Geschichte neu?
Wozu ist der Blick in die Vergangenheit gut?
Wozu rufe ich auf?
Wozu dient die europäische Neusortierung durch den Zweiten Weltkrieg?

Wer gehört zur Geschichte?
Wer kennt die Unruhe über die Entwurzelung?
Wer liest meine Fragen?

Die Steinbrücke über den Embach

Ich schaue mich in Dorpat um. Die sowjetische Nachkriegszeit hat ihre Spuren in der alten Universitätsstadt hinterlassen, die überall sichtbar sind. Der hässliche Beton trotzt dem blankgeputzten Sommerhimmel. Die Altstadt aus Stein, die Oberstadt aus Holz und die Neustadt aus glitzerndem Stahl-Beton? Die alte und die neue Zeit durchkreuzen und verbinden sich, dazwischen Mütterchen, die Blumensträuße verkaufen und Himbeeren, Blaubeeren und Klaräpfel vor sich ausbreiten. Auf dem Rathausplatz gibt es ein Café neben dem anderen, das hat sich die nordische Stadt vom Süden abgeschaut. Hier sitzen nicht nur Touristen, sondern auch Einheimische. Die Stimmung ist leicht und fröhlich, der Sommertag lädt zum Verweilen ein.

Ein bisschen unschlüssig stehe ich nach einem italienischen Espresso auf und wende mich dem Ufer zu. Hier fließt der Embach, der Emajõgi. Übersetzt: Mutterfluss. Er ist der größte Fluss in Estland und spielt in der Stadt eine wichtige Rolle. An der Brücke lese ich die große Infotafel. Die prächtige Steinbrücke, die hier einst gestanden hat, wurde der Stadt von Katharina der Großen geschenkt und 1770 gebaut, das ist lange her. Sie war einst das Prachtstück der Stadt – was hat sich auf ihr nicht alles abgespielt! Im Laufe des Zweiten Weltkrieges wurde sie zwei Mal zerstört, einmal von den Deutschen und dann von den Sowjets. (Stimmt das?) Die Russen haben nach dem Krieg eine neue Brücke gebaut – im sowjetischen Beton-Charme. Etwas Einfallsloseres und Geschmackloseres ist kaum vorstellbar, Funktionalität ausreichend, ein Provisorium für die Ewigkeit. Aber es wird Geld gesammelt, damit die alte Stein-Brücke nach alten Entwürfen wieder nachgebaut werden kann. Ein alter Deutschbalte hat kurz vor seinem Tod sein gesamtes Vermögen zur Verfügung gestellt, aber das reicht noch nicht. Die Stadt unterstützt das Vorhaben, die Kontonummer ist in die Infotafel eingraviert, Spenden werden von jedermann erbeten; Katharina die Große lebt nicht mehr und Wladimir Putin wird wohl kein Interesse daran haben, eine Brücke in Estland finanziell zu unterstützen.

Auf der Brücke hängen riesige Fotos mit Informationen. Ich schaue mir die Bilder an. So hat es hier also einmal ausgesehen. Das Ufer links, das Ufer rechts. Die Brücke in dieser und in jener Jahreszeit, mit wenigen oder vielen Menschen, Pferdekutschen, aus dieser und jener Perspektive. Fleischmarkt, Heumarkt, Viktualienmarkt, Fischmarkt am Hafen, Hotel Bellevue. Prächtige, aber nicht protzige Häuser. Ein emsiges

Treiben von Menschen, die ihrem Alltag nachgehen – festgehaltene und erstarrte Lebendigkeit. Und plötzlich fällt mein Blick auf den Namen des Fotografen. Carl Schulz. Und noch ein Bild: Carl Schulz. Wieder und wieder entdecke ich den Namen. Hat dieser Carl Schulz etwas mit meiner Familie zu tun? Ist er der Fotograf, der Großvater meiner Großmutter, der hier einst ein Fotoatelier eröffnete? Damals, irgendwann einmal vor langer Zeit? Ich laufe die Brücke entlang und schaue nur noch auf die Namen unter den Fotografien. Schnell halte ich die Bilder mit meiner Handykamera fest – einen richtigen Fotoapparat besitze ich nicht. Ach, wüsste ich doch etwas mehr über die Geschichte meiner Familie mütterlicherseits. Ich versuche mich zu erinnern.

Ich lese in meinem Tagebuch und erinnere mich: Einmal war ich schon in der Stadt, vor vielen Jahren, für ein paar Stunden. Damals hatte ich noch weniger Ahnung als jetzt. Als ich um die Jahrtausendwende in die Stadt fuhr, kam mir alles so trostlos und trist vor, was sicher auch so war, dass ich es kaum aushielt – bis heute hat sich viel verändert. Damals war ich mit dem Auto unterwegs und alles schien grau zu sein – mitten im Sommer. Das änderte sich erst, als ich durch die Altstadt lief und mit Phantasie ein inneres Bild entstehen ließ, wie es früher hier einmal ausgesehen haben könnte – obwohl ich gar nicht viel wusste. Nach einigem Suchen fand ich die Ecke, an der das Haus der Familie gestanden haben sollte. Direkt gegenüber der Universität. Jedenfalls dachte ich das damals. Aber es stand nichts mehr da. Im Straßenbild fehlte gerade ein Haus. Dort war ein Platz eingerichtet worden, ein Erinnerungsplatz an irgendjemanden. Den Namen konnte ich mir nicht merken. Schade. Irgendwie hatte ich gehofft anknüpfen zu können. Einen Ort der Vergangenheit zu finden.

Enttäuscht schlenderte ich damals durch die Straßen. Versuchte mir etwas vorzustellen und wusste doch nicht, was ich eigentlich denken sollte. Inneres Wunsch-Bild und äußeres Real-Bild passten nicht zusammen. Ich kam an ein Antiquariat und ging gelangweilt und desillusioniert hinein – ein paar Stufen hinunter in den Keller. Dort standen alte Möbel, ganze Einrichtungen aus vergangenen Zeiten. Ich überlegte, ob die Möbel vielleicht aus der Kindheit meiner Großmutter stammen könnten. Was war wohl mit ihnen passiert? Ich stellte mir vor, dass der eine oder andere Stuhl aus dem Hause Schulz stammen würde, vielleicht dieser oder jener Tisch, das silberne Besteck, die bauschige Lampe… und lies meiner Phantasie abermals freien Lauf. Dann entdeckte ich eine Pappschachtel mit Fotos, dicken alten Pappen aus einer längst vergangenen Zeit. Streng blickende Herren, adrett gekleidete Kinder, sanftmütig lächelnde Damen – immer das gleiche. Nein, ich kannte niemanden und wollte die alten Bilder schon weglegen, als mir eins herunterfiel. Und ich hob es auf und mein Blick fiel auf die goldgeschwungenen Buchstaben auf der Rückseite: Carl Schulz. Photographisch-artistisches Atelier. Gartenstraße 3. Dorpat.

Das Bild kam aus der Werkstatt meiner Familie, aus dem Fotoatelier Schulz. Das war wohl klar. Meine Hände zitterten und ich drehte eins ums andere Bild herum. Viele, ja, viele Bilder stammten aus den Händen von Carl Schulz. Es gab auch andere Namen und Orte, die verzeichnet waren, aber immer wieder: „Carl Schulz. Gartenstraße 3. Dorpat. Filialen in Riga, Majorenhof und Libau“. Aufgeregt kaufte ich einen Schwung Bilder für ein paar Esti-Kronen.

Nein, das Haus hatte ich nicht gefunden. Aber Bilder. Bilder, die meine Vorfahren in ihren Händen hielten, die ihre Hände erschaffen hatten. Und nun hielt ich sie in meinen Händen, viele, viele Jahrzehnte später. Was wollte ich mehr?

Und jetzt, mehr als zehn Jahre nach dem ersten Aufenthalt in der nordischen Stadt, die großformatig abgezogenen Bilder im öffentlichen Raum, auf der Brücke – wunderbar. Augenscheinlich hängen sie dort, um der Bevölkerung zu zeigen, wie es damals aussah, das Ufer links und rechts des Embachs. Wer hat ein Interesse daran? Mittlerweile weiß ich es, Carl Schulz ist mein Ururgroßvater, er hat also auch Stadtansichten fotografiert. Und auf allen Fotos, die je im Atelier C. Schulz gemacht wurden, steht der Name Carl Schulz. Auch, wenn bereits sein Sohn, oder seine Enkelin, oder sonst jemand das Foto gemacht hatte, es war die Firma von Carl Schulz. Das kommt der Suche nach meiner Vergangenheit zugute. Dass meine Vorfahren hier ansässig und vor allem tätig gewesen sind beweisen diese Bilder. Sieht man mir nicht an, dass ich zu diesen Bildern gehöre, dass MEIN Ururgroßvater sie gemacht hat? Jetzt ist es klar: Es sind nicht nur Geschichten, deren Echtheitsgehalt in den Sternen steht, sondern hier hängen handfeste Fakten. Der Wunsch der Bevölkerung, die alte Steinbrücke fast hundert Jahre später wieder nachzubauen, verhilft mir durch die Bilder einen Teil meiner eigenen Vergangenheit zu ergattern.

Ein estnischer Archivar

Im Stadtmuseum spreche ich die Dame an der Kasse an. Sie kann ein wenig Englisch. Ich sage ihr, dass meine Vorfahren aus dieser Stadt kommen. Es dauert ein bisschen, bis sie das versteht. Dann freut sie sich. Ja, ich werde gleichsam wie aufgenommen in ihren Daseinsbereich. Ihrer Sympathie gewiss frage ich weiter, ob es hier alte Fotografien gäbe, meine Vorfahren seien Fotografen gewesen. Hier, ja, hier in dieser Stadt. Aber das weiß sie nicht.

Sie ist die Dame an der Kasse. Zuvorkommend, höflich, freundlich. Ihr Metier ist der Smalltalk mit den Museumsbesuchern, sind die Eintrittskarten, der Verkauf der

Postkarten und der Wegweiser zu den Toiletten. Ich bleibe trotzdem, irgendetwas hält mich. Nachdem ich den einen Euro Eintritt bezahlt habe und lange auf den Modellnachbau der Altstadt mit den einzelnen Häusern von 1910 geschaut habe, spricht sie mich wieder an. Wie der Fotograf hieß, will sie noch einmal wissen. Und ob er wirklich hier war? Und wann? Ich zeige ihr das Haus auf dem Modellnachbau. Damals: Gartenstraße Ecke Altstraße; heute: Vanemuise Ecke Ülikooli. Und dann verstehe ich, dass sie jemanden holen will, um mir weiterhelfen. Sie telefoniert – auf Estnisch –, bedeutet mir zu warten, gestikuliert und lächelt mich weiter an. Jetzt weiß ich nicht, was ich erwarten soll.

Es dauert eine Weile. Die Dame an der Kasse schaut derweil auf ihren Bildschirm, ich laufe ein wenig in der Eingangshalle herum und schaue in die Vitrinen. Es ist warm, ich habe Durst und bin müde. Und nach einer Weile geht die Tür auf und eine schmale Brünette betritt das Parkett. Sie ist zierlich, trägt einen gestreiften Rock, eine helle Bluse und ihre Dauerwelle ist nicht mehr ganz frisch. Ihre freundlichen kleinen Augen schauen durch eine Gold berandete Brille und wenden sich zunächst ihrer Kollegin an der Kasse zu. Ich verstehe nichts. Gar nichts. Wie immer. Estnisch ist eine Sprache, deren Worte keine Assoziationen in mir erwecken. Es klingt wie ein rauschender Bachlauf, dessen Wasser sich einen Weg über die Steine sucht. Die Dame kommt auf mich zu, begrüßt mich mit zaghaften, aber korrekten deutschen Worten und bittet mich in ein Nebenzimmer. Die Kuratorin, wie sie sich selbst vorstellt, bietet mir an, mich an einem kleinen Tisch am Fenster auf einen orangefarbenen Plastikstuhl zu setzen und möchte von mir wissen, was ich suche. „Carl Schulz? Den Fotografen? Ja, natürlich!“ Und sie berichtet, dass sie die Ausstellung kuratiert habe, die auf der Brücke über dem Embach zu sehen ist. Ja, das Atelier Carl Schulz habe bedeutende Aufnahmen der Stadt gemacht, diesseits und jenseits. Sie wäre sehr froh, dass es noch viele Aufnahmen gäbe – als Stadt seien sie glücklich über den Nachlass, der die Geschicke der Stadt sichtbar mache.

Ich bin platt. Und berührt. Und habe Herzklopfen. Da kann jemand etwas mit dem Namen Schulz in Dorpat anfangen. Die Kuratorin „kennt“ meine Vorfahren. Niemand sonst, dem ich von meiner Suche etwas erzählt hatte, hat so reagiert. Es hätte ja auch alles irgendwie nicht stimmen oder gar ausgedacht sein können… Nun aber bekommt meine Suche eine neue Fasson. Ja, die Bilder auf der Brücke, sie sind mein Ankerpunkt, zusammen mit den Fotos zu Hause, auf deren Rückseite „Carl Schulz“ steht. Hier stehe ich jemandem gegenüber, der über meine Vorfahren so spricht, als wären sie gerade aus dem Zimmer gegangen. Die Kuratorin rät mir auch, mich ans Nationalarchiv zu wenden. Dort könnten noch interessante Unterlagen sein. Und sie schlägt mir vor, mich an einen jungen Archivar zu wenden, der sich mit der Fotografie Geschichte gut auskenne und vor kurzem einen Artikel zum Thema in Dorpat geschrieben habe – auch sie sagt Dorpat und nicht Tartu, wie schön.

Und wieder, es wird von außen bestätigt, dass es meine Familie hier tatsächlich gegeben hat. Irgendwie. In Dorpat. Und sich mit Fotografie beschäftigt hat. Warum hatte ich überhaupt daran gezweifelt? Ich suche den Weg ins Archiv auf dem Stadtplan. Dazu muss ich wieder über die Brücke, durch die Altstadt und den Domberg hinauf. Die Kuratorin hat mir das Haus und den Namen des Archivars in meine Karte eingezeichnet, sie schaut mich aufmunternd an.

Und so verabschiede ich mich und mache mich auf den Weg – mit einem neuen Ziel. Die Wärme des nordischen Mittags breitet sich über die Stadt aus, die Menschen wirken wie in sich selbst eingehüllt, jeder, der unterwegs ist, hat ein Ziel. Ja, Ziele braucht es. Ich halte noch einmal am Flussufer an, schaue mir die Bilder auf der Brücke an, unter denen der Name Schulz steht und mich anlächelt. Was erzählen sie mir, warum leuchten die Worte „Carl" und vor allem „Schulz" so kräftig? Ich fotografiere die Bilder wieder und laufe über den Rathausplatz. Tag und Nacht sprudelt der Brunnen mit den sich küssenden Studenten, ein paar Kinder lassen ihre Hände gelangweilt ins Wasser gleiten. Die Straßenmusiker singen melancholische Lieder – es ist zu warm, um darauf zu reagieren. Schatten spenden die Bäume auf dem Domberg, hier ist es grün. Fast so wie auf einem Friedhof, aber hier fehlen die Toten – zwischen Himmel und Erde ist an dieser Stelle nichts, vielleicht höchstens ein paar Gedanken, die einmal, damals, von Universitätsangehörigen der Stadt gedacht wurden. Ich laufe über das gepflegte Gras den Berg hinauf und an der Ruine des Doms vorbei, der schon zur Zeit meiner Großmutter eine Ruine war.

In der Eingangshalle des roten Backsteingebäudes, des Nationalarchivs, sitzt auch eine Empfangsdame. Sie ist jung und spricht Englisch. Klar, gerne könne sie mir die Unterlagen zu Carl, Arthur und Dagmar Schulz raussuchen, wenn sie hier gelebt hätten. Sie scrollt mal schnell durch ihr Verzeichnis, findet die Namen, was mich schon in Aufregung versetzt, und sagt ganz gleichgültig, dass ich doch morgen ab zehn Uhr wiederkommen möge, dann könnte sie mir alles im Lesesaal zur Verfügung stellen. Gut – das war knackig, kurz und knapp. Ich habe den Nachmittag frei.

Am nächsten Morgen bin ich pünktlich und werde bereits erwartet. Im historischen Lesesaal werden mir Pappmappen vorgelegt, ich fühle mich wie in einem historischen Film. Die Pappmappen sind grau und vergilbt, ja, sprichwörtlich in die Jahre gekommen. Sie riechen ein bisschen muffig. Ich packe das alte Papier vorsichtig aus und versuche zu lesen. Sütterlinschrift – oh je, aber immerhin alles auf Deutsch und nicht auf Russisch oder Estnisch. Und wieder berührt mich die

Tatsache, dass die Namen meiner Vorfahren hier tatsächlich auf dem Papier stehen. Sie haben gelebt, urkundlich. Handschriftlich: Verträge, Gerichtsakten, Beglaubigungen, Schriftverkehr. Und immer wieder: Unterschriften. Geschnörkelte, kunstvolle und starke Namenszüge, die irgendetwas beglaubigen, bestätigen, behaupten oder berichtigen. Viel verstehe ich nicht. Aber dann geht die Tür auf. Und ein junger Este kommt auf mich zu. Er spricht mich in glockenreinem Deutsch an. Ob ich es sei, die zu den Nachfahren der Familie Schulz gehöre. Und er schaut mich ein bisschen bedeutungsvoll an. „Ja", erwidere ich erstaunt. „Ja, ich gehöre zu Familie Schulz". Und? Der schlanke, junge Mann bittet mich mitzukommen. Er wolle mir etwas zeigen.

Ich folge ihm durch Gänge und über Treppen. Türen werden auf- und abgeschlossen, ich sehe Regale mit Papier und Regale mit Papier und noch mehr Regale mit Papier. Worauf das wohl hinaus läuft? Wir kommen an sein Büro, nachdem wir gefühlt kreuz und quer durch das ganze Gebäude gelaufen sind, er bittet mich einzutreten. Ein Blick auf seinen leuchtenden Bildschirm: Stammbaum der Familie Schulz. Ich sehe ihn fragend an und er erläutert mir, dass er dabei sei, seine Magisterarbeit über das Fotoatelier Schulz in Dorpat zu schreiben und ob ich das genaue Todesdatum von Dagmar Schulz wisse. Ich lasse mich auf einen der Stühle fallen, atme durch und sage ihm das Datum. Auch sage ich ihm, dass es sich um meine Großmutter handele. Ja, das habe er vermutet, sagt er ganz nüchtern, er hätte meinen Blogtext im Internet gelesen, darin käme der Name ja vor. Es entspinnt sich ein Gespräch: Fragen, Antworten, Überraschungen, Bestätigungen. Dieser Archivar kennt sich in meiner Familie aus. Besser als ich. Er kann die verschiedenen Carls auf Grund der Familienstruktur auseinanderhalten, weiß, dass das Atelier über die gesamte Zeit unter dem Firmennamen „Carl Schulz" gearbeitet habe, weshalb man nur Bilder mit der Unterschrift „Carl Schulz" fände und damit noch nicht genau wisse, wer von den Schulz'schen Fotografen das Bild gemacht habe. Ich frage ihn nach den Häusern – will meine Unkenntnis nicht vollständig transparent machen und nicke bedeutungsvoll, wenn er mir etwas erklärt. Alles verstehe ich nicht, es ist auch viel zu viel und auf die Idee, gleich mitzuschreiben komme ich nicht. Und dann zeigt er mir Bilder, große Fotografien. Es sind Stadtansichten von Dorpat, einige von denen, die unten auf der Embachbrücke hängen. Das Ufer, die Brücke, die Markthallen, der Rathausplatz sind zu sehen. Und wieder, die Bilder stammen aus den Händen meiner Vorfahren. Ja, ihre Hände haben diese Fotos gemacht, sie haben sie in ihren Händen gehalten, DANN-Spuren könnten erhalten geblieben sein. Unglaublich. Das übertrifft alles, mehr noch als die Begegnung mit der Kuratorin, jemanden zu treffen, der mir Antworten gibt – und nicht bedeutungslos die Schultern hebt, wenn ich meine

Fragen stelle. Es hätte nicht besser kommen können – in einem Kinofilm hätte ich diese Szene als unglaubwürdig abgehakt.

Ein Jahr später, als schon viele Mails mit Daten und Fotos hin und her geflattert sind, treffen wir uns wieder und gehen zum Du über. Der Archivar heißt Jaan er ist ein junger Mann mit rötlichem Bart. Er kennt sich wirklich aus. Seine Eltern, Vater Este, Mutter Russin, hätten beide in Ostberlin Germanistik studiert und sprächen gut Deutsch, erzählt er. Und so seien er und seine Schwester mit der Sprache aufgewachsen und hätten sie von Kindesbeinen an im Elternhaus gelernt. Seine Mutter sei Deutschdozentin an der Uni in Tartu, sein Vater, nachdem er Germanistikprofessor in Tartu war, sei nun bei der EU in Brüssel und wäre Dolmetscher – berichtet er weiter. Das Gebiet des Archivars ist die Geschichte der Fotografie in Estland und speziell in Tartu. Er sei auf Carl Schulz gestoßen, da das Atelier so lange bestanden habe und es noch viele Bilder gäbe. Für die Stadt wäre das ein wichtiges Erbe. Eine systematische Aufarbeitung gäbe es noch nicht und so hat er sich dieser angenommen – in seiner Magisterarbeit. Mittlerweile hat er seine Arbeit abgegeben. Sie ist sehr gut bewertet worden und liegt mir in estnischer Sprache vor... Die vielen Bilder im Anhang machen mir Freude. Sie dokumentieren etwas. Nun muss ich mich gedulden, bis die Arbeit übersetzt ist und ich verstehe, was, wann und wie geschehen ist.

Derweil laufe ich mit ihm durch die Stadt. Er zeigt mir Häuser und Orte, wo meine Vorfahren gelebt haben. Dort, in dem gelben Eckhaus an der Munga Ecke Rüütli sei Arthur, mein Urgroßvater geboren worden. Dort haben Carl und Julie Schulz gelebt, die Urheber der Schulz'schen Fotografie, bevor sie das Anwesen in der Vanemuise Ecke Ülikooli gekauft haben. In dem Haus an der Universität mit dem kleinen Platz davor, der früher ein blühender Garten war, habe die Familie nie gewohnt, sagt er. Aber sie hätte das Anwesen besessen, sagt er. Später finde ich ein Dokument: „Immobilie in Dorpat. Ülikooli 25. 4-stöckiges Wohnhaus mit Kellerräumen. Steinhaus. 29 Wohnräume. Baujahr unbekannt. Besitzer: Sigrid K., geb. Schulz, Edith M., geb. Schulz, Dagmar Schulz, Gunnar Schulz zu je einem Viertel. Erbschaft“. Das Dokument ist datiert. Die Versuche nach dem Krieg dafür entschädigt zu werden scheinen langwierig gewesen zu sein. Ich finde zunächst keine Unterlagen darüber, was nach dem Zweiten Weltkrieg mit dem Haus geschah. Jaan erläutert: „Das Haus Alt- Ecke Gartenstraße wurde am 4. Januar 1937 für 53.000 Kronen verkauft und das Haus Ülikooli Ecke P. Põllu Str. am 15. Januar 1937 für 63.000 Kronen gekauft“ und das glaube ich ihm einfach.

Es ist ein prächtiges Haus, das, gegenüber der Universität. Noch heute wirkt es stolz und unverwüstlich. Es steht in der Mitte der Stadt – dort, wo ich damals das

Haus wähnte und heute ein Platz ist, war der Garten, das stattliche Haus steht daneben. Jaan bestätigt, dass das eigentliche Wohnhaus mit Atelier an der Vanemuise Ecke Ülikooli stand, am anderen Ende der Straße. Ja, es sei ein typisches Haus gewesen, unten aus Stein, oben aus Holz, einige wenige Fotos gäbe es. Das Haus sei verbrannt, im Zweiten Weltkrieg, durch den Kampf zwischen Deutschen und Russen. Aber die Mutter von Dagmar, Emma Schulz hätte Wohnhaus und Atelier kurz vor dem Krieg verkauft. An den estnischen Fotografen, der schon seit Arthurs Tod die Arbeit übernommen hat?

Familiäre Annäherung

Als ich am Abend mit einer Schweizerin auf dem Balkon sitze, fragt sie, nachdem wir uns darüber unterhalten haben, womit wir den Tag verbracht haben, zögerlich und gleichzeitig bestimmt: „Warum beschäftigst du dich mit der Vergangenheit? Wir brauchen doch eine Zukunft, aber du schaust zurück… Was soll das alles? Wieso schreibst du über Vergangenes? Warum, warum nur richtet sich dein Blick nach hinten, kannst du mir das erklären?" Ich lächle sie an, nehme einen Schluck Wein und beginne: „Hast du die Begriffe Kriegskind, Kriegsenkel oder transgenerationale Weitergabe von bedeutenden, aber oft scheinbar unsichtbaren positiven wie negativen Ereignissen und Eigenschaften schon mal gehört? Das ist in Deutschland ein großes Thema: transgenerationale Weitergabe von Kriegstraumata, vor allem in Bezug auf die Ereignisse während des Zweiten Weltkrieges. Bombennächte, Flucht, Hunger, Angst, Tod, Vergewaltigungen, Verlust der Heimat usw. sind Ereignisse, die nicht spurlos an einem vorübergehen und unter Umständen weitergegeben werden, wenn sie nicht verarbeitet werden konnten – was in den seltensten Fällen geschehen ist. Das Heer an Psychotherapeuten, Psychiatern, Psychologen oder sonstigen „Helfern", die heutzutage unterwegs sind und Menschen beistehen, die in irgendeine Katastrophe geraten sind, gab es damals nicht. Nachdem die physischen Trümmer im letzten Jahrhundert beseitigt wurden, begann man auf akademischer Ebene den Krieg, die Frage der Schuld der Deutschen und die Folgen auf allen Ebenen akribisch zu beleuchten, zu analysieren und zu beurteilen. Es gibt unendlich viele Publikationen dazu, aus diesem und jenem Blickwinkel. Gedanklich und rational ist der Zweite Weltkrieg in Deutschland bestens aufgearbeitet. Täter und Opfer werden benannt, Folgen erkannt, es gibt kein Tabu mehr und die Souveränität, mit der die Deutschen auf ihre eigene historische Wunde schauen ist beachtlich. Wenn da nicht noch etwas wäre. Und zwar die emotionale Ebene, die versteckten seelischen Folgen der Ereignisse in den persönlichen und ganz privaten Biografien der Menschen. Und dies nicht nur bei den Betroffenen, Kriegsteilnehmer gibt es so gut wie nicht mehr, dafür aber bei den Kriegskindern. Bei Menschen, die kurz vor Beginn des Zweiten Weltkriegs oder währenddessen geboren wurden. Vor allen Dingen betrifft die seelische Ebene aber die Kriegsenkelgeneration, diejenigen also, die äußerlich in Sicherheit und in Friedenszeiten aufgewachsen sind. In der Regel hat keiner von ihnen traumatische Erlebnisse gehabt, musste hungern, frieren, die Heimat hinter sich lassen und hat Freunde oder Angehörige durch das Kriegsgeschehen verloren. Trotzdem geht man davon aus, dass sich gerade auf diese Generation Kriegstraumata transgenerational übertragen haben und sich bemerkbar machen – auch wenn die Deutschen lange brauchten, um diesem Umstand ins Gesicht zu blicken. Auch das deutsche Tätervolk hat gelitten, Unglaubliches erlebt und so manche Wunde davongetragen. Auch Täter sind Opfer. Ganz langsam nimmt der Themenkomplex Fahrt auf, auch wenn die Kriegskinder noch immer damit beschäftigt sind, ihre eigenen Erlebnisse zu relativieren und ihnen keine gesonderte Bedeutung beizumessen. Auch wenn…

Die Kriegsenkelgeneration scheint besonders betroffen zu sein und sie nimmt die Aufarbeitung in die Hand. In Deutschland gibt es Vorträge, Selbsthilfegruppen, Erzählcáfes, Kongresse, Publikationen und eine ganze Menge an Therapieangeboten. Die Nachkommen von Opfern wie Tätern – und das muss man erst einmal herausgekommen, wie sich die Vorfahren tatsächlich im offiziellen sowie im privaten Raum verhalten haben! – suchen die Identifikation mit sich selbst auch über das Geschehen, das ihre Eltern und Großeltern erlebt haben und in ihren eigenen Knochen sitzt. Es gilt sich davon frei zu strampeln. Hinzuschauen und zu verstehen, warum die tiefsitzende und oft locker verhüllte Lebensunsicherheit besteht, warum die Bereiche „Heimat, Glück oder Familie“ oft so diffus belegt sind und Irritation verursachen, warum das eigene Selbstverständnis auf tönernen Füßen steht. Die Generation der Kriegsenkel, die äußerlich gar nichts erlebt hat, ist innerlich fragil und zartbesaitet. Viele von ihnen stehen gleichzeitig auf der Bremse und auf dem Gas – und kommen nicht so richtig vom Fleck. Auch ein Bollwerk wie Sigmar Gabriel äußerte sich einst über seinen Nazi-Vater und die damit einhergehenden Folgen für sein eigenes Aufwachsen und seine Identität. Verunsicherung ist das übergeordnete Wort – obgleich es sich in stark anmutenden Persönlichkeiten versteckt.

Oft wurde in den Familien über das Geschehen während und nach der Nazizeit nicht mehr gesprochen. Weder über Ängste und traumatische Ereignisse noch über Verluste oder Irritationen, oder überhaupt über die sich wandelnden gesellschaftlichen Werte und Normen.

Was war wann richtig? War Opa vielleicht doch ein Nazi? Was hat er erlebt? Wie hat sich die Familie im Nationalsozialismus tatsächlich verhalten? Woher kommt eigentlich das Meissner Zwiebelmusterservice im Schrank? Gibt es da eine Geschichte, wie es in den Besitz der Familie kam, die sich so etwas doch gar nicht leisten konnte? Und andersherum: wo ist der Besitz geblieben, der Schmuck, Haus, Hof und das eigene Selbstbewusstsein? Auf der emotionalen Ebene werden gerade diese verdrängten und mitunter traumatischen Ereignisse in der nächsten Generation virulent. Es hat eine Weile gedauert, bis die Zusammenhänge klar wurden, aber mittlerweile liegen sie unumwunden auf dem Tisch. So wie man schon lange über die transgenerationale Weitergabe von Kriegstraumata bei Holocaustnachfahren spricht, ist nun auch deutlich, dass dieses Phänomen genauso die Nachfahren von Tätern oder anderen Opfern als denen des Holocausts betrifft. Aus allen Perspektiven gibt es Folgen, die erkannt, benannt und aufgegriffen werden müssen."

Die Schweizerin schweigt. Sie hat mir aufmerksam zugehört, während ich versucht habe sachlich, klar und nicht zu gefühlsbeladen zu berichten, um welches Phänomen es sich handelt, warum ich mich mit der Vergangenheit meiner Vorfahren beschäftige. „Denn auch ich bin ein waschechter Kriegsenkel", fahre ich fort. „Meine Eltern sind beide im Krieg geboren worden. Und mussten als Kinder ihre Heimat fluchtartig zu Kriegsende verlassen und vor den Russen bzw. den Tschechen fliehen.

Durch das Leben meiner Großeltern geht es Riss. Nach 1945 mussten alle Seiten ein neues Leben beginnen. Für mich war es als Kind immer so, dass ich dachte, dass wir keine Vergangenheit, keine Herkunft haben, meine Eltern haben immer nur von der Zukunft gesprochen. Für unsere Familie hat das Leben nach 1945 begonnen und das war in der Nachkriegszeit auf den Trümmern des Krieges. Das Leben fand in Mietwohnungen, die in Neubaugebieten standen, statt und nicht im eigenen Haus mit Dienstpersonal – der Blick wurde stoisch nach vorne gerichtet. Ohne Verwandtschaft. Und darüber wurde natürlich nicht gesprochen. Von früheren Dienstboten wusste ich gar nichts. Es gab meine Eltern, meinen Bruder und mich sowie meine beiden Großmütter. Ganz entfernt gab es noch einen Bruder meines Vaters sowie eine Halbschwester meiner Mutter. Aber die tauchten in meiner Kindheit nie bei uns auf. Sie gehörten nur rational zu meinem Leben – ich hatte keine emotionale Verbindung mit ihnen. Nur die Gegenwart und die Zukunft zählten, alles was Vergangenheit war gehörte dem Mythos des Märchens an – und solche wurden bei uns erst gar nicht erzählt. Das Motto meiner Kindheit war: „Warum sollst du es besser haben als wir? Mach etwas aus dir, so wie wir das auch gemacht haben. Jeder ist seines Glückes Schmied." Diesen Satz liebt mein Vater bis heute, Gefühle, Fürsorge oder warme Anteilnahme kennt er nicht besonders gut. Das Nest, in dem ich aufwuchs, war nicht wirklich besonders warm, aber voller rationaler Ideen und Konstruktionen, Gott war längst tot oder hatte nie gelebt.

Entscheidend war zusätzlich, und das habe ich erst sehr spät verstanden, dass sowohl meine Großmütter in meiner Kindheit nicht in einem Haus gewohnt haben, mit dem sie emotional verbunden waren, als auch meine Eltern. Diese Art der physischen Verbindung kennen die Letztgenannten gar nicht. Ein Stück Erde, mit dem man sich einlässt, von dem es irgendwann Geschichten zu erzählen gibt, auch wenn es der Gärtner war, der die Arbeit ausgeführt hat: Rosen, die gepflegt werden, Bäume, die gepflanzt werden, Kartoffeln, die angebaut werden… Die Generation meiner Großmütter wurde zu einer vagabundierenden – das eigentliche Leben lag bereits hinter ihr, als es neu begann. Die Männer meiner Großmütter waren längst tot – und ihr Leben nur noch auf die Gegenwart und die Enkelkinder ausgerichtet –, zurück wurde nur nachts oder in Träumen geschaut, nicht am Tag oder mit einer klingenden Stimme. Die beiden waren so richtige Großmütter, solche, die Kinderwünsche erfüllen, weil sie selber nichts mehr zu verlieren haben, und die keine doofen Fragen stellen, und nichts wollen, sondern einfach da sind und geben."

„Ja," sagt die Schweizerin, „das verstehe ich. Aber diese Thematik kennen wir in der Schweiz nicht. Wir sind die „Verschonten". Meine Familie hat über Generationen im selben Ort gelebt, Häuser vererbt, Geschichten erzählt, Geschichte geschrieben. Und niemand war im Krieg. Die Flüchtlingsthematik kannte ich in meiner Kindheit in dieser Dimension nicht. Bei uns gibt es ja nur Gastarbeiter. Naja, vielleicht gibt es heute Flüchtlinge. Ja. Aber keine im Zusammenhang mit dem Zweiten Weltkrieg. Die paar Emigranten, die in der Schweiz damals aufgenommen wurden, sind in meinem Leben nicht auf der Bühne gewesen, sie haben sich schnell so integriert, dass sie mir nicht aufgefallen sind. Ich kannte in meiner Kindheit und Jugend nur Schweizer, die Kategorie der Entwurzelten gab es nicht." Das klingt plakativ. Aber vielleicht ist es so einfach. Das Netz der Begegnungen und Ereignisse in der Kindheit wird im Wesentlichen durch die Eltern und die unmittelbaren Notwendigkeiten rings um den Familienalltag generiert. Jedes Kind hat einen Familienblick und erwacht daraus erst spät. Wie ist es zu der Entwurzelung meiner Familie gekommen?

Gertrud Charlotte (Gerta)

„In den ersten Ehejahren fuhren die Eltern im Sommer mit den älteren Kindern aufs Land nach Kerimois zur Sommerfrische. In dieser Zeit fiel ein Schatten über unsere Familie – Gerta, das sechsjährige Töchterchen starb an Blinddarmentzündung; still und geduldig lag es im Bettchen, wie unsere Mutter uns manchmal erzählte und sang leise das Liedchen vor sich hin, das sie im Kindergarten gelernt hatte: Komm, mein Brüderchen, tanz' mit mir! Dieses Lied durften wir später nicht mehr singen, meine Mutter konnte es nicht mehr ertragen, wir fuhren auch nicht mehr nach Kerimois" schrieb meine Großmutter viele Jahre später. Und ich finde in der Grünen Kiste auch ein Blatt, auf das ein altes Foto von einem kleinen Mädchen geklebt ist. Das runde Gesicht ist leicht nach rechts gewendet, das linke Ohr ist zu sehen. Ihre langen, leicht gewellten Haare, die hinter dem Ohr über ihre Schultern gleiten, sind am Hinterkopf mit einer großen Schleife zusammengebunden. Ein Kindergesicht, runde Wangen, ein gewölbter, geschlossener Mund. Ein verwunderter Blick in die Welt. Vermutlich hat das Mädchen jemanden angesehen, als es fotografiert wurde, der den Kontakt während der Prozedur mit ihm aufrechterhalten hat – man musste für ein Bild ja lange stillsitzen, damals. Ja fast ist der Satz zu hören, dass sie stillhalten möge und sich nicht bewegen solle. Dass sie hübsch aussehe. Und dass sie ein großes, schönes Mädchen sei. Das Kleid ist hochgeschlossen, es hat pludrige Ärmel, Falten, Borten, Muster. Darüber hängt eine Kette. Vielleicht ist sie golden. Daran hängt ein Anhänger. Ein Herz? In goldenen Lettern steht unter dem Bild: „C. Schulz. Jurjew (Dorpat) Riga".
In der Schrift meiner Großmutter lese ich darunter: „Gerta Schulz. Gestorben mit sechs Jahren in Kerimois, Estland." Und darunter klebt ein Bild, auf dem Gräber zu sehen sind. Und viele Blumen. Viele, viele. Auf einem weißen hohen Kreuz steht der Name: „Gerta Schulz". Unter das Bild hat meine Großmutter geschrieben: „Begräbnisstätte: Stahl, Schulz, Ferberg in Dorpat."

Und Jaan schickt mir die Todesanzeige des kleinen Mädchens zu, sie ist in der Neuen Dörptschen Zeitung des Jahres 1895 abgedruckt und digital zu finden: „Die Beerdigung unserer kleinen Gerta findet Sonntag, den 13., 5 Uhr Nachmittags, von der Hennig'schen Kapelle (alter Kirchhof) aus statt. Arthur Schulz und Frau." Wer wird da alles erschienen sein? Die gesamte Verwandtschaft? Freunde, Nachbarn, Geschäftspartner und Kollegen? Der kleine Mädchensarg vorneweg und dahinter schwarz gekleidete Menschen.

Und ich will es noch genauer wissen und suche im Archiv:

„*Verstorbene und Begrabene der Jahre 1880-1914*“, und finde im Jahr 1895:

Nummer:	78
Monat: Tag und Stunde des Todes	August, neunten, 12 Uhr mittags
Tag und Tageszeit des Begräbnisses	August, dreizehnten

Tauf- und Familienname, Stand, Rang oder Gewerbe des Verstorbenen; bei Kindern: Tauf- und Familienname, Stand, Rang oder Gewerbe der Eltern

Des Photographen Alexander Arthur Schulz‘ Tochter Gertrud Charlotte

Geburtsort des Verstorbenen	Dorpat
Alter des Verstorbenen	5 $^{11}/_{12}$ J.
Männlichen Geschlechts	----
Weiblichen Geschlechts	*43*
Ledig, verheirathet, verwittwet oder geschieden	Kind
Krankheit und Todesart	Peritonitis
Allgemeine Bemerkungen	----

Ein Amtsträger hat alles eingetragen, vor einhundertzwanzig Jahren, was nötig war, um den Todesfall amtlich zu dokumentieren. Stand der Vater Arthur vor ihm, hat er ihm diktiert, was es zu wissen und in das große Buch zu schreiben galt? Oder gab es schon damals einen Totenschein, den der Arzt, der gute alte Hausarzt Johannes Meyer ausgefüllt hat und zur Amtsstelle überbringen ließ? Arthur hat Entscheidungen getroffen, männliche Entscheidungen, die einem Familienoberhaupt obliegen und die es zu treffen gilt. Im „*Rechnungsbuch der St. Johannisgemeinde 1894-1895*“ findet sich unter August 1895 folgender Eintrag:

Kind Gerta Schulz, Sonntag, 4 Uhr, alter Kirchhof, Erbplatz

4 Träger	5.-	
Grab zu graben	1.50	
Cantor Lange	1.50	
6 Armleuchter und Gueridons	12.-	
Gebühren	-. 60	**20.60**

Und ein paar Zeilen tiefer noch etwas:

Photograph Alexander Arthur Schulz	
1 Erbplatz Nr. 835 8 x 9 = 72 Quadratfuss	
Auf dem alten St. Johanniskirchhof	**72.-**

Gerta war das zweite Kind von Emma und Arthur Schulz und erst knapp sechs Jahre alt, als sie Ende des 19. Jahrhunderts starb, was für ein Schmerz. Bereits im achten Ehejahr, noch bevor die Lähmungserscheinungen Arthur einschränken werden, haben die Eltern ihrer Tochter und sich selbst den Ort der letzten Ruhestätte gekauft. Vier Träger haben den kleinen Sarg getragen. Was wird jener Cantor Lange gesagt haben? Wie hat er das Mädchen beschrieben, wie erklärt, dass so ein junges Leben bereits vollendet ist? Charly, der Erstgeborene, war bei der Beerdigung seiner kleinen Schwester sieben Jahre alt, Edith war vier und Sigrid noch keine vier Monate alt. Dagmar und Gunnar waren noch nicht geboren. Die beiden Großväter waren bereits verstorben, die Großmütter jedoch nicht. Waren sie bei der Beerdigung dabei, die eine aus Reval, die andere aus Riga? Was muss das für ein Schmerz gewesen sein, die vielen Unterlagen zeigen es, dass Gerta so lange präsent war und heute noch ist. Das kleine Mädchen liegt auf dem Friedhof in Dorpat. Als einzige zusammen mit ihren Eltern. Ich suche ihr Grab und die Hennig'sche Kapelle auf dem alten Kirchhof.

Friedhof

Auf dem alten deutschen Stadtplan ist ein Friedhof auf der anderen Seite des Embachs eingezeichnet, hier sollen die Deutschen bestattet sein, wie mir die Zimmerwirtin bestätigt. Vielleicht liegen hier tatsächlich die Toten begraben, die ich suche, meine Vorfahren? Die Straße, die zum Friedhof führt, ist breit, der Bürgersteig schmal. Links und rechts befinden sich alte Holzhäuser, sie sehen ziemlich heruntergekommen aus. Es geht den Berg hoch, die Sonne knallt mir ins Gesicht. Autos knattern an mir vorbei. Dort steht eine Kirche, wieder eine. Rote Backsteine ragen in den Himmel. Später lese ich, dass es die Evangelisch-lutherische St. Petrikirche ist, die es seit 1869 gibt und die vornehmlich der estnischen Bevölkerung diente. Ich weiß schon, dass meine Familie zur evangelisch-lutherischen Johannisgemeinde gehört, die im Stadtzentrum neben der Universität steht. Hier auf dem Berg steht hinter dieser roten Kirche ein großer flacher Bau, ein Supermarkt. Ich vergewissere mich auf dem Stadtplan: Bin ich richtig, wo ist der Friedhof? Hinter der großen asphaltierten Parkplatzfläche stehen Bäume, große, alte Bäume. Stille breitet sich aus. Ja, nun sehe ich etwas, da ist tatsächlich ein Friedhof. Das Tor ist geöffnet. Langsam gehe ich hinein. Ob ich finde, was ich suche? Mich umgeben große, alte Bäume, Gras und Wiese, Farn: Gräber. Schwarze Kreuze, steinerne Sockel, geschmiedete Zäune und Bänke an jedem Grab. Ich trete ein in die Welt der Vergangenheit, des Vergessens – und der Erinnerung. Die alte und die neue Zeit wohnen nebeneinander, Tür an Tür, Supermarkt neben Friedhof. Ich tauche in ein unendliches Meer aus Grün ein, wieder einmal. Grüne Stille. Und ich spüre: alte Stille. Die Sonne blitzt zwischen den Blättern hindurch. Die großen und mächtigen Bäume bilden die Festpunkte in dem Areal der Toten. Die Geräusche der Stadt verklingen, ich höre eine Amsel, meine Schritte aber sind kaum zu vernehmen. Moos schmiegt sich um jeden der Pflastersteine, dazwischen Gras – die Erde überall fruchtbar. Vorsichtigen Schritts bewege ich mich in der Welt der Vergänglichkeit. Vergangenheit, ruhende Zeit, Inbegriff des Stillstands, der Ewigkeit. Ich laufe zwischen Himmel und Erde durch das Reich der Pflanzen. Gras, Farn, Büsche und Bäume, sehr hohe Bäume – sie decken die Vergangenheit einfach zu. Die schmalen Wege zwischen den Gräbern wirken wie Adern. Gräber, darunter die Toten, darüber Grabsteine, Grabkreuze, Grabmale stehend, sitzend, liegend – umgefallen, überwuchert, moosbewachsen. Die Welt des Vergessens und die des Erinnerns schmiegen sich aneinander. Es sieht so aus, als ob die deutschen Gräber noch da sind, aber nicht gepflegt wurden. Von wem auch? Die Deutschen wurden 1939 verjagt, weil Hitler und Stalin ihre eigenen Pläne hatten, die Öffnung des Eisernen Vorhangs liegt noch nicht so weit zurück – alles braucht Zeit, die Toten haben sie. Generationen haben einander überlebt, die Zeit elastisch überdauert. Der Friedhof macht gerade das sichtbar. Die Todesdaten auf den deutschen Gräbern reichen bis ins Jahr 1940 – erst eine ganze Generation später können die Fäden wieder aufgenommen werden.

Ich laufe durch die große Anlage. Überall bekannte Namen – dort, wo ich sie lesen kann. Juliane von Seidlitz. Rosalie und Johann Staden. Paula Magnus. Otto Schroeder. Nelly Behm. Anna von Güldenstubbe. Bibelzitate, Daten, Fakten, Wünsche, Hoffnungen… Allesamt verborgene Biografien. Der Tod zieht eine Grenze, für Sterbende, Verstorbene und Lebende. Hilde Domin sagt es in einem ihrer gewaltigen Gedichte: „die verlierbaren Lebenden und die unverlierbaren Toten". Ja, dort sind sie versammelt – die unverlierbaren Toten. Alle sind da. Aber was bleibt von ihnen? Wer sind sie? Freunde meiner Vorfahren, Nachbarn, Geschäftspartner, ja vielleicht sogar Konkurrenten oder Feinde? Ich lese Namen um Namen – deutsche Namen aus einer alten Zeit. Und ich finde keinen Grabstein mit dem Namen Schulz. Ich könnte anfangen das Moos abzukratzen, Steine umzudrehen, aufzustellen… Dennoch bin ich sicher, dass meine Vorfahren hier anwesend sind. Ihre Gräber müssen hier sein, alle Deutschen in Dorpat wurden hier beerdigt. Irgendwo. Jedenfalls will ich es so, setze mich auf eine Bank und lasse meinen Gedanken und Gefühlen freien Lauf.

Ich stelle mir vor, dass meine Großmutter schon als Kind immer wieder auf diesen Friedhof geführt wurde. Von der anderen Seite der Stadt, über den Embach. Wahrscheinlich noch mit der Kutsche. Die Toten leben weiter, wenn wir uns ihrer erinnern. Ich kenne all die Menschen aus den Erzählungen meiner Großmutter nur vage, irgendetwas wispern sie. Ich lausche ihren nie gehörten, stummen Stimmen. Der Stimme der kleinen Schwester meiner Großmutter. Irgendwo muss ihr Grab hier sein, ich höre sie nur ganz, ganz leise singen. Vielleicht ist es das Lied vom Brüderchen, dass mit ihm tanzen solle. Dem großen Bruder, der einige Jahre später als verschollen gelten wird und dessen Grab irgendwo auf einem Schlachtfeld liegt. Keiner weiß wo. Aber das ihrer Eltern, meiner Urgroßeltern, Arthur und Emma Schulz, diese Gräber müssen auch hier sein, bei dem von Gerta. Er ist 1921 gestorben, sie 1938. Und auch das Grab von Emmas Mutter, Charlotte Ferberg, der kleinen Großmama, müsste hier sein, sie hat zuletzt bei ihrer Tochter gelebt und ist 1925, erst nach ihrem Schwiegersohn gestorben.

Meine Füße führen mich weiter. Im Friedhofsbüro frage ich nach den Gräbern von Familie Schulz. Ich schreibe den Namen auf einen Zettel. Die Dame versteht. Ich weiß nicht, was ich mir davon erhoffe, aber ich will die Gräber finden. Die Dame hinter dem Tresen sucht ihr digitales Verzeichnis durch – auch hier ist alles gut organisiert. Sie will korrekte Vornamen und Jahreszahlen. Nichts. Nein, sie findet nichts. Entschuldigend erwähnt sie aber, dass nicht alle Gräber verzeichnet seien – zu viel sei der wuchernden Natur anheimgefallen. Und dann sagt sie noch etwas von EU-Geldern, die vielleicht kommen würden und davon, dass ich nicht die Einzige sei, die alte Gräber suche. Und, dass sie schon viel geschafft hätten und, dass Estland noch viel vor sich hätte. Ich bedanke und verabschiede mich. Und ich laufe weiter über den alten Friedhof. Nichts ist zu finden und doch ist alles da. Es ist zu lange her. Trotzdem habe ich das Gefühl inmitten eines Geschehens, irgendwo hineingeraten zu sein. Ich bin wach und schläfrig zugleich, froh und traurig. Die vielen alten Gräber erwecken einen Raum in mir, in dem ich mich nicht gut auskenne.

Ich denke: Hinter den wenigen Angaben auf den Steinen verbergen sich ganze Biografien – Höhen und Tiefen, persönliche Geschicke, Zeitereignisse, politische Gegebenheiten mit Kriegen, Gesetzen und Beschlüssen, die sich im Schicksal des Einzelnen niederschlagen – zusammengefasst in einem Namen sowie einem Geburts- und Sterbedatum. Mehr ist so ein Leben ja nicht, zumindest nicht auf einem Grabstein. Aber: Jeder Verstorbene ist in ein Familien- und Beziehungsgeflecht eingebunden, über Nachwuchs und Seitenlinien generieren sich lange Erbbänder, die die Geschichte weitertragen und voranschreiten lassen. Warum wäre ich sonst hier? Aber was ist es, was ich mit meinen Vorfahren zu tun habe, sind nicht meine heutigen Freundschaften und Verbindungen viel wichtiger? Es heißt, dass sich transgenerationale Vererbung über fünf Generationen zurückverfolgen lässt sowie, dass Intentionen und Motive eines Lebens fünf Generationen in die Zukunft hinein von Bedeutung sein können. Der Friedhof bewahrt diese Erinnerung; mich treibt etwas, ich werde wiederkommen.

Julie und Carl, meine Ururgroßeltern

Ich studiere die Hinterlassenschaft meiner Großmutter – ihre Handschrift ist einmalig und unverwechselbar –, die Grüne Kiste und die Arbeit des Archivars über das Fotoatelier Schulz, die ich für viele Hundert Euro habe übersetzen lassen. Wer war wer? Und wann, und wo? Das Ausmaß des glücklichen und schicksalhaften Treffens mit dem Archivar Jaan – nach jahrelangem Wunsch noch einmal nach Estland zu fahren, realisiere ich das endlich, treffe auf die Kuratorin im Stadtmuseum, gehe ins Nationalarchiv… wenn das keine Bedeutung hat! – wird mir besonders bei der Frage nach dem Lebenswandel von Carl und Julie klar, den Vorfahren der ersten Stunde im Baltikum, meinen Ururgroßeltern. Wie käme ich sonst an Informationen über die beiden, die den Namen Schulz in Dorpat so stark geprägt haben? Die Fotos, die heute in der Stadt hängen verraten nur einen Namen – was aber macht gerade diesen Namen aus, welche Ereignisse gehören zu ihm und welcher Klang verbirgt sich darin, welcher biografischen Spur ist das Ehepaar gefolgt, wie ist die Akzentuierung, die die Familie da oben im Norden gesetzt hat zu beschreiben? Die Arbeit von Jaan enthält Daten und Fakten, die sich heute noch rekonstruieren lassen, er hat alles was er in Archiven und Datenbanken finden konnte akribisch zusammengetragen und die Aussagen in seiner Arbeit mit Belegen in Fußnoten versehen.

Irgendwann schickt er mir eine Mail, die einen Link enthält, von wo aus ich mir eine riesige Datei herunterladen könne. Nicht weniger als eintausendzweihundertzweiundzwanzig ausgeschnittene Zeitungsanzeigen, Annoncen, Berichte oder Nennungen des Ateliers werden mir da aus zwanzig verschiedenen baltischen Zeitungen zugespielt. Ich bin überwältigt und lese begierig. Die früheste Anzeige ist von 1856 und meldet in der Riga'schen Zeitung, dass der Lithograph Carl Schulz aus Baden im Hotel London in Riga angekommen sei. Die letzte Anzeige ist von 1938. Diese wird meine Großmutter aufgegeben haben, in der „Deutschen Zeitung", es ist die Todesanzeige ihrer Mutter Emma, der Schwiegertochter von Carl Schulz.

Das war die letzte Mitteilung der Familie dort oben, bevor sich der eiserne Vorhang zwischen Ost und West senkte und es Jahrzehnte dauern sollte, bis die ferne Stadt wieder betretbar wurde.

Das Atelier hat in seinen Blütejahren prächtige Anzeigen aufgegeben, um auf das fotografische Angebot aufmerksam zu machen, hat nach Lehrlingen gesucht, Räume zur Miete angeboten und Ausstellungen publik gemacht. Ehrungen, Preise und Siege werden kundgetan, genauso wie neue Verfahrenstechniken dargelegt oder Umzüge gemeldet. Das Atelier Schulz wird über den langen Zeitraum nicht nur in Dorpat, sondern auch in Riga, Libau und Majorenhof sowie in St. Petersburg bekannt gewesen sein – Carl Schulz hat auf sich und seine Kunst aufmerksam gemacht, wobei auch sein scharfer Geschäftssinn mitgespielt haben wird. Fast alle Anzeigen und Artikel sind auf Deutsch, wenn es sein musste, hat er auch in der estnischen oder russischen Presse publiziert. Dass auf Dauer die deutsche Sprache dort oben nicht uneingeschränkt zu halten war, sondern auch Estnisch und Russisch notwendig waren, scheint er begriffen und eingesetzt zu haben.

Mit der Hilfe von Jaan bekomme ich Zugang zu den relevanten Archiven und über mehrere Klicks erscheinen auch die handgeschriebenen Eintragungen auf meinem Bildschirm. Einträge von Geburten, Zugehörigkeiten zu Gemeinden, Schulzeugnisse, Todesdaten… Irgendjemand hat das anno dazumal alles handschriftlich in große Bücher eingetragen, die ich nun digital durchblättern kann. Während die Magisterarbeit von Jaan eine akademische ist, um einen universitären Grad zu erlangen, richtet sich meine Beschäftigung mit den Vorfahren auf die eigene biografische Selbstvergewisserung, auf die Frage nach den spezifischen Erbbändern und auf Familieneigenheiten, die sich durch die Generationen tragen und mir möglicherweise einen Wegweiser zu mir selbst und den folgenden Generationen eröffnen. Ich versuche durch Bilder, Zahlen und Daten eine innere Verbindung mit den in meinen Genen sitzenden und mir doch unbekannten Vorfahren aufzubauen.

Überraschend ist für mich, dass der 1831 geborene Carl aus Endingen in Baden kommt. Endingen liegt am Kaiserstuhl, nördlich von Freiburg, keine einhundert Kilometer mit dem Auto von meinem Wohnort entfernt, einfach nach Westen, einmal über den Schwarzwald, zu Fuß sind es fünfundsiebzig Kilometer, Luftlinie vielleicht weniger als fünfzig. Ich bin also, in der fünften Generation nach ihm, ganz in der Nähe des Ortes gelandet, wo Carl Schulz einst herkam und eines schönen Tages beschloss, sich in der Ferne mit der deutschen Juliane Stahl zu vermählen, um bei ihr, da oben im Nordosten, zu bleiben. Ich fahre nach Endingen in das kleine Städtchen, es ist ja nicht weit, und schaue mich um. Hier also hat die Schulz'sche Fotografengeschichte begonnen. In Endingen ist die Zeit stehen geblieben. Im Stadtkern stehen alte Häuser, uralte. Die Apotheke gibt es seit 1772, also wird sie auch Carl schon betreten haben… In den Erinnerungen heißt es, dass das Kind Carl Schulz, nachdem beide Eltern sehr früh verstorben waren, am Brunnen in der Stadt saß und

Krippenfiguren aus Holz geschnitzt habe. Dies habe der Bürgermeister gesehen und sich des Jungen angenommen. Er hat sein Talent erkannt und ihm eine Ausbildung ermöglicht. Was für ein Glück – möglicherweise hätte es sonst keine Fotografengeschichte gegeben. Ich setze mich auf den Rand des Brunnens und schaue mich auf dem alten Platz um. Kopfsteinpflaster, alte, schiefe, kleine Häuser, einige Fußgänger... Dann laufe ich durch den Ort, lasse die alten Gemäuer auf mich wirken, in denen heute Hosen von Brax verkauft werden, oder Brillen von Fielmann, oder für vegane Ernährung geworben wird. Im Gasthaus ‚Zum alten Wagenmann' wird Lavazzo Espresso angeboten und die Touristeninformation lädt dazu ein, einen historischen Stadtrundgang mitzumachen. Dieser wird allerdings nur samstags um 14.30 Uhr angeboten, in der Wintersaison gar nicht. Da ich aber an einem spätsommerlichen Mittwochnachmittag mitten in Endingen stehe, die Geschäfte um mich herum haben geschlossen, bleibt mir nichts anderes übrig, als meine Phantasie weiter in Gang zu halten und mich treiben zu lassen. Ich gehe in die Kirche und kaufe etwas unbeholfen eine dicke Kerze der Weinenden Mutter Gottes. Es ist eine katholische Kirche, gehörte Carls Familie ihr an? Ich suche den Friedhof, der zum Städtchen gehört.

Er ist klein und als erstes fällt mir auf, wie viele Menschen an diesem Nachmittag hier sind. Beete auf Gräbern werden bearbeitet, man steht beieinander und unterhält sich, auf Bänken sitzen Menschen, die sich die spätsommerliche Sonne ins Gesicht scheinen lassen. Ich schaue mir die Grabsteine an, es sind im Wesentlichen neuere. Ob es noch alte gibt? Ich spreche einen alten Mann an, der mir mit einer Gießkanne bewaffnet geschäftig entgegenkommt. Ja, er kennt sich hier aus, gehört hierher, aber ich verstehe fast kein Wort. Er spricht tiefsten Dialekt und ich bin mir nicht sicher, was er sagt. Ich frage immer wieder nach Gräbern von Familie Schulz, aus dem 19. Jahrhundert, ob es diese noch gäbe. Ja, sagt er, da vorne! Und ich gehe frohgemut der Richtung nach, die er mir mit seiner Gießkanne gewiesen hat. Schließlich bleibe ich vor einem Grabstein stehen: Anneliese Schulz, 1952-1998. Nein, da hat mich der alte Mann wohl falsch verstanden. Ich schlendere weiter und lese Namen um Namen. Mein Blick fokussiert sich auf alte Steine, die nicht glattpoliert sind. Schließlich bleibe ich vor dem Gedenkstein des Bürgermeisters stehen: Franz Michael Kniebühler. Bürgermeister und Postexpeditor. Geboren 30. Oktober 1813, gestorben 11. Februar 1874. Das muss der Bürgermeister gewesen sein, der Carl unterstützt hat... Sein Grab, oder zumindest seinen Grabstein gibt es also noch, wie schön! Die Gräber von Carls Eltern und Geschwistern werden wohl der Zeit anheimgefallen sein.

Ich glaube nicht, dass ich je mit einem Menschen gesprochen habe, der Carl noch kannte, den Klang seiner Stimme gehört hat, wusste, welchen Duft er ausstrahlt, was seine Vorlieben und Eigenheiten waren. Sein Tod liegt zu lange zurück. Meine Großmutter war noch nicht geboren, als Carl starb, sie war vier Jahre alt, als auch seine Frau, ihre Großmutter Julie diese Welt verließ, das liegt nun mehr als einhundert Jahre zurück. Konnte sie sich noch an sie erinnern? Oder wurde ihr Großmutterbild ausschließlich von der mütterlichen Seite aus genährt? Es gibt ein Foto, auf dem die beiden, Julie und Dagmar, zu sehen sind. Eine strenge, feine Dame und ein kleines, zweijähriges Mädchen, das für das Bild in eine Verkleidung gesteckt wurde. Leben ist auf dem Bild nicht zu sehen, aber Präsenz und die Aussage ist deutlich: Schaut her, wir sind etwas. Es gilt also die stummen Bilder, starre Buchstaben aus Texten und Berichten sowie kalte Daten und arglose Fakten zu Leben zu erwecken und vor allem die Bilder, die Fotos aus dem Atelier Schulz sprechen zu lassen – was erzählen sie wirklich?

Ich lebe also in der Nähe des Ortes an dem Carl, vor bald zweihundert Jahren geboren, vor vielen, vielen Jahren, als die Welt noch eine andere war, eines Tages beschlossen hat, in die Ferne zu ziehen, sich seinen Ort zu suchen und in der Fremde niederzulassen. Was sagt mir dieser Umstand? Seine Eltern starben beide, als er noch ein Kind war und nach Beendigung einer Lithografenausbildung, die er höchstwahrscheinlich in Endingen absolvieren durfte, machte er sich auf die Wanderschaft. Zeitgleich hat Georg Friedrich Schlater in Dorpat die erste Lithografiewerkstatt eröffnet, wie der Archivar schreibt, so dass der Weg über die Lithografie für ihn bereits geebnet ist. Sogar das herzoglich-badische Wanderbuch Carls ist noch erhalten, mit den wunderbaren Genehmigungsstempeln, die ihm erlauben, die Landesgrenzen zu überqueren. Ich kann allerdings nicht viel davon verstehen, die Handschriften sind so eigenwillig und verschnörkelt, dass sie sich mir nicht überall erschließen. Vielleicht hat Carls Onkel dem Jungen Mut gemacht, der einst auch in Endingen Maurer war, wie Carls Vater, dann aber den Absprung geschafft hat und in Basel Stadtbaumeister wurde. Irgendwie muss Carl bis Darmstadt und Frankfurt gekommen sein, denn von dort aus beschließt er, nach Dorpat, einer fremden Universitätsstadt weit im Osten, die zu diesem Zeitpunkt keine 15 000 Einwohner hat, zu reisen, um da sein Glück zu versuchen. Das Ziel seiner Reise lässt sich im Wanderbuch entziffern, das gleichzeitig als Reisepass fungiert. Landweg zweitausendzweihundert Kilometer – keine unerhebliche Entscheidung damals. Aber Carl reist weitgehend mit dem Schiff, ich nehme an, dass er von Travemünde oder Lübeck aus bis Riga auf dem Seeweg unterwegs ist und dann auf die baltische Eisenbahn umgestiegen ist. Ach nein, das kann nicht sein, die Strecke zwischen Riga und Dorpat wird erst einige

Jahre später eröffnet. Dann wird es doch die Kutsche gewesen sein, die ihn von Riga aus weitergetragen hat. Verbrieft ist auf jeden Fall, dass er am 23.10.1856 in der Hansestadt Riga ankam, fünfundzwanzigjährig, und spätestens ab Januar 1857 in Dorpat lebte, wo die junge Juliane Stahl ihn unbekannterweise schon erwartete. Carl ist ein großer stattlicher Mann, wie mir die Fotos verraten und ich stelle mir vor, dass er eine tiefe und betörende Stimme hatte. Wie mag sein Eindruck von den baltischen Provinzen im Gegensatz zu den badischen Orten in Süddeutschland gewesen sein? Was hat ihm so gefallen, dass er sich ziel- und siegessicher dort oben im Osten niederließ? Erst siebzehnjährig heiratet Juliane, genannt Julie, im November 1857 den nun sechsundzwanzigjährigen Carl und bringt im Laufe der nächsten siebzehn Jahre acht Kinder in Dorpat auf die Welt, fünf Jungen, drei Mädchen. Sechs von ihnen erreichen das Erwachsenenalter, ein Sohn und eine Tochter versterben früh. Carl, aus dem katholischen Baden, und Julie, aus dem protestantischen Dorpat, deren handgeschriebene Geburtseinträge ich beide digital in den Archiven der nahen und fernen Städte nachlesen kann, nehmen von da an gemeinsam den evangelisch-lutherischen Glauben an. Die beiden schließen sich der deutschen Johannisgemeinde an, in der sie heiraten, in der die Kinder getauft werden und der auch die nachfolgende Generation angehören wird. Carl ist ein mutiger und kreativer Geschäftsmann mit allerlei modernen und nahezu unvorstellbaren Ideen, frappierenden Rückschlägen, waghalsigen Neuerungen und vor allem mit einem offensichtlich unübertroffenen Selbstbewusstsein. Er ist ein charakterstarker Mann, der es zu etwas bringen will – nein, mein Eindruck ist, dass er es nicht zu etwas bringen will, sondern dass er immer schon davon überzeugt ist, unbedingt auf Erfolgskurs zu sein. In jedem Vorhaben schwingt das Gelingen bereits mit – da ist kein Zittern und kein Zagen, obwohl er sich finanziell zeitweise mächtig übernimmt und auch menschlich in manche Auseinandersetzung gerät. Er gründet bereits 1857 eine Lithographiewerkstatt, dann eröffnet er auch noch eine Druckerei, dann ein Fotoatelier und später noch eins… In einer Anzeige in der Zeitung heißt es zur Eröffnung eines Ateliers mit dem Kompagnon Ivanson, der ein paar Monate mit ihm zusammen arbeitet: „Hierdurch beehren wir uns, die Eröffnung unseres Litho- und Photographischen Ateliers ergebenst anzuzeigen und zu gütiger Benutzung bestens zu empfehlen. Wir übernehmen die Anfertigung von photographischen Portraits und Gruppen jeder Größe, Lithographien aller Art, Plänen, Adreß- und Visitenkarten, Etiquettes, Portraits, Ansichten, Zeichnungen nach der Natur u.s.w. Unser Geschäftslokal befindet sich im v. Stiernhielmschen Hause am großen Markte und erlauben wir uns noch zu bemerken, daß die photograph. Aufnahmen in einem warmen Glashause geschehen. Dorpat, den 7. Januar 1863. Schulz und Ivanson.“

Dorpat ist von den Deutschen geprägt, es ist das kulturelle und wissenschaftliche Zentrum des Landes. Das universitäre Leben findet auf Deutsch statt, Professoren, Ärzte, Pastoren, Lehrer, Kaufleute, Gutsbesitzer – alles Deutsche, die da oben im Osten ein gutes Leben führen. Die Esten arbeiten ihnen zu und fügen sich in das Schicksal, einer Zweiklassengesellschaft anzugehören. So jedenfalls sieht es für mich aus der Ferne aus. Neben der Amtssprache Deutsch wird auch Russisch und gelegentlich Estnisch gesprochen, die kleine aber akademisch bedeutsame Stadt im Osten blüht und treibt regen Handel, ja, sie gehört sogar über den Embach zu den Hansestädten. Als die Eisenbahnlinie vollendet wird, sind dem Austausch auf materieller und geistiger Ebene keine Grenzen mehr gesetzt. Dorpat gehört wie Riga zu Livland, erst im Laufe des Jahres 1920 werden die russischen Ostseeprovinzen in die Republiken Lettland und Estland geteilt. Heute ist Tallinn, das damalige Reval, die Hauptstadt Estlands, zu der die im Süden des Landes liegende Stadt Dorpat gehört. Die Deutschbalten sind die heimlichen Lenker des Geschicks der Stadt, ja des Landes, das offiziell zum russischen Zarenreich gehört.

Eine längerfristige Geschäftsfreundschaft schließt Carl mit Eduard Julius Karow, der eine erfolgreiche Buchhandlung betreibt und auch Ratsherr ist. Immer wieder ist er es, der Carl in stürmischen Zeiten ein Darlehen gibt, der ihn finanziell und ideell unterstützt und für ihn spricht. Mir scheint, dass die beiden eng zusammengearbeitet haben müssen. Das Grab Karows ist auf dem alten Friedhof in Dorpat noch zu finden, Jaan zeigt es mir – wir stehen vor dem alten Kreuz mit seinem Namen und ich überlege mir, wie er wohl auf seine Freundschaft mit meinem Ururgroßvater zurückblickt und was für ein Mensch er war. Namen und Daten sind geblieben, aber was verbirgt sich dahinter?

Notwendige Umzüge, zwischenzeitliche Bankrotterklärungen, Gerichtsverfahren – nichts hält Carl davon ab letztendlich ein prächtiges Wohnhaus samt eingerichteter Werkstatt zu erwerben, mit dem der sich weiter entwickelnde und nicht zu verleugnende Erfolg des Fotoateliers verbunden ist. Jaan schreibt: „Am 5. Mai 1874 kaufte Carl für 9000 Silberrubel von den Gebrüdern Dukowsky das Grundstück an der Ecke der Ülikooli und Vanemuise Straße (damals Garten- und Alt-Straße), am Fuße des sogenannten Thuner Berges. Etwa eine Woche später waren dort auch bereits seine umgezogene Lithografiewerkstatt und sein Fotoatelier in Betrieb." Zwanzig Jahre nach Carls Ankunft ist die Stadt um mehr als ein Drittel gewachsen, davon sind die Hälfte Deutsche. Julie scheint nicht nur eine begnadete Mutter, sondern auch eine patente Geschäftsfrau gewesen zu sein, die die Schirmherrschaft über den Erweiterungsbau gehabt hat, denn ihr Mann verfügt sich derweil zur Kur. Meine Großmutter schreibt, dass Großmutter Julie eine strenge Frau gewesen sei. Ihr Enkel

Charly hat später bei ihren Besuchen immer wieder seinen aufgeräumten Schrank zeigen müssen und wenn sie damit zufrieden war, bekam er ein Goldstück von ihr.

Das Foto zeigt ein ernstes Portrait, Carl Schulz ist ein ehrenwerter und ernstzunehmender Mann, er trägt einen buschigen Schnauzbart und schaut zielsicher nach rechts, vielleicht wäre er mir unheimlich, wenn ich ihm begegnen würde. In der Dörptschen Zeitung, die ich begierig durchstöbere, finden sich viele Inserate und Angebote von ihm, in das Photographische Atelier „Haus Schulz" wird ohne weitere Adressangaben eingeladen: „Portraits täglich von 9 Uhr vormittags bis 4 Uhr nachmittags". Und Carl macht nicht nur Portraits von seinen Kunden, schönen Frauen, achtunggebietenden Herren und Zukunft versprechenden Kindern in seinem Atelier und vor allem von größeren Gruppen von Menschen, zum Beispiel den Studentenvereinigungen, sondern auch einfach von der Stadt. Er spezialisiert sich auf Stadtansichten und große öffentliche Ereignisse. Ich finde Bilder mit dem Aufdruck „Carl Schulz" und „Dorpat", die heute für teures Geld über das Internet verkauft werden. Bilder von meinem Urgroßvater… ich besitze kein einziges dieser Stadtbilder. Im Literaturmuseum lässt Jaan uns das ‚Dorpater Album' kommen und wir betrachten die uralten Fotos, die jeden schönen Winkel der Stadt zeigen. Mittlerweile weiß ich, in welchem Zeitraum Carl fotografiert hat und wann es einer seiner Söhne oder Angestellten gewesen sein muss. Die Schönheit des Alltags oder das Gold im Dunklen gehörte in dieser Fotografenfamilie nicht zu den relevanten Objekten. Ganz anders als der Fotograf Johannes Pääsuke, der auch die Hinterhöfe, Kinder armer Familien oder Bauernhöfe mit matschigen Höfen in und um Dorpat auf das Papier gebracht hat, sind die Bilder aus dem Hause Schulz immer auf bürgerliche Ästhetik bedacht – es wird das Schöne, Wahre und Gute gezeigt, die Sonnenseite des Lebens, die Schulz'schen Fotografen haben einen ausgeprägten Geschmack und wissen ihn fotografisch festzuhalten. Davon zeugen auch die beiden heute noch erhaltenen Innenaufnahmen des Ateliers, die die Räumlichkeiten zeigen. Mir scheint, dass sich diese Charaktereigenschaft, nur „schöne" Fotos zu machen, über Arthur bis zu meiner Großmutter fortgesetzt hat. Und nicht nur auf den Bildern geht es nur um das Schöne, sondern auch in den überlieferten Erzählungen. Brücken werden von einem zum anderen Ereignis geschlagen, der Abgrund dazwischen wird nicht thematisiert.

Carls Schwester, die mit ihm in Endingen geboren ist, hat die Heimat am Kaiserstuhl ebenfalls in jungen Jahren verlassen. Sie ist, laut Familienüberlieferung, als Kindermädchen ans Österreichische Kaiserhaus nach Wien gegangen. Die Schwester Apollonia spielt insofern eine Rolle, als dass sie ihren Bruder Carl als Fotograf offensichtlich dem Kaiser empfohlen hat. Ich kenne ein einziges Bild, auf dem sie benannt ist und das in Reval aufgenommen wurde. Offensichtlich hat also auch sie die weite Reise von Wien bis in den hohen estnischen Nordosten gemacht und ist der Familie ihres Bruders nah gewesen. Als Kaiser Franz Joseph zu einem Empfang bei Zar Alexander III. in St. Petersburg ist, reist jemand aus dem Schulz'schen Atelier dorthin und fotografiert die Herren. Dafür bekommt das Atelier öffentliche Anerkennung. In der Neuen Dörptschen Zeitung steht am Mittwoch, 17. Juni 1892: „Der Kaiser von Oesterreich hat, wie die Düna-Zeitung mittheilt, dem Inhaber der Firma C. Schulz in Riga und Dorpat für eine vergrößerte Photographie des verstorbenen Erzherzogs Carl Salvator eine goldene, mit Brillanten besetzte und mit einer kostbaren Perle geschmückte Busennadel zu schenken geruht." Die genannte Busennadel (was für ein gefährlicher Ausdruck!) ist im Laufe meiner Recherchen aufgetaucht. Ein Enkel von Sigrid, der älteren Schwester meiner Großmutter hat sie und steckt sie sich zu feierlichen Anlässen an die Krawatte. Auch der Ring an meiner Hand hat ja diese Herkunft und wurde dem Hause ein Jahr nach der Busennadel geschenkt. Welche Rolle Apollonia dabei genau gespielt hat, ist schwerlich zu beurteilen. Dass aber Schmuckstücke am Ende des 19. Jahrhunderts aus Wien über St. Petersburg nach Dorpat und dann zu Beginn des 21. Jahrhunderts in die fünfte Generation nach Deutschland gelangen, gefällt mir.

Carl leitet das Atelier, das seit 1866 in voller Blüte steht, bis zu seinem Tod 1884, verlegt allerdings seinen eigenen Wohnsitz bereits 1881 nach Riga in die große Stadt, in der er auch ein Atelier betreibt. Dort heißt es: „Photographisch-artistisches Atelier Carl Schulz. Riga, Nicolai-Boulevard Nr. 3. Filialen Dorpat, Libau und Majorenhof" – das Geschäft boomt, würden wir heute sagen. Für sein Unternehmen hat er eine Menge Angestellte: Empfangsdamen, Laboranten und Kopierer, Retuschierer und Kolorierer, Operateure und Assistenten... Über fünfzig Jahre wird sein Atelier in Dorpat – mit einer kleinen Unterbrechung – noch weitergeführt und unter jedem Bild steht sein Name. Seine vier Söhne, Carl Julius, Arthur, Ferdinand und Eduard, die das Erwachsenenalter erlangen, werden alle Fotografen und übernehmen seine Pionierarbeit. Carl Julius, der älteste Sohn vom Endinger Carl übernimmt das Atelier in Riga, erblindet aber langsam und unaufhörlich. Aus diesem Grund, so heißt es in der Grünen Kiste ganz beiläufig, nimmt er sich 1895 das Leben, er stürzt sich aus dem Fenster, wie im Totenbuch der Domgemeinde Riga vermerkt ist. Aber das hat der Vater nicht mehr erlebt, der, wie es im Totenbuch steht, mit dreiundfünfzig Jahren plötzlich an einem Magenübel verstorben ist, jedoch die Mutter Julie. Wie hat sie das genommen? Es gibt ein Foto, auf dem die strenge Dame, ganz in Schwarz, mit festgeschnürtem und gleichzeitig aufgeblähtem Kleid und unter dem Kinn gebundener Kopfbedeckung neben ihrem Sohn Carl Julius steht, der mit Zylinder mutig in die Zukunft blickt. Ich nehme an, dass Vater Carl aus Endingen gerade verstorben war und Julie mit diesem Bild ihren ältesten Sohn präsentiert, der nun in die Fußspuren seines Vaters in Riga treten soll. Siegessicher steht er am Beginn einer glänzenden Karriere, die keine zehn Jahre später so mutlos enden wird. Aber noch weiß das niemand und Julie nimmt alle ihre Söhne in die Pflicht. Nach dem Tod von Carl Julius, dem Erblindenden wird der jüngere Bruder Eduard das Atelier übernommen haben, so vermute ich, er war dann gerade zwanzig Jahre alt. Alle Söhne von Carl aus Endingen werden Fotografen und versuchen sich darin, es mit der Kunst des Vaters aufzunehmen, Julie aber bleibt über den Tod ihres Mannes Zeit ihres Lebens die Herrscherin über die gesamte Firma – die Söhne müssen sich fügen und bewähren.

Carl aus Endingen stirbt jung. Es heißt in der Rigaschen Zeitung am 27.6.1884:

> *„Todesanzeige. Am 25. Juni 1884, 11 Uhr Abends, entschlief nach schwerem Leiden mein inniggeliebter, unvergeßlicher Gatte, unser theurer Vater, Groß- und Schwiegervater, Bruder und Schwager Carl Anton Schulz im vollendeten 53. Lebensjahr. Die Bestattung der irdischen Hülle des theuren Dahingeschiedenen findet am Freitag, den 29. Juni, präcise 5 Uhr Nachmittags, von der Kapelle des St. Jacobi Kirchhofes aus statt. Die Hinterbliebenen.“*

Die Wortwahl berührt mich und zeigt etwas von der alten Zeit. Nach schwerem Leiden? Davon erfahre ich nichts. Überhaupt ist es ja so, dass im Höchstfall eine Krankheit in den Unterlagen genannt wird – aber nichts darüber hinaus. Dunkles, Schwieriges, Widersprüchliches, Dubioses hat in den Erinnerungen nichts zu suchen und lediglich das Schweigen darüber verrät etwas davon, dass sich auch meine Vorfahren nicht nur im Sonnenschein aufgehalten haben können. Julie lebt noch siebzehn Jahre länger als ihr Mann. Sie bleibt in Riga. Das Testament Carls, ein knappes Jahr vor seinem Tod geschrieben, offenbart, dass Julie die Alleinerbin ist. Auf die Transkription habe ich monatelang gewartet und voller Neugierde gelesen, was der Schulz'sche Pionier verfügte. Das Haus samt Atelier in Dorpat und die Immobilien in Riga sowie die Firma „C. Schulz“ gehen an Julie. Die beiden bereits erwachsenen Söhne sollen jeweils ein Atelier übernehmen, die noch nicht volljährigen Kinder bleiben bei der Mutter, der ihr Bruder und ein Geschäftsfreund Carls zur Seite stehen sollen. Sie selbst übernimmt die Leitung der Firma, sie nimmt von nun an alle offiziellen Preise entgegen, die die Firma ihres Mannes „C. Schulz“ bekommt; es sind nicht wenige. Auf der Rückseite der heute noch erhaltenen Fotografien werden genannt: Ehrengeschenke seiner Majestät des Kaisers Franz Joseph von Oesterreich 1892, 1893. Prämiert mit ersten Preisen in Wien, Paris, Moskau, St. Petersburg, Riga, Mitau, Dorpat, Wenden. Goldene Medaille: Riga 1901, Dorpat 1902. Es scheint so, als ob es dem fotografischen Atelier tatsächlich weiterhin so richtig gut gegangen sei.

Das letzte Foto, das ich von Julie kenne, ist von 1899 – dem Geburtsjahr Gunnars. Darauf ist die elegante Dame von Welt mit meiner Großmutter abgebildet, die damals gerade einmal zwei Jahre alt ist. Großmutter Julie hat keine zwei Jahre mehr zu leben, ob sie das weiß? Dagmar hingegen stehen noch knapp neunzig Jahre bevor… Wenn das Bild in Dorpat aufgenommen wurde, dann wird es Arthur gewesen sein, der in der Gartenstraße hinter der Apparatur stand und in seinem Atelier darum gebeten hat, dass die beiden so lange stillhalten bis... Wenn es in Riga aufgenommen wurde, dann hat Carl Junior es gemacht – und es wäre verbürgt, dass meine Großmutter bereits in jungen Jahren auf Reisen ging.

Und weil mich die Zeitungsanzeigen, die Jaan mir geschickt hat so berühren, schreibe ich auch die Nachricht über den Tod von Julie noch ab: „Gestern Morgen 8 Uhr, verschied sanft nach kurzem, schwerem Leiden an der Lungenentzündung im 63. Lebensjahr unsere theure, unvergeßliche Mutter, Großmutter und Schwester Julie Schulz, geb. Stahl. Die Bestattung findet Donnerstag, 13. d. Mts., präcise 1 ½ Uhr, vom Trauerhause (gr. Schloßstraße Nr. 6) aus, auf dem Jacobi-Friedhof statt. Die trauernden Hinterbliebenen.“ Julie starb am 10.12.1901 in Riga. Der Archivar hat die Gräber von Carl und Julie gesucht, aber bislang nicht gefunden, da auch dieser Friedhof dem Zahn der Zeit anheimgefallen ist. Wie es in Riga weitergegangen ist, weiß ich nicht, nur, dass es noch eine Schwester von Julie gegeben hat, Martha, die im Convent zum heiligen Geist gelebt hat. Jedenfalls gibt es eine Postkarte, auf der Emma und Edith zu sehen sind und die zum Geburtstag an Martha gesendet wird. Unterschrieben haben sie in je eigener Handschrift: Emma, Edith, Sigrid, Dagmar, Gunnar und eine Lisa – von der ich nicht weiß, wer sie ist. Nun ist es Zeit, den Blick nach Dorpat auf die nächste Generation, die Eltern meiner Großmutter zu lenken.

Emma und Arthur, meine Urgroßeltern

Emma und Arthur werden mit ihren Kindern Charly, Edith, Sigrid, Dagmar und Gunnar mit Eisenbahn und Kutsche zur Beerdigung von Julie nach Riga gefahren sein. Vom Wohnhaus in der Gartenstraße sind es mit der Droschke nur wenige Minuten zum Bahnhof in Dorpat. Oder waren damals keine Kinder bei Beerdigungen? Blieben sie mit dem Kindermädchen zu Hause? Ich stelle mir vor, dass das Begräbnis von Julie Schulz ein richtiges Event war. Mitten in Riga, alle Anwesenden tief bestürzt und in schwarzen Trauerflor gekleidet – die Frauen trugen Schleier vor dem Gesicht! – eine große Tafel mit vielen Gästen im Trauerhaus in der Großen Schloßstraße Nr. 6. Carl Julius, der Erblindende wird mit seiner Frau Julie (!) Emilie viel zu tun gehabt haben – also noch ein Ehepaar das Carl und Julie heißt... Bedauerlicherweise wurden damals bei solchen Begebenheiten ja keine Aufnahmen gemacht. Wie gerne wüsste ich, wie es zugegangen ist und in welcher Weise von der Verstorbenen gesprochen wurde, der imposanten Grande Dame, die das Geschäft ihres verstorbenen Mannes so erfolgreich fortgeführt hat.

Vielleicht war es bereits Arthur, der einige der Bilder gemacht hat, die in den folgenden Jahren prämiert werden – wer weiß das schon. Jedenfalls hat der gute Arthur, der auf den Fotos schön und streng aussieht und der der Vater meiner Großmutter geworden ist, das Atelier in Dorpat in der Gartenstraße von 1886, nach dem Tod seines Vaters, bis durch den Ersten Weltkrieg hindurch geführt. Nach Carls Umzug nach Riga war das Haus in Dorpat immer wieder kurzfristig vermietet, bis Arthur mit seiner Emma dort eingezogen ist. Ab 1914 hat er die Leitung dem Esten Johannes Zernant übertragen, da er selbst zu dieser Zeit keine Söhne hatte, die das Unternehmen in den stürmischen Jahren des Krieges und der estnischen Republik hätten führen können. Dazu aber später. Jetzt muss ich mich erst einmal darauf einlassen, wie das mit Emma und Arthur gelaufen ist, den Eltern meiner Großmutter. Ich lege alle Fotos, die ich von Emma und Arthur finden kann, vor mir auf den großen Tisch, es sind nicht wenige. Auch Arthur ist ein stattlicher Mann, ich schätze ihn auf einen Meter fünfundachtzig. Sein Schnurrbart ist ein Erkennungszeichen auf allen Bildern sowie die hohe Stirn, schon früh hatte er eine Glatze. Jedem Bild sieht man seine Inszenierung an, ganz anders, als die heutigen Bilder, die inmitten von Ereignissen, Bewegungen oder Tätigkeiten als Schnappschüsse mitten im Irgendwo gemacht werden. Die Inszenierung der Bilder von und mit Arthur ist dem Wunsch nach Ordnung und Schönheit sowie der Belichtungszeit geschuldet. Alles ist gut vorbereitet, braucht seine Zeit und schickt Signale in die Welt, die mir heute fremd sind. Ich lese bei meiner Großmutter: „Papa war ausgesprochen schönheits- und naturliebend. Seine schöne Frau sollte jedes Jahr ein neues hübsches Kleid haben, auch wenn sie selbst es nicht für nötig hielt. Wenn die Hausschneiderin Anna im Hause war und uns Kindern Kleider nähte, mussten wir ihm bei der Anprobe vorgeführt werden. Wir waren so magere Geschöpfe, deshalb wollte er immer alles „bauschiger“, die Ärmel und die Blusen. Wir liebten das gar nicht. Eine andere Plage für uns Kinder war das fotografiert werden! Zu jedem Geburtstag sollte ein Bild vom Geburtstagskind gemacht werden. Und von Mama erst gab es unzählige Bilder – mit Hut, mit neuem Mantel, mit Schleier, in allen nur möglichen Stellungen. Und das war ja damals eine richtige Tortur: Ein Ständer mit einer hufeisenförmigen Klammer stand hinter einem, dahinein wurde der Kopf gepresst, dann hieß es: bitte Kopf nach rechts, bitte die Augen hierher auf dieses Bild, bitte höher, bitte nicht bewegen, bitte die Lippen anfeuchten, bitte recht freundlich und jetzt bitte ganz still halten! Und das Stillsitzen dauerte sehr lange, man hatte das Gefühl zu wackeln – und wenn man tatsächlich gewackelt hatte, dann fing die Prozedur von vorne an. Und da sollte man noch recht freundlich aussehen… Ich hatte es gut, denn mein Geburtstag ist im Sommer und in Elva gab es nur nette Amateurbildchen ohne Prozedur."

Zurück zu den Anfängen: Die Hochzeit seiner ältesten Tochter Ida bekommt der Pionier der Fotografie im Baltikum, Carl aus Endingen, gerade noch mit, sie heiratet 1883, ein Jahr vor seinem Tod, fünfundzwanzigjährig Paul von Sivers. Sohn Carl Julius, der Erblindende, heiratet vermutlich erst nach dem Tod seines Vaters, der Stammbaum schweigt darüber – Mutter Julie wird aber auf alle Fälle die Schirmherrschaft über die Hochzeiten ihrer Kinder gehabt haben. Arthur als drittes Kind, ist, nachdem er in Dorpat aufs Gymnasium gegangen ist, vermutlich nicht mit nach Riga gezogen. Ich finde im „Schüler-Album des Dorpatschen Gymnasiums von 1804-1879" unter dem Jahr 1874 den Eintrag: „3902. Schulz, Alexander Arthur, a. Dorpat, Vorschule. Par. – Septima 74 / Par. – Sexta 77. Handlungslehrling in Reval." Es heißt von ihm, dass er in Reval eine Kaufmännische Ausbildung gemacht habe. Und das macht auch insofern Sinn, als dass er dort irgendwann Emma begegnet sein muss – wie und wo er gelebt hat, kann ich nicht herausfinden. Bei seinem älteren Bruder Carl Julius war das anders, er hat, laut Album, bereits 1872, zwölfjährig (!), angefangen in der „lithographischen Anstalt seines Vaters in Dorpat" zu arbeiten.

Arthur ist fünfundzwanzig, Emma zweiundzwanzig Jahre alt, als sie in Reval heiraten – wann und wie sie sich kennen gelernt haben bleibt meiner Phantasie überlassen. Beide Väter sind bereits verstorben, aber die Mütter, Julie Schulz aus Riga und Charlotte Ferberg aus Reval werden der Hochzeit sicherlich gerne zugestimmt haben, wie es mir scheint. Emma wird eine gute Seele par Excellence gewesen sein, viele wunderschöne Bilder von ihr liegen vor mir: in dieser und in jener Position, mit Schleifen im Haar, Schmuckbehangen und in allen erdenklichen Kleidern, die mir zeigen, dass die alte Zeit groß war und mittlerweile vergangen ist. Möglicherweise sind das aber nur meine glorifizierenden Vorstellungen über eine Zeit, in der der soziale Familienzusammenhalt unter Umständen viel inniger gelebt wurde als heute. Emma kommt aus Reval, ihre Mutter ist in St. Petersburg geboren, das ist gewiss. Emmas Vater, ein erfolgreicher, das heißt vermögender Kaufmann, ist früh verstorben. Sie hatte wohl auch Geschwister, aber die scheinen sich eher nach St. Petersburg orientiert zu haben. Ihr Leben findet auf jeden Fall zwischen 1887 und 1937 in dem sagenumwobenen Haus in der Gartenstraße Ecke Altstraße in Dorpat statt, fünfzig Jahre lebt die Mutter von sechs Kindern dort, dann zieht sie für ihre letzte Zeit in die Teichstraße zu ihrer jüngsten Tochter.

In welchem Zeitraum die Familie zusätzlich das Sommerhaus in Elva, Datscha Nr. 7, an den Seen hatte, scheint nicht mehr herauszubekommen sein. Es wird sich auf jeden Fall um die Zeit der Kindheit und Jugend der Kinder gehandelt haben, jedenfalls gibt es Bilder, denen das zu entnehmen ist. Ich kenne einen russischen Brief von Edith aus der Verbannung, in dem sie ihre Eltern 1916 fragt, ob sie wieder nach Elva fahren – zumindest bis dahin wird es das Häuschen also gegeben haben.

Als ich mit dem Zug nach Elva komme, es sind nur siebenundzwanzig Kilometer von Dorpat zu fahren, gehe ich in die Fotoausstellung im Bahnhofsgebäude, in der die alte Zeit um die Wende ins 20. Jahrhundert präsentiert wird. Ja, es scheint an vielen Orten so zu sein, dass den Esten klar ist, welche Welt da, allerspätestens mit dem Ausbruch des Zweiten Weltkrieges untergegangen ist. Es wird an vielen Stellen an die Zeit erinnert, als die Deutschen noch da waren, als meine Familie noch in Estland lebte und ein herausragendes Leben führte. Ich schaue mir die Gebäude an, die es auf den Bildern zu sehen gibt, die Menschen, auf einigen Fotos werden auch große Ereignisse festgehalten, die ich aber nicht deuten kann. Wer die Fotografien gemacht hat wird nicht vermerkt… Trotzdem bin ich beflügelt von der Ausstellung und frage die Dame an der Empfangstheke, ob sie wisse, wo die alten Sommerhäuser stehen oder gestanden haben. Auf dem Plan von Elva, es ist nicht mehr als ein kleiner Ort, an dem die Bahnlinie nach Riga vorbeiführt und in dem die großen Familien damals die Sommermonate verbracht haben, zeichnet sie mir die Straßen ein, an denen noch alte Häuser zu finden sind. Das Sprüchlein über meine Fotografenvorfahren sage ich auch auf, aber dazu kann mir die Dame nichts sagen.

Es ist ein kühler Tag, der Himmel ist bedeckt und Feuchtigkeit liegt in der Luft und so kommt es, dass sich ein betörender Duft verbreitet. Überall stehen hier Kiefern auf dem weichen Waldboden, wenig Birken. Die alten und zum Teil sehr herrschaftlichen Holzhäuser schmiegen sich in die Landschaft ein, sie stehen mitten im Wald. Es ist still hier und die sanften Regentropfen tragen dazu bei, dass ich ganz bei mir bin. Ich habe Fragen an den Ort, an die Menschen, die hier waren, an Ereignisse, die hier stattgefunden haben. Elva ist der Ort des Schulz'schen Sommers. In den Seen hat die Familie gebadet und geangelt, auf den Seen, dem kleinen und dem großen, ist sie mit dem Boot gefahren. Aber worüber haben Eltern, Kinder und Freunde beim Abendessen gesprochen? Was hat ihr Denken ausgemacht, was die Sehnsüchte der Einzelnen, die Wünsche und Begierden, wie haben die Kinder sich die Zukunft vorgestellt? Und was waren die Nöte, verborgenen Sehnsüchte, Geheimnisse und Untaten der Eltern, die das Licht der Welt nicht erblicken sollten? Auch hier schweigen die Bäume zu meinen Fragen, die sich vor mir aufreihen. Die entscheidenden Holzhäuser stehen nicht mehr.

Ich laufe um den kleinen See und versuche die Stelle zu finden, die mir von den Fotos am ehesten die zu sein scheint, wo die Familie ihre Ferien verbracht hat. Heute ist hier eine Musikschule, am Wald- und Uferrand des kleinen Sees. Es gibt ein schönes Bild mit dem Schulz'schen Boot in der Mitte, auf der einen Seite das Ufer, auf der anderen das Wasser… Diese Stelle lässt sich von mir nicht genau bestimmen. Aber irgendwo zwischen dem Großen und dem Kleinen muss es gewesen sein. Ich stelle mir vor, wie der ganze Schulz-Clan samt Verwandten und Freunden mit der Kutsche angekommen ist, wie die Kinder durch den Wald laufen, Krocket spielen, Lieder singen, Picknick machen…

Aber ich eile der Zeit voraus. Zurück: Arthur musste im Sommer oft zur Kur nach Bad Oeynhausen ins Deutsche Reich fahren, eintausendachthundert Kilometer über Land, vermutlich fuhr auch er ab Riga mit dem Schiff nach Lübeck und dann weiter. Ich staune über die Entfernungen für eine Kur, Carl soll ja sogar bis Wiesbaden gefahren sein. Offensichtlich hat man sich von diesen Orten viel versprochen – das ist mit den Verhältnissen heute zu tage gar nicht mehr zu vergleichen. Obgleich die Lebenserwartung kürzer war, habe ich das Gefühl, dass meine Vorfahren mehr Zeit hatten. In Arthurs Todesanzeige heißt es später, er wurde knapp sechzig Jahre alt, dass er an Tabes dorsalis verstorben sei. Er hatte Syphilis und die Lähmungserscheinungen nahmen ab der Jahrhundertwende zu. Es gibt Bilder, in denen er im Rollstuhl sitzt, sogar im Wald von Elva. Das letzte Bild, das die Eltern, Emma und Arthur gemeinsam zeigt, ist das, auf dem sie auf dem Balkon in Dorpat sitzen, der an das Speisezimmer angrenzt und in den Innenhof gerichtet ist. Sie spielen Karten, die beiden. Emma sieht Arthur an, er schaut auf die aufgedeckten Spielkarten, die auf dem Tisch liegen. Arthur sieht mit seinem weißen Schnurrbart alt aus, obwohl er es nicht ist und Emma sieht ernst aus, obgleich so viel Lebenskraft und -freude in ihr liegt. Nach seinem Tod, so steht es irgendwo – mittlerweile habe ich keinen Durchblick mehr, wo was zu finden ist – ist sie noch viel gereist und ständig unterwegs gewesen. Nach Riga zu ihrer Tochter Sigrid, nach Potsdam zu Edith, nach München zu weitläufigeren Verwandten… Es gibt eine Postkarte, die sie am 2.10.1930 aus Riga nach Südafrika zu Gunnar schickt – also ist er offensichtlich schon fort und hält sich fern der Heimat auf. Nach Arthurs Tod 1921, der Erste Weltkrieg ist vorbei, leben Emma und ihre Mutter, die kleine Großmama aus Reval sowie Dagmar noch in dem Haus in der Gartenstraße – vermutlich.

Die kleine Großmama stirbt 1925, Emma lebt noch bis 1938, sie wird dreiundsiebzig Jahre alt. Die letzten Jahre im Hause Gartenstraße Ecke Altstraße durchschaue ich nicht ganz.

Dagmar bleibt unverheiratet, ist zwar ständig auf Reisen, wohnt aber, wie mir scheint, prinzipiell bei ihrer Mutter. 1937 verkauft Emma das Haus samt Atelier, stattdessen wird das große steinerne Geschäftshaus die Straße hinunter, gegenüber der Universität gekauft. Dagmar ist von diesem Zeitpunkt an in der Teichstraße 44 gemeldet, Emma stirbt bei ihr in der Wohnung – an einem Herzinfarkt. Edith ist zu Besuch, es gibt ein Foto, das dreißig Minuten vor ihrem Tod mit Edith, von Dagmar (!) gemacht wurde. Die Liedabfolge bei der Beerdigung findet sich auch noch in der Grünen Kiste, sowie die letzte Zeitungsanzeige der Familie, da oben im Nordosten: „Am 8. April verschied sanft unsere liebe Mutter Emma Schulz geb. Ferberg. Geboren 31. März 1865. Die Kinder u. Grosskinder. Die Beerdigung findet statt am Montag den 11. April um ½ 4 Uhr vom Trauerhause aus, Tiigi 44, auf dem alten St. Johannis-Friedhof."

Wenn es stimmt, dass ihr vom Trauerhaus in der Tiigi, der Teichstraße aus bis zum Friedhof gelaufen seid (Kutschen waren doch wohl 1938 nicht mehr üblich, oder? und mit dem Auto kann ich mir das nicht vorstellen), habt ihr einen langen Weg gehabt: die Teichstraße hinunter links in die Sternstraße, rechts in den Wallgraben und dann links in die Johannisstraße. An der Johanniskirche vorbei (Trauergottesdienst?), rechts die Breitstraße hinunter zum Embachufer, dort über die Holzbrücke, die Russische Straße hinauf, dann die Petersburger und zum Schluss links in die Marienstraße zum Eingang des deutschen Friedhofs. Noch immer hoffe ich, dass wir den Platz finden, an dem die Beerdigten liegen, du, Emma, bist die letzte, die noch in Dorpat zu Grabe getragen wurde. Ein gutes Jahr nach deinem Tod lud die „Diktierte Option" die letzten Deutschen dringend dazu ein, ihre baltische Heimat zu verlassen.

Fragebogen II

War das alles so? Aus Zahlen und Fakten, Bildern und Erzählungen, den unterschiedlichsten Puzzlestückchen setze ich Bilder und Geschehnisse zusammen, wie sie sich mir hier an meinem Schreibtisch, mit all den vielen Unterlagen um mich herum und meinen Erlebnissen in Estland erschließen. Die digitale Welt ermöglicht es mir an Dokumente zu kommen, die viele tausend Kilometer weit von mir entfernt in irgendwelchen Aktenschränken liegen und dankenswerter Weise nach Anmeldung öffentlich zugänglich sind. Mittlerweile stehe ich mit einem Teil meiner Verwandtschaft in Verbindung, die ich zu einem großen Teil gar nicht kenne. Im Wesentlichen sind es Enkel, zwei von Edith und zwei von Sigrid – das ist sehr hilfreich. Wir schicken Bilder und Dokumente hin und her, versuchen gemeinsam Antworten

auf Fragen zu finden und entziffern alte Briefe. Es gibt Momente, in denen ich innerlich da oben in der alten Zeit im Baltikum bin und mich ganz zuhause bei euch, meinen verstorbenen Vorfahren fühle. Imaginär laufe ich durch die Straßen von damals, den alten deutschen Stadtplan von 1910 mit den deutschen Straßennamen habe ich insoweit verinnerlicht, als dass ich den heutigen, mit zum Teil neuer Straßenführung und den estnischen Namen übertragen kann. Die alten Adress- und Kalenderbücher der Stadt zeigen mir, wer, wann, wo gelebt hat und welches Amt innehatte. Aber manchmal gibt es auch Momente, in denen ich ein Evidenzerlebnis des Hervorgehens des einen aus dem anderen vermisse. Dann schwimme ich in dem Wust an Unterlagen, drohe unterzugehen und frage mich, warum ich mich bloß in dieses Projekt gestürzt habe. Was trägt mich dann – meine Vorstellung, meine Phantasie? Und, was suche ich wirklich in der Geschichte? Ich schicke meine Fragen zu euch in den Himmel:
Warum ist Carl aus Endingen überhaupt nach Dorpat gegangen?
Warum ist er so früh gestorben und woran?
Warum der Umzug nach Riga – stand das Atelier zwischendurch leer oder wurde es von Angestellten geführt?

Welche Schwierigkeiten gab es bei der Unternehmensgründung wirklich?
Welche Rolle hat Julie gespielt – war sie ein Drachen oder eine gute Fee für die Familie und das Unternehmen?
Welche Bedeutung hatte die Krankheit von Arthur für die Familie?

Wie haben sich Arthur und Emma kennengelernt?
Wie habt ihr in Kerimois gewohnt als Gerta starb?
Wie muss ich mir die Siedlung in Elva mit euerm kleinen Häuschen vorstellen?

Was hat Charly vor seinem Tod gemacht, wie hat er die zehn Jahre nach der Beendigung seiner Schulzeit verbracht?
Was ist mit Gunnar losgewesen, warum ist er verschwunden?
Was war mit Dagmar, warum hat sie nicht geheiratet?

Wieso habt ihr das Haus in der Gartenstraße verkauft?
Wieso hat Dagmar mit Emma zum Schluss in der Teichstraße gewohnt und nicht in dem großen neuerstandenen Haus in der Universitätsstraße?
Wieso hat sie das Atelier Schulz nicht weitergeführt?

Wo sind die Tauflöffel von Dagmar, Sigrid und Charly?
Wo haben sich Sigrid und Walter kennenglernt, wirklich auf der Eisbahn?
Wo sind die Schmuckstücke, die vom Zaren geschickt wurden?

1905: Blick aus dem Schlafzimmer

1905 ist Gerta schon zehn Jahre tot, auch die Großmutter und der Großvater der Schulz'schen Linie zählen bereits zu den Verstorbenen. Im Gegensatz zu dem kleinen Mädchen, das in Dorpat beerdigt ist, liegen Carl und Julie Schulz in Riga. Gertas Geschwister, vor und nach ihr geboren, sind 1905 alle da, die Familienplanung ist abgeschlossen. Vater Arthur ist dreiundvierzig Jahre alt, Mutter Emma achtunddreißig. Das kleine Foto fällt aus der Reihe. Es ist nicht auf Pappe aufgezogen, es ist nicht darauf vermerkt, aus welchem Atelier es ist und das Motiv wurde nicht in einem Innenraum aufgenommen. In der Schrift meiner Großmutter ist hinten drauf zu lesen: „Charly, Sigrid, Dagmar, Gunnar Schulz mit »Cadeau« 1905 in Dorpat". Wo ist Edith? Die Kinder sind auf einem Hof zu sehen, der Boden scheint aus gestampfter Erde zu bestehen. Hinter den Vieren verläuft horizontal ein Zaun und dahinter sieht man eine Hausfassade. Der untere Teil ist aus Stein mit einem kleinen Fenster – ein Kellerfenster? – und einer Tür, darüber ist die Fassade aus Holz. Die Bretter verlaufen quer zu den Zaunlatten, die vertikal nach oben stehen. Zu sehen sind vier Kinder und ein Hund – offensichtlich »Cadeau« das Geschenk. In der Mitte sitzt Dagmar auf einem Stuhl, ihr Antlitz erkenne ich sofort. Sie hat ein kariertes Kleid mit einem großen weißen Spitzenkragen an. Links steht Sigrid, sie hat ein kariertes Unterkleid an und darüber ein weißes Oberkleid mit kurzen Plüschärmeln (weil der Vater es so wollte?). Die Haare von beiden Mädchen sind nach hinten gebunden. Hinter den beiden, genau vor dem kahlen Baumstamm, der an der rechten Türseite in die Höhe strebt, steht Charly – hochaufgeschossen, in einem dunklen Hemd. Rechts von der sitzenden Dagmar steht der kleine Gunnar. Alle schauen auf Cadeau, der seine Vorderpfoten auf Dagmars Beine gelegt hat. Auch für dieses Bild haben die Kinder posiert – sich mit dem Hund zusammengestellt – aber es scheint trotzdem eine Alltagssituation zu sein, die Ästhetik ist eine andere als auf den anderen Fotos, das kleine Bild fällt aus der Reihe. Vielleicht hat ein Gehilfe die Apparatur draußen ausprobieren sollen, weil ein neues Gerät angeschafft wurde und die Kinder dafür herbeigebeten. Ich sehe auf diesem Bild die physische Größe der Kinder 1905, bis auf Edith, und mache mir eine Vorstellung der Gesamtsituation. Es gab also auch einen Alltag, in dem die Kinder nicht so aufgebrezelt wurden und sich frei bewegen konnten – auch wenn die Schulz-Kinder natürlich in jeder Lebenslage gehobene und geachtete Künstlerkinder des Bürgertums waren, die in der Stadt eine bedeutende Rolle spielten... Im eigenen Garten und Hof dürfen sie sich frei bewegen, so meine Annahme, hier gibt es kein Schaufenster, in dem sie sich präsentieren und etwas darstellen müssen. Wichtig für mich ist, dass die Kinder, die ihrem langen Leben noch unbefangen entgegensehen, in diesem Innenhof geschützt sind – anders als auf der Straße vorne.

Das andere Foto zeigt eine öffentliche Straßenecke, vorne links ist ein Straßenabschnitt in horizontaler Richtung zu sehen, dahinter die Hälfte eines Hauses, mittig auf dem Bild eine breite Straßenflucht mit einigen jungen Bäumen in der Mitte, die einen kleinen Platz umringen, rechts eine Reihe Häuser, darüber Himmel, in den die Schornsteine der Hausdächer ragen. Damals unterschied man noch nicht zwischen Fußgängerzone und befahrbarer Straße, Menschen und Fuhrwerke teilen sich die Flächen je nach Aufkommen. Das erste Auto wird in Dorpat erst zwei Jahre später fahren, der Gouverneur von Novgorod wird in einem Automobil von Riga über Dorpat nach St. Petersburg reisen und in der Stadt einen Halt einlegen, der für große Aufregung sorgen wird.

Auf dem Foto von 1905 ist sichtbar, dass sich bislang nur Fußgänger und Pferdekutschen die Wege teilen, der Boden besteht komplett aus Kopfsteinpflaster, wir befinden uns mitten in der Stadt, an einem Knotenpunkt. Links ist mittig ein zweistöckiges Haus samt Dach zu sehen, in das eine überdachte Eingangstür an der abgeflachten Ecke zu beiden Straßen mit zwei Treppenstufen einlädt. Davor steht eine Straßenlaterne, vermutlich gasbeleuchtet, mit einem gläsernen geschwungenen Laternenkopf. Neben der Tür sind links in jedem Stockwerk zwei Fenster, die oben mit einem Rundbogen abschließen. Auch über der Tür befindet sich an der abgeflachten Eingangsecke des Hauses ein solches Fenster. Darüber prangt ein Schild: Apotheke. Und darüber ist das gleiche Wort noch einmal in kyrillischen Buchstaben geschrieben: Apteka. Unter den beiden Fenstern im Erdgeschoss sind zwei rechteckige Kellerfenster zu sehen. Ob es sich um Glasfenster handelt, die geöffnet werden können, kann ich nicht erkennen. Es können auch engmaschige Gitterfenster sein. Die andere Hauswand, an der eine breite Straße entlangführt, ist nicht zu sehen. Ein Strommast neben dem Apothekeneingang ragt bis in den Himmel. Am Horizont sind hinter der Straße weitere Häuser als Silhouette in der Ferne zu sehen, aber nicht mehr einzeln zu erkennen. Rechts vorne befinden sich im Bild einige Kutschen, Pferde und Kutscher. Eine weitere Kutsche kommt dem Betrachter in der Mitte entgegen, auf der rechten Seite fährt jemand auf das Ufer des Embachs zu. Denn ich weiß, dass es sich um die straßenzugewandte Seite der Ecke Garten-/Alt-/Promenadenstraße handelt – zumindest hat Jaan das gesagt. Vor mir ist der Neumarkt zu sehen – und er führt zum Ufer, das aber nicht mehr zu erkennen ist. Viel ist da in diesem Moment nicht los. Die Häuser auf der rechten Seite sind zum Teil aus Holz und zum Teil aus Stein. Vor dem Holzhaus auf der Höhe der Apotheke steht auf der rechten Seite der Häuserreihe ein Vordach. Darunter prangt ein Name:

K. Stahlberg. Möglicherweise handelt es sich um ein kleines Hotel – irgendwie sieht es so aus. Sicher bin ich mir aber nicht. Ich schaue ins „Livländische Verkehrs- und Adressbuch“, und entdecke, dass Katharina Stahlberg 1909 am Neumarkt eine Hutmacherei betrieben hat, einen Mützenladen, jedenfalls steht das in dem Verzeichnis. Also kein Hotel, sondern eine Hutmacherei. Ob Emma sich dort ihre Hüte vorführen und anpassen ließ und für den kommenden Winter Mützenbestellungen für ihre Kinderschar aufgab? Den Schatten auf dem Bild nach zu urteilen, sie schauen nach links, handelt es sich um einen Vormittag, als das Bild aufgenommen wurde, vielleicht zehn Uhr morgens. Auch einige Menschen sind zu sehen, von manchen sehe ich den Rücken, von anderen das vordere Antlitz, aber es sind nicht viele, sie laufen den Neumarkt hinunter oder hinauf. In der Grünen Kiste meiner Großmutter heißt es unter diesem Bild ganz lapidar: Blick aus dem Schlafzimmer.

In der Kiste liegt auch ein selbstgezeichneter Grundriss des U-förmigen Doppelhauses, in dem meine Großmutter so lange gelebt hat. Ich lese in dem Plan: Kinderzimmer, Schlafzimmer der Eltern, Saal, Türkisches Zimmer (was findet wohl darin statt?), Schreibzimmer, Entree, Treppenhaus nach unten und auf das Dach, Sigrids Zimmer, Kinderzimmer, Großmamas Zimmer, Küche mit Rauchfang, Vaters Zimmer mit Verschlag, Speisezimmer, Mädchenkammer, Treppenhaus mit Empfangsraum, Mädchen- und Plättezimmer, Küche mit Badewanne, Speisekammer, Balkon. Wo haben Charly, Edith, Dagmar und Gunnar geschlafen, vielleicht im unteren Stockwerk, von dem es keinen Plan gibt? Aber der offene Innenraum zwischen Atelier und Wohnhaus ist eingezeichnet: Ulme, zwei Linden, Hof, Garten, Akazienhecke, zwei Pforten, Pumpe. Angrenzend befinden sich die Räume des Photographischen Ateliers Carl Schulz, wie es auf der Skizze heißt. Im Innenraum des U-förmigen Anwesens sind Hof und Garten, eine Mauer grenzt das Anwesen zur Gartenstraße hin ab. Die siebenköpfige Familie samt Großmutter, Besuchern und Dienstpersonal hatte also richtig viel Platz.

Der Blick aus dem Schlafzimmer im ersten Stock, ja, das Schlafzimmerfenster ist direkt an der Ecke des Hauses, wie die Skizze bestätigt, es handelt sich also um die Aussicht auf den Neumarkt. Ich kenne das Bild, weil es in der Grünen Kiste auf einem Blatt mit der Nummer zweiundsechzig klebt. Das Foto mit den Kindern und dem Hund ist zur gleichen Zeit im Innenhof gemacht worden. Ich vermute, dass es sich um die ersten Frühlingstage handelt, in denen das Grün noch nicht überwiegt – auch schwarz-weiß Bilder können Farben zeigen. Der Archivar schickt mir einen Link zu einem Foto, das ich mir unbedingt ansehen solle, ich könne es mir digital herunterladen. Es ist das Bild, das wir uns an jenem verhängnisvollen Morgen im Archiv des Literaturmuseums angesehen haben. Das gleiche Motiv: Blick aus dem

Schlafzimmer. Aber in einem anderen Moment, an einem anderen Tag, als das bereits beschriebene Bild, zu einer anderen Zeit, da ist etwas los.

Das Motiv ist von genau der gleichen Position aus aufgenommen worden, wie das in der Grünen Kiste. Und es stehen auch exakt die gleichen Häuser, Bäume und Strommasten da. Auch die Straßenlaterne mit dem Gaslicht steht an derselben Stelle. Dennoch ist es ein ganz anderes Bild. Es ist voller Menschen. Hunderte von Menschen sind zu sehen. Sie befinden und bewegen sich alle auf dem Neumarkt, eine Gruppe steht vor dem Eingang der Apotheke. Frauen mit langen Kleidern oder Röcken, weißen Kopftüchern, Herren mit Hüten und in altertümlichen Anzügen, Kutschen, Kutscher und Pferde. Junge und alte Leute, Menschen über Menschen. Was ist passiert?

Der letzte Zar des russischen Reiches, zu dem damals auch das heutige Estland als Ostseeprovinz gehörte, regierte von 1894 bis zu seiner Abdankung im März 1917. Mit sechsundzwanzig Jahren stieg er auf den Thron, mit fünfzig wurde er von den Bolschewiken ermordet. Der letzte Zar verstand es nicht, dass seine konservative und repressive Regierungsform in autokratischem Stil überholt war. Das Volk wehrte sich. Die Russische Revolution (1905-07) wurde hauptsächlich durch den Russisch-Japanischen Krieg sowie den sogenannten Blutsonntag in St. Petersburg ausgelöst, wie ich aus dem Geschichtsunterricht noch weiß. Eine Demonstration von einhundertfünfzigtausend Arbeitern, die friedlich und unbewaffnet zum Winterpalast in St. Petersburg marschierten und ihre Forderungen kundtaten, wurde blutig niedergeschlagen, wie Wikipedia mitteilt. Diese Form der Unruhen griffen auch auf die Ostseeprovinzen über. Das Volk lehnte sich gegen die autokratische Herrschaft Russlands sowie die deutsche Oberschicht im eigenen Land auf. Die Unzufriedenheit der Landarbeiter, die durch Aufhetzung von Agitatoren linksradikaler Gruppen Gewalttaten verübten und in der Regel mit dem Fahrrad unterwegs waren, arbeiteten oft auf deutschbaltischen Großgrundbesitzergütern. Diese Situation führte zu einer großen Zahl von Anschlägen, Hunderte Herren- und Gutshäuser gingen in Flammen auf, zahlreiche Tote waren zu verzeichnen. Nach der Niederschlagung des Aufstandes machten die Deutschen mit den Russen gemeinsame Sache, wie mich das alte Geschichtsbuch lehrt, es gab neunhundert Hinrichtungen, zweitausendsechshundert Menschen wurden nach Sibirien deportiert und tausendachthundert Menschen wurden aus dem Land ausgewiesen. Der Machtkampf endete despotisch und der Zar regierte noch ein paar Jahre weiter.

Wie ging es den Deutschen ab 1905 in Dorpat, welche Auswirkungen hatten die Aufstände? Meine Familie gehört nicht zum Adel, sie hat kein Gutshaus, keinen Großgrundbesitz und beschäftigt nicht eine ganze Vielzahl von Menschen. Sie hat ihr Haus und das Atelier in Dorpat und das Sommerhäuschen in Elva – Datscha Nr. 7. Im Atelier gibt es einige Angestellte. Als Künstler und Handwerker zählt die Familie zum gehobenen Bürgertum, mit einem goldenen Händchen für die ökonomische Seite, wie ich ihr Selbstverständnis bezeichnen würde. Die Familie versucht sich still zu verhalten. Sie akzeptiert offenkundig, dass die Unterrichts- und Behördensprache nicht mehr Deutsch, sondern Russisch ist, versucht die Russifizierung innerlich zu ignorieren und ist unsicher, was für sie der Zerfall des Russischen Reiches im Laufe der Zeit bedeutet, denn die deutsche Kultur steht für sie unumwunden hoch im Kurs. Vater Arthur zieht nicht in Betracht das Land zu verlassen, dafür fühlt er sich in der Stadt zu sehr verwurzelt. 1896 hat er einen Antrag gestellt russischer Untertan des Zaren zu werden – er hat, samt seiner Familie, seine deutsche „Staatsbürgerschaft“, die es so ja bis 1913 noch gar nicht gab, aufgegeben und sich der Zarenherrschaft unterstellt. Die Akte, die mir der Archivar schickt, dokumentiert den Antrag sowie die Anerkennung. Die deutsche Familie Schulz gehört laut Aktenlage seitdem zum Russischen Reich. Andere deutsche Familien ziehen fort, so zum Beispiel Familie Boehm, die lieben Freunde, die im Wallgraben wohnen. Sie siedeln in den Süden des deutschen Reiches über, der Kontakt wird zwischen den beiden Müttern eng gehalten, sie schreiben sich. Der jüngste Sohn wird einige Jahre später auf der Lebensbühne meiner Großmutter einen kraftvollen Auftritt haben.

In dieser Situation, die Revolution auch in Dorpat, hat also mein damals dreiundvierzigjähriger Urgroßvater Arthur 1905 ein weiteres Foto aus seinem Schlafzimmerfenster gemacht, er hat die Apparatur so aufgebaut, dass die Linse direkt auf das Motiv zielt, der Fensterrahmen ist nicht sichtbar. Das Bild zeigt etwas, aber es schweigt zu den Umständen, der Lärm ist nicht zu hören, die Momentaufnahme bleibt eine Momentaufnahme. Die Schatten, die die Sonne wirft, fallen nach rechts. Ich stelle mir vor, dass es etwa siebzehn Uhr nachmittags ist. Vielleicht ist es der Tag, an dem die Geschehnisse in St. Petersburg in den Zeitungen gemeldet werden, vielleicht aber auch viel später. Das Schweigen kann sich nicht halten, es ist zu viel los auf dem Neumarkt. Aufregung, Unsicherheit, Neuigkeiten, Interpretationsversuche. Lärm in der Stille, stiller Lärm. Überall stehen größere und kleiner Gruppen von Menschen, einige eilen auch schnellen Schrittes über den Platz. Dazwischen versuchen Kutschen durchzufahren. Das explosive Geschehen ist also bis ins beschauliche Dorpat gedrungen, was ja auch kein Wunder ist, wenn ich an die Universität denke. Sie war die einzige im ganzen Land. Ihre goldene Zeit war gerade zu Ende gegangen, was damals freilich niemand ahnte. Auch dort musste die Unterrichtssprache umgestellt werden, bis auf die Theologische Fakultät, denn das Russische Reich hatte offensichtlich kein Interesse daran, dass das evangelisch-lutherische

Bekenntnis sich im eigenen Reich verbreitet. Noch waren Studenten, Professoren und Mitarbeiter in großer Zahl vor Ort – vom Neumarkt bis zum Hauptgebäude der Universität dauert es keine zehn Minuten zu laufen, diesen Weg haben meine eigenen Füße, die mir in diesem Sommer so weh taten, oft genug gemacht. Ich stelle mir also vor, dass die Zeitungen von dem friedlichen Protest der Arbeiter und der blutigen Niederschlagung durch die zaristische Regierung berichten. Nicht nur verschiedene Ethnien und aktenkundige Zugehörigkeiten, sondern auch Stände und Positionen treffen aufeinander und berichten sich gegenseitig von den ungeheuerlichen Vorgängen am Zarenpalast in St. Petersburg. Das Interesse für die gesamtpolitische Entwicklung im Russischen Großreich wird nicht minder wichtig gewesen sein. Wer ist für wen, wer darf wem vertrauen und worauf läuft das alles hinaus? Verschiedene Sprachen schwirren durcheinander, in einer alten Zeitungsanzeige von damals lese ich ein Anstellungsangebot für einen Kofferjungen im Hotel Bellevue am anderen Embachufer, auf dem als einzige Voraussetzung für die Bewerbung auf die Stelle fünf Sprachen genannt werden: Russisch, Deutsch, Estnisch, Französisch und Englisch. Na, wenn das keine Herausforderungen sind. Konnte jeder mehrere Sprachen flüssig sprechen? Anders wird es nicht gegangen sein. Meine Großmutter jedenfalls konnte all diese Sprachen noch bis ins hohe Alter – damit hat sie tiefen Eindruck auf mich gemacht.

Gunnar Arthur Elmar

Gunnar, der Jüngste, war 1905 sechs Jahre alt. Ob er neben seinem Vater im Fenster saß, als dieser die Aufnahme machte? Oder auf dem Bett sitzen musste und nur aus der Ferne zuschauen durfte? Edith, Sigrid und Dagmar werden nicht im Zimmer gewesen sein, als Mädchen in feinen Kleidern, die zum Lachen aufgelegt waren und sich nicht darum scherten, was politisch geschah. Nein, die Mädchen waren nicht dabei, dafür aber Charly, er wird mit im Schlafzimmer gewesen sein – er sollte auf den kleinen Bruder aufpassen, während Cadeau im Innenhof angebunden war, so wird es gewesen sein.

Der Mann auf dem rotstichigen Foto, das ich nun in der Hand halte, schaut den Betrachter an, er schaut mich an – obwohl wir uns nie begegnet sind. Er sieht mich an und sieht mich nicht, ich aber sehe ihn, das kommt mir fast ein bisschen indiskret vor. Fotos sind doch etwas sehr Intimes. Das runde Gesicht des Abgebildeten ist mir vertrauensvoll zugewandt. Der Mann hat mittlerweile weiße, zurückgekämmte Haare und eine große Hornbrille auf der Nase, so wie sie heute wieder modern wäre. Das Foto dürfte aber aus den sechziger Jahren des letzten Jahrhunderts sein, viel

Zeit ist seit dem Kinderbild im Innenhof von 1905 vergangen. Es ist nicht nur der Kopf des Mannes zu sehen, sondern auch der Ansatz seiner Schultern. Die Falten auf seiner Stirn und um die Augen sprechen von Lebensereignissen, von Innerlichkeit – er schaut fragend und geschlossen zugleich. Ich nehme an, dass er mittlerweile zwischen sechzig und siebzig Jahre alt ist. Sein Blick wirkt vertraut – gerne möchte ich ihn kennen lernen. Sein Mund ist verschlossen – dahinter verbergen sich Worte, die nie ausgesprochen wurden und es auch nicht mehr werden. Aber seine Erzählung lauert hinter seinen Lippen. Es ist, als würde er mir stumm sagen wollen, dass er nicht sprechen könne, sich seiner Schuld aber bewusst wäre. Sein Blick sucht scheu eine Verbindung. Der Mann ist mein Großonkel – der jüngste Bruder meiner Großmutter: Gunnar Schulz.

Das Telegramm vom 17. IX. 1974 teilt mit: „gunnar verstorben, Freitag 13, brief folgt". Gunnar war der Jüngste in der Geschwisterschar, 1899 geboren. Irgendwann ist er „ausgewandert" oder „abgehauen". Seine letzte Adresse war in Boksburg in Südafrika. Mit dem Auto sind es fünfzehntausendfünfundvierzig Kilometer meldet Google-Maps – ungefähr das Ende der Welt. So weit weg von der Heimat in Dorpat hat er sich für knapp fünfzig Jahre seines Lebens niedergelassen. Von Elva, dem Ort der Sommermonate, sind es siebenundzwanzig Kilometer weniger. Irgendwann zwischen 1920 und 1930 muss es gewesen sein, dass er Dorpat verlassen hat. Noch während des Unabhängigkeitskrieges nach dem Ersten Weltkrieg? Oder erst nach dem Tod seines Vaters? Was hat er der Familie gesagt, was hat sie gewusst? Dass er Gold suchen gehe? Und warum, was hat ihn getrieben fort zu gehen? In der Verwandtschaft wird geraunt, dass es krumme Geschichten gegeben hätte. Ob er Landesflucht begangen hat, weil er etwas verbergen wollte?

Was ich mittlerweile weiß, ist, dass er am Ende des Ersten Weltkrieges auf der deutschen Seite gekämpft hat, in der Baltischen Landeswehr, während sein Bruder zu Beginn auf der russischen Seite fiel – die deutschbaltische Familie besaß die russische Staatsbürgerschaft und Charly musste gegen die Deutschen kämpfen. Ich muss jemanden finden, der sich mit Militäruniformen auskennt – vielleicht lässt sich dann sicher zuordnen, zu welcher Seite die Uniformen gehören, in die die jungen Männer gesteckt wurden?

Mir kommt ein braunes Foto in die Hände, auf dem die Portraits zweier junger Männer nebeneinander abgebildet sind, zwei Vettern, die im gleichen Jahr, 1899, geboren wurden, und in Goldingen zusammen in die Schule gegangen sind, wie hinten drauf vermerkt ist: Hans und Gunnar Schulz. Hans fiel bei Posen im Zweiten Weltkrieg, 1945, wie ich erfahre. Ich suche zum wiederholten Male den Stammbaum. Zu wem gehört nun Hans? Und ich finde ihn. Der alte Carl Schulz hatte acht Kinder.

Sein vorletzter Sohn Ferdinand, zehn Jahre jünger als Arthur, wurde Vater von Hans. Dieser Familienzweig hat im Wesentlichen in Libau (Ljepaja) an der Küste gelebt, westlich von Riga. Hans' und Gunnars Väter sind Brüder – so einfach ist das. Zu Gunnar steht auf der Rückseite des Bildes:

„Gunnar wurde am 25. Februar 1919 vor Schrunden (einem Ort südwestlich von Riga) verwundet. Er hatte sieben Durchschüsse durch die Lunge, wurde nach Libau (an der Küste) gebracht und von dort nach Königsberg zur Operation geflogen. Sein Abi hat er als Landeswehrmann in Lettgallen gemacht."

Ich mache mich kundig: Lettgallen ist heute der östliche und südöstliche Teil Lettlands. Schrunden? Ich schaue auf die Karte. Schrunden liegt an der Bahnstecke und direkt an der Windau, einem Fluss, nicht weit von Libau. Ich suche das Buch, da war doch eins, ein Gedenkbuch der Baltischen Landwehr, ob ich darin etwas finde, das mit Gunnar und seiner Verwundung in Schrunden zu tun haben könnte? Und tatsächlich. Da schreibt Graf Alexander Stenbock-Fermor einen Bericht mit dem Titel: Eine Patrouille bei Schrunden[2], 24./25. Februar 1919. Ich lese, mir wird kalt. Ich versuche zu verstehen was er schreibt und die Ereignisse einzuordnen. In der Nacht vom 24. auf den 25. Februar, genau an dem Datum also, an dem Gunnar verletzt wird, heller Vollmond, klirrende Kälte, Minus dreißig Grad, nachts um ein Uhr Ablösung bei der nächtlichen Patrouille, zurück zur Kompanie in die Apotheke. Auf dem Weg über den Friedhof geschieht etwas, der Freund des Verfassers hat eine Schau seines eigenen Todes am nächsten Tag. Stenbock-Fermor erschrickt zutiefst, versucht es ihm auszureden, Halluzinationen. Zwei Stunden dürfen sie auf den Strohsäcken ruhen, dann soll es losgehen, ein Überfall auf die Roten, fünf Kilometer Marsch. Um vier Uhr morgens treten zwei Kompanien in Reih und Glied an. Stenbock-Fermor und sein Freund Marellus sind dabei, zunächst gemeinsam, dann allerdings in zwei verschiedenen Kolonnen, um vor dem Angriff in die Scheune zu gelangen, die, wie ein Bauer mitteilte, leer sein soll. Die Kolonne mit Marellus ist die erste, die andere wartet ab, um dann einzugreifen, Marellus dreht sich noch zu Stenbock-Fermor um und gibt ihm die Hand: „Leben Sie wohl!" Die kurze Zeit vergeht langsam. Die Stille wird von Schüssen durchbrochen, einige Kameraden der ersten Kolonne werden als graue Schatten auf der mondbeschienenen Schneefläche wieder sichtbar, sie rennen zurück, fliehen, versuchen ihr Leben zu retten. Die Scheune war nicht leer, die Kolonne der baltischen Landwehr ist direkt in ein

[2] Stenbock-Fermor, Graf Alexander: Eine Patrouille bei Schrunden. In: Die Baltische Landeswehr im Befreiungskampf gegen den Bolschewismus. Ein Gedenkbuch. Herausgegeben vom Baltischen Landeswehrverein. Verlag der Buchhandlung G. Löffler, Riga, 1929. S. 79-83.

Maschinengewehrnest der Roten geraten. Acht Tote und viele Verletzte, sie liegen an der Wand der Scheune. Marellus war der erste, er riss die Hände hoch, bevor er fiel. Stenbock-Fermor ist erschüttert, zutiefst aufgewühlt. Er meldet sich freiwillig, um die Toten zu bergen. Bei einem gefährlichen Manöver gelingt es ihm seinen toten Freund Marellus auf den Rücken zu nehmen und zur Kompanie zurückzubringen...

Wenn dieser Bericht nach Datum und Ort stimmt sowie die Beschriftung auf dem Foto von Hans und Gunnar – dann war Gunnar genau bei diesem Einsatz dabei. Und bekam an der vermeintlich leeren Scheune sieben Schüsse durch die Lunge von den Roten ab. Aber er überlebt, anders als der unbekannte Marellus, der seinen Tod einige Stunden zuvor voraussah. Gunnar hatte Glück und wurde versorgt, überlebte die Verwundung. Wie furchtbar müssen diese eiskalten Nächte gewesen sein, die lebensgefährlichen Einsätze der jungen Männer. Was für ein Fund, dass ich diesen Bericht in die Hände bekomme. Wenn es stimmt, dass Gunnar dabei war, dann kann ich mir lebhaft vorstellen, dass er weit weg wollte, von eisigen Wintern, in denen es sein Leben aufs Spiel zu setzen galt.

Als Werner M., Ediths Mann, 1919 nach Kurland kommt, wo weiße und rote Truppen aufeinander losgehen, trifft er auf Gunnar, der mittlerweile schwer verwundet ist, wie es bei Edith heißt – damit müssen die sieben Lungendurchschüsse gemeint sein. Ich versuche zu verstehen: Die kaiserlich-deutschen Truppen bleiben bis November 1918 im Land, und der estnische Freiheitskrieg dauert bis 1920. Aber aus dem Friedensvertrag von Brest-Litowsk geht bereits hervor, dass 1918 unabhängige und eigenständige Republiken entstehen: Estland, Lettland und Litauen – Riga gehört damit zu Lettland und Dorpat zu Estland. Wünschen sich in diesen verwirrenden Monaten alle Balten immer noch, dass die Ostseeregionen unter deutsches Protektorat gestellt werden – und wie sollte das nach dem verlorenen Krieg noch möglich sein? Das Resultat ist ein weiterer Friedensvertrag, der den Balten vorerst mehr Sicherheit verleiht, im Nachhinein aber insgesamt zu einer geschwächteren Stellung führt: Am 2. Februar 1920 erkennt Sowjetrussland die Unabhängigkeit Estlands im Frieden von Dorpat „auf alle Zeiten“ an. „Auf alle Zeiten“ heißt bei den Russen in diesem Fall zwanzig Jahre. Zunächst sind die Bolschewiken im russischen Reich an der Macht, das Leben der Deutschen ändert sich im Baltikum gravierend, ja, subversive Praktiken, wie zum Beispiel eine geheime deutsche Schule im Privatbereich, machen sich breit. Nun ist die Amtssprache nicht mehr Russisch, sondern Estnisch. Der Adel muss Land abgeben, Gutsbesitzer werden enteignet – Bodenreform. Der Frieden wird bis zum Beginn des Zweiten Weltkriegs halten und Estland ist in diesen knapp zwanzig Jahren selbstständig, bevor eine erneute Okkupation der Russen ansteht.

Über das, was Gunnar nach seiner Genesung gemacht hat, wird in Familie Schulz nicht gesprochen. Irgendwie muss er genesen sein und versucht haben, am gesellschaftlichen Leben teilzunehmen. Die Tochter von Sigrid hat meiner Mutter einmal erzählt, dass er in Riga in einer Bank gearbeitet haben soll, Geld veruntreut und sich deshalb Ende der zwanziger Jahre auf den Weg nach Südafrika gemacht hätte… Und Jaan sendet mir einen kurzen Zeitungsbericht aus Riga zu: Gunnar Schulz wird aus dem Gefängnis entlassen.

…

In den Unterlagen ist eine Postkarte zu finden, die Emma ihrem Sohn am 2. Oktober 1930 nach Südafrika geschickt hat. Sie berichtet über das Ereignis, dass ein Zeppelin über Riga geflogen sei. Wie kommt die abgestempelte Karte wieder zurück nach Europa? Hat Gunnar sie nicht erhalten, oder hat er sie später zurückgeschickt? Und auch von ihm gibt es eine Postkarte, er hat sie am 3. Dezember 1930 aus Magaliesburg in Südafrika versendet, es heißt:

An Herrn Studienrat W. M., nebst Familie, Potsdam, Kunersdorfer Str. 28. „Durch Mama hörte ich, dass Ihr am Rigaschen Strande recht schöne Sommerferien verbracht habt. Allerdings liegt daß jetzt schon so weit zurück, daß Ihr wohl die Erholung längst vergessen habt. Wir sind nun hier mitten im Sommer und die Hitze macht sich unangenehm bemerkbar. Das Weihnachtsfest macht sich hier sehr sonderbar, wenn man abends auf der Veranda sitzt, einem die Kleider am Leibe kleben und man „O, du fröhliche“ singt. Jedenfalls ziehe ich dieses Fest mit Schnee und Frost vor. Hoffentlich habt Ihr einen angenehmen Winter und auch den zum Fest gehörenden Schnee. Zu Weihnachten und zum Neuen Jahr sende ich allen herzliche Grüße und Wünsche. Mit bestem Gruß, Euer Gunnar.“

Gunnar also. Aber wer ist dieser Gunnar wirklich, was hat sein Leben ausgemacht? Wer waren die Menschen, die ihm nahestanden, mit wem hat er seine Freuden und Nöte geteilt – mit wem am Abend auf der Veranda gesessen? Vor mir auf dem Tisch liegt ein alter, schwerer, silberner und doch zierlicher Löffel. Der Stiel ist in der Mitte gedreht, hat am oberen Ende eine Abschlussverzierung. Die tiefen Rillen sind dunkel, der Rest glänzt silbern. Es ist ein edles Stück. In der Mulde der Laffe ist ein Name eingraviert. *Gunnar.* In geschwungener Schreibschrift. Es ist mein Zuckerlöffel, er steckt in einem silbernen Zuckerschälchen. Das sind beides gerettete Erbstücke, irgendwie aus dem Baltikum hierhergekommen. Der Name Gunnar hat schon meine Kinder berührt – vielleicht, weil auch sie spürten, dass er irgendwie zu uns gehört, niemand aber wirklich etwas über ihn weiß. Die geschwungenen Buchstaben seines Namens singen ein sanftes Lied, das kaum zu hören ist. Und doch ist Gunnar hier anwesend: das Foto, die Postkarten, das Telegramm, der Zuckerlöffel.

Und nun stelle ich auch noch fest, dass das Aquarell mit dem Sommerhäuschen in Elva von Gunnar gemalt ist. Es hängt an meiner gelben Wohnzimmerwand. Es ist sehr schön. Hinter dem Haus ist ein See zu sehen. Noch haben wir den genauen Ort des Häuschens nicht herausgefunden, vielleicht steht es am kleinen See. Das Haus auf dem Aquarell gleicht dem Haus auf den Fotos sehr, es ist unmittelbar zu erkennen, dass es sich um dasselbe Haus handelt. Das Holzhaus, in dem die Familie so viele Sommer um die Jahrhundertwende verbracht hat. Fotos über Fotos zeugen von bunten und warmen Tagen, in denen gespielt und gebadet und für Fotos posiert wurde. Auch Freunde und Nachbarskinder sind auf den Bildern – auf den späteren liegen die jungen Burschen in ihren Uniformen vor den sitzenden jungen Damen und den dahinterstehenden Eltern. Nicht bei allen kann ich rekonstruieren, um wen es sich handelt. Elva ist das Sommerparadies, in dem Jung und Alt, Freunde und Verwandte zusammenkommen.

In dem Brief, den Ella Braam an meine Großmutter schreibt heißt es:

„Ich hoffe, dass Sie in der Zwischenzeit das Telegramm, welches Sie von Gunnars Tod unterrichten sollte, erhalten haben. Er starb sehr ploetzlich am Freitag, 13.9.1974 an den Folgen eines Herzinfarktes. Bitte akzeptieren sie mein aufrichtiges Beileid. Seit Gunnar pensioniert war und im Masonic Hotel wohnte, hatte sich mein Mann, der als Bauunternehmer taetig ist, sehr viel um ihn gekuemmert und fast taeglich etwas mit ihm unternommen. Sie koennen sich sicherlich vorstellen, dass wir Gunnar sehr gern hatten und dass sein Tod uns tief getroffen hat (…).“

Masonic Hotel. Der fremde Mann hat im Hotel gelebt. So allein? Oder auch, so reich? Ich schaue nach, Google macht‘s möglich. Ja, das Hotel gibt es noch, es wird als „historisch“ angegeben. 1887 erbaut, 1906 wiedereröffnet. Feuer? Das Computerbild zeigt mir, dass es heute rostrot und weiß gestrichen ist. Es sieht aus wie eine kleine Burg, eine sichere Festung. Es ist zweistöckig und hat Balkone, die sich im Inneren des Hauses festhalten. Und auf Google-Maps sehe ich: es ist direkt am See. Am Boksburgmeer, in der Market Street, unmittelbar am Ufer. Mein Blick wandert zwischen dem Aquarell des Sommerhäuschens in Elva in Estland und meinem Bildschirm mit dem Foto des Masonic Hotels in Südafrika hin und her. Hat Gunnar in der Fremde, in der Ferne die Heimat gesucht, das Bekannte, Vertraute? Ja, auch hier Kiefern. Und Wasser. Die Stimmungen gleichen einander. Erinnerungen an die unerreichbare, aber glückliche und unbescholtene Kinderzeit?

Und dann sind da noch zwei rotstichige Fotos. Sie zeigen weißgekleidete Herren beim Bowling – in Elva wurde damals Krocket gespielt, so ähnlich also? Die älteren Herren tragen in Südafrika kurzärmlige Hemden, lange Hosen, einige auch noch weiße Hüte. Und auf dem einen Bild steht hinten drauf, mit einem roten Kugelschreiber geschrieben: „Ich habe eben mein „bowl“ gespielt. Hinter mir ist ein Club-Blazer zu sehen. Das sind die ERPM Farben (Schwarz, Weiß, Rot!) mit einer silbernen Ente auf der Brusttasche.“

So. Mit Bowling kenne ich mich nicht aus, ist Kegeln gemeint? Aber „E R P M“ finde ich im Internet schnell. Ein Bowlingclub. Ein paar Straßenzüge neben dem Masonic-Hotel. Und „schwarz, weiß, rot“? Und auch das spuckt das World Wide Web aus: hier sind wohl die Farben einer Flagge gemeint. Von 1871-1919 und von 1933-1945 waren das die Farben des Deutschen Reiches. Ich lese, dass es sowohl die Farben der Flaggen der kaiserlichen Marine als auch der Weimarer Republik und dann der Nationalsozialisten waren. Und da wird noch viel mehr erzählt. Mir ist klar, dass Gunnar damit einen Gruß an meine Großmutter gesendet hat, der auf seine Geschichte schließen lässt – in ironischer Form?

Der Bowling-Club E R P M in Südafrika, den es heute noch gibt, der aber keine eigene Website hat, ist anderthalb Kilometer vom Masonic Hotel entfernt. Am See entlang, direkt hinter dem Bahnhof rechts. Hat auch Gunnar, als er gut zehn Jahre nach seiner Verwundung an der Ostseeküste in Südafrika ankam, die Nähe des Bahnhofs gesucht, damit er unter Umständen schnell abreisen könnte? Soweit ich weiß, haben sich die Geschwister nie wiedergesehen, nach der gemeinsamen Kinder- und Jugendzeit in Dorpat. In dem Brief von Ella Braam steht, dass Dagmar als einzige Erbin in seinem Testament genannt sei. Ob es wohl etwas zu vererben gab, vielleicht kam so der Löffel über die südafrikanische Post in meine Hände? Von einer Enkelin Ediths erfahre ich, dass auch sie so einen Löffel hat. Sie schickt mir ein Foto – es ist genau der gleiche Löffel! In ihren ist der Name Edith eingraviert. Wie schön, dass es diese Löffel noch gibt. Aber wo sind die anderen?

Was hat Gunnar gearbeitet, dass er seinen Lebensabend im Hotel verbringen konnte – und warum hat er nicht geheiratet und hat keine Kinder, war er vielleicht homosexuell? Es gibt niemanden mehr, den ich befragen könnte. Gunnar, der auf den Jugendbildern in der Soldatenuniform in Dorpat so vielversprechend aussieht, so ein klares und offenes Gesicht zeigt und voller Neugier auf die Zukunft scheint, ja, wie einen Blick in sie hineinwirft, wer war er? Da meine Großmutter und er nur zwei Jahre auseinander waren, werden sie als Kinder miteinander gespielt haben. Vielleicht waren sie sich nah, denn sie gehörten ja beide nicht zu denen, die früh auf bürgerlichen Pfaden gewandelt wären – wie die beiden älteren Schwestern. Nein, beide bleiben unverheiratet. Ob sie das über die Entfernung verbunden hat? Das Interesse an der Welt ist dem fremden Mann jedenfalls auf den Fotos ins Gesicht geschrieben, während es auf dem älteren Bild einer Scheu gewichen ist, die ihn liebenswürdig, ja fast schutzbedürftig macht. Sieben Schüsse durch die Lunge… Wie konnten diese Wunden heilen? Gunnar, der große Unbekannte und doch so Anwesende. Wie wird er fünfzehntausend Kilometer bewältigt haben – wie lange wird es gedauert haben, diese Strecke mit dem Zug zurück zu legen? Oder ist er mit dem Schiff gereist? Fragen über Fragen. Ich surfe noch ein wenig. Ja, es soll Gold gegeben haben. 1887 hat man in Boksburg Minen gefunden. War er auf der Suche danach?

Im Zusammenhang mit dem Lastenausgleich, den meine Großmutter nach dem Zweiten Weltkrieg wegen des Hauses in der Universitätsstraße in Dorpat angestrebt hat, finde ich erneut eine ganze Mappe voller Papier. Es geht um Zahlen – Preise, Quadratmeter, Zimmer.

Und da ist auch ein Brief von Gunnar abgeheftet. Darin bestätigt er, dass er 1928 „ausbezahlt" wurde. Um nach Südafrika zu reisen. Das muss Emma gemacht haben, sie wird eine Hypothek auf das Haus aufgenommen und ihrem Sohn Estnische Kronen gegeben haben (oder waren es noch Rubel oder Mark?) – als ihr Mann schon tot war. Es ist von schätzungsweise zwanzigtausend Kronen die Rede. Gunnar schreibt nichts darüber, nur, dass er kein Anrecht mehr auf Geld aus dem Haus habe. Aber meine Großmutter gibt die Summe an – wobei auch sie sich nicht sicher zu sein scheint. Wollte er Schulden in Estland durch einen Goldfund ausgleichen? Dazu scheint es nicht gekommen zu sein. Oder vielleicht doch? Ich weiß es einfach nicht.

Carl Woldemar Hugo (Charly)

Jaan schreibt: „Von 1935-37 gab es einen Gerichtsprozess, mit dem auf Bitte der Familie, der im Krieg 1915 verschollene Charly für tot erklärt wurde. Die Akten liegen in Tallinn." Carl Woldemar Hugo Schulz war der Erstgeborene von Emma und Arthur, der älteste Bruder meiner Großmutter, er wurde Charly genannt. Gunnar der Jüngste, dazwischen vier Schwestern und Charly der Älteste. Seine Großmutter, die Mutter von Emma, bereits verwitwet, hatte seiner Zeit eingeladen: *„Zu der in meiner Wohnung am 28sten September um 6 Uhr Abends stattfindenden Trauung meiner Tochter Emma mit dem Herrn Arthur Schulz giebt sich die Ehre ergebenst einzuladen, Charlotte Ferberg, geb. Weber. Reval im September 1887, Schuh-Gasse Nr. 160."*

So die Einladung zur Hochzeit meiner Urgroßeltern, die in der Grünen Kiste liegt, dem das Aufgebot vorangegangen war, das offensichtlich 1935 noch einmal amtlich abgeschrieben wurde, Arthur war längst tot, Emma lebte noch gut zwei Jahre.

Wofür, für die Toterklärung des Ältesten, damit die Erbangelegenheiten geregelt werden können? Es heißt in dem Dokument:

Verlobte, Aufgebotene und Getraute im Jahre 1887 Monat und Tag, wann das Verlöbnis vor dem Prediger stattgefunden:
Nicht verlobt

Aus welchem Wohnort:	*Dorpat*	
	Reval	
Namen der Ehekontrahenten:	*Der Photograph Alexander Arthur Schulz*	
	Emma Wilhelmine Ferberg	
Name des Vaters:	*Der verst. Photograph Carl Schulz*	
	Der verst. Kaufmann Woldemar Ferberg	
Ob die Eltern leben:	*Mutter lebt*	
	Mutter lebt	
Geburtsort:	*Dorpat*	
	Reval	
Konfession:	*Luth.*	
	Luth.	
Ob Braut und Bräutigam ledig, verwitwet oder geschieden sind, und ihr Alter:		
	Ledig	*25 J.*
	Ledig	*22 J.*

Wann das Aufgebot erfolgt ist:

Zum 1. Male	*14. p. Trinitatis*
Zum 2. Male	*15. p. Trinitatis*
Zum 3. Male	*16. p. Trinitatis*

Wann, wo und durch wen die Trauhandlung verrichtet worden ist:
Am achtundzwanzigsten September vom Pfarr-Vikar H. Spindler im Hause getraut. 2.12.1935

Ein Jahr nach der tatsächlichen Hochzeit, am 18.9.1888, kommt ihr erster Sohn in Dorpat zur Welt. Im Kirchenverzeichnis der Johannisgemeinde steht, dass er um 4 ¾ Uhr morgens geboren wurde und am 13.11. zu Hause getauft wurde; auch die Taufpaten werden genannt. Zu Hause, das war bereits in der Gartenstraße Ecke Altstraße in Dorpat. Arthurs Vater, der Urheber der Fotografenfamilie Schulz hatte das Anwesen 1874 gekauft und viele Jahre dort gelebt und gearbeitet. Zum Zeitpunkt der Geburt von Arthurs Sohn war er bereits in Riga verstorben, wo er die letzten drei Jahre seines Lebens verbracht hatte. Das Haus und das Fotoatelier in Dorpat hat Arthur geerbt – seine Familie bekommt dort ihr Zuhause.

Arthurs Erstgeborener war der Stolz des Ehepaares. Seine Portraits liegen um mich herum. Auf dem einen schaut er zur Seite, nach rechts. Sein Haar ist kurz geschnitten, es zeigt ein makelloses Seitenportrait. Vielleicht ist es der Tag, an dem er seine Schullaufbahn beendet hatte. Von 1904 bis 1906 besuchte er in den Revolutionsjahren das Gymnasium, das den Namen des Kaisers Alexander I. trug und eine Nachfolgeeinrichtung des örtlichen Gouvernements-Gymnasiums war, es handelte sich also um eine staatliche Schule. Nach Abschluss der 6. Klasse in der höheren Schule wurde seine Schullaufbahn auf Bitten seines Vaters zugunsten einer Karriere im Handelswesen beendet. Ist auf dem Foto dieser Moment festgehalten?

Charly sitzt und hat ein Papier in seiner rechten Hand, das auf seinen Knien liegt. Vielleicht ein Zeugnis. Charly trägt Zivilkleidung, einen Anzug, über dem Hemd eine Weste, darüber das Jackett. Unter dem Stehkragen ist eine Krawatte gebunden. Er mag achtzehn Jahre alt sein, vielleicht. Wo er hinschaut, weiß ich nicht, aber es scheint ein Festpunkt zu sein. Ganz anders wirkt er auf dem zweiten Foto, das ich auch in der Grünen Kiste finde. Auf der Rückseite steht in einer mir unbekannten Schrift: Charly Schulz, 1913. Von diesem Bild aus schaut er mich, die lange nach ihm Geborene an, was mich berührt. Was bedeutet es, dass seine Augen auf mich gerichtet sind, obwohl wir uns nie gesehen haben? Ich habe das Glück ihn auf dem Foto ansehen zu dürfen – er hingegen ist komplett ausgeliefert, ja er weiß noch nicht einmal, dass ich existiere und ihn ansehe. Wer das Foto in die Hand bekommt, schaut ihn an – und damit er ihn. Sein Gesicht ist ein wenig nach rechts geneigt, ich sehe sein linkes Ohr. Er trägt eine Militäruniform, wohl die russische, mit einer Soldatenmütze. Charly sitzt an einem Tisch, ein Blatt Papier vor sich, das er mit seiner linken Hand berührt. Was mag darauf stehen, seine Einberufung? Hinter ihm ragt eine gedrechselte, feinziselierte, fünfgliedrige Stuhllehne empor. Charly trägt einen bescheidenen Schnurbart. Sein Haar scheint gänzlich rasiert zu sein, die Stelle über seinem linken Ohr wirkt kahl. Am gleichen Tag wurden offensichtlich noch zwei Bilder gemacht. Auf dem einen steht der junge Mann, die Hände hinter dem Rücken verschränkt und sanft den Fotoapparat und damit den Betrachter anschauend. Seine Jacke kommt zur Geltung, sie ist von zwei prächtigen Knopfreihen geprägt, in der Mitte prangt ein breiter Gürtel um die schmale Taille. Auf dem anderen Bild sitzt er, sein Gesicht sieht fast aus wie das eines Kindes, ein wenig hilflos – die Augen weit geöffnet und staunend. Es sind die letzten Fotos, die es von Charly gibt.

1905 war Charly bereits siebzehn Jahre alt, ihm blieben noch zehn Jahre auf dieser Erde, aber das wusste er nicht. Was hat er gemacht, auch eine Fotografenausbildung bei seinem Vater absolviert, sollte er einmal das Geschäft übernehmen? Wollte er in Dorpat bleiben, oder wollte er sich in der Welt umsehen? Wie auch immer es geplant war, viel Zeit blieb ihm nicht. Charly wurde nur siebenundzwanzig Jahre alt, zwischen Schulabschluss und Tod standen ihm nur noch ein paar Jahre zur Verfügung. Im Album der Zeddelmann'schen Privat-Lehranstalt der Jahre 1875-1900, die bis zur Umsiedlung der Deutschbalten 1939 als Schule arbeitet und auf die fast ausnahmslos Deutsche gehen, finde ich einen Eintrag zu Charly. Unter Nummer 859 wird angegeben: „Schulz, Karl. geb. d. 18. Sept. 1888 in Dorpat, Sohn des Photographen Alexander Arthur Schulz daselbst, luth. Bes. d. Anstalt seit 98 II (Sept.) ggw. in Quinta.“ Das muss er sein, da war er also zehn Jahre alt und ging in der fünfte Klasse – bevor er auf das Gymnasium wechselte. Übrigens war zu gleicher Zeit Oberlehrer Maximilian Boehm, der spätere „Schwiegervater“ von Dagmar an der Schule als Lehrer tätig. Hat er Charly unterrichtet? Und sich von Arthur fotografieren lassen? Aber viel brennender ist die Frage, was Charly nach der Schule gemacht hat. Ob er die Zeit gänzlich in der Armee des Zaren verbracht hat? Viel erfahre ich nicht. Aber unter dem einen Bild in der Grünen Kiste steht in der Schrift meiner Großmutter: „Carl Schulz jun. geboren 18.9.1888, gefallen im Januar 1915. Wir erhielten eine Postkarte, wohl von einem Soldaten geschrieben. Es stand darauf etwas in kyrillischen Buchstaben und dann: unbekannt verschollen. Nachträglich wurde den Eltern das russische Georgskreuz zugeschickt; es blieb in Dorpat zurück.“

Das russische Georgskreuz… blieb in Dorpat zurück. Wie kann das sein und was bedeutet so ein Georgskreuz? Ich recherchiere und kombiniere: Seit dem 18. Jahrhundert steht das Baltikum – Estland, Livland und Kurland – unter der Herrschaft des russischen Zarenreichs, was sich nach dem Ersten Weltkrieg ändert. Das Deutsche Reich erklärt Russland am 1. August 1914 den Krieg. Charly kämpft in dieser militärischen Auseinandersetzung mit deutscher Abstammung und Gesinnung auf der russischen Seite, schließlich hatte seine Familie seit Jahrzehnten unter der Zarenherrschaft gut gelebt und er hat einen russischen Pass – wie die gesamte Familie. Sein Kampf gegen die Deutschen, obwohl er selbst Deutscher ist, dauert keine sechs Monate. Wie mag es ihm dabei gegangen sein? Mir fehlt an dieser Stelle jegliche Phantasie. Hat er einen ähnlichen Einsatz erlebt wie später Gunnar? Es war auch Winter, Januar… auf russischen, unwirtlichen Feldern. Oder war es in Polen? Die Hoffnung scheint gewesen zu sein, dass das zaristische Russland siegt und die Deutsch-Balten in Estland weiter gut leben können. Oder umgekehrt, dass die Deutschen siegen und das Baltikum unter deutscher Herrschaft weitermacht. Irgendwo steht, dass Charly vermutlich in Russland getötet wurde, aber genau weiß das niemand, vielleicht war es aber auch in Polen. Und wie ist er gestorben, in einer eiskalten Nacht auf dem Feld, bei einem Angriff? War er verwundet, hat gelitten und ist seinen Verletzungen erlegen? Oder ist er in Gefangenschaft geraten und dann erschossen worden? Ich lese bei Edith, dass der Bruder Gunnar im Verlauf dieses Krieges, nachdem er von den Bolschewiken nach Sibirien verschleppt werden sollte, eindeutig auf der deutschen Seite gekämpft hat – kann das sein? Der um elf Jahre jüngere Bruder wird erst am Ende des Krieges involviert, wohl erst, als der Bruder schon als verschollen gilt. Denn bereits am 8. August 1915 stößt die Deutsche Flotte in die Rigaer Bucht vor – da ist Charly schon verschwunden und vermutlich tot. Und erst am 23. Januar 1917 beginnt die deutsche Offensive gegen Riga, am 3. September 1917 erobern die deutschen Truppen die Stadt. Und obgleich Estland seine Unabhängigkeit von Russland am 24. Februar 1918 erklärt, wird Reval einen Tag später von den deutschen Truppen eingenommen. Russland wird durch die bolschewistischen Unruhen gravierend geschwächt und die Baltendeutschen sind in höchster Alarmbereitschaft. Wie geht es für sie weiter? Es gibt nun mehrere Parteien, die um die Herrschaft der Länder im Baltikum buhlen. Die russischen Bolschewisten, die Baltendeutschen, die das Land gerne weiterhin an das Deutsche Kaiserreich anschließen wollen und die baltischen Länder selbst, in denen es verschiedene Interessen gibt, die Gründung von eigenständigen Republiken steht unmittelbar bevor. Es gibt Momente, in denen Esten gegen Balten kämpfen… Keiner ist sich mehr sicher, wer ist für und wer ist gegen wen? Hausdurchsuchungen und Verhaftungen gibt es auch in Dorpat, die Bolschewiken wüten überall, die Baltendeutschen leben auf gefährlichem Terrain. Auf dem Land geht es rabiat zu. Die Deutschen auf den Gutshöfen werden zu Freiwild. Es kommt zu Gefangennahmen, zu Mord und Totschlag – wer kann, der flieht und versteckt sich irgendwo. In den Städten geht es etwas zivilisierter zu, aber gefährdet sind die Balten ob ihrer ambivalenten Haltung auch dort. Deutsche Schulen werden geschlossen und finden nur noch im Untergrund statt, in der Universität werden die Lehrveranstaltungen auf Russisch gehalten, auf der Straße darf nicht mehr Deutsch gesprochen werden…

Zwanzig Jahre nach seinem Verschwinden auf den Schlachtfeldern des Ersten Weltkrieges kämpft die Familie darum, Charly, den Erstgeborenen für tot erklären zu lassen – da war Gunnar schon lange fort. Wie war das damals, gab es kein Grab, auch kein symbolisches für Charly, den Erstgeborenen von Arthur und Emma? Warum wurde er erst so spät „für tot erklärt" – hat Mutter Emma gehofft und gehofft und gehofft und gehofft?

Mit Jaan gehe ich in Dorpat auf den neuen Friedhof der Johannisgemeinde, er meint, dass es dort einen Gedenkstein für die Soldaten des Ersten Weltkrieges gäbe. Gemeinsam hatten wir noch einmal auf dem großen Friedhof, auf dem die Deutschen begraben liegen, nachgefragt, ob es das Grab von Nathalie Grünberg noch gäbe. Denn dieses Grabmal ist auf dem Foto von Gerta Schulz' Grab auch noch zu erkennen. Aber auch Grünberg ist in der digitalen Sammlung von Namen, die sich auf diesem Friedhof verewigt haben, nicht zu finden. Wir laufen über die alte Sandstraße den Berg hinunter. Ich rekonstruiere: Hier ist Herta Fuchs aufgewachsen. Sie ist mit meiner Großmutter in die Schule gegangen. Ich habe sie noch kennen gelernt, denn nach dem Zweiten Weltkrieg ist auch sie in Stuttgart gelandet. Sie war Pianistin und hat in einer Ballettschule gespielt. Als sie 1997 ihren einhundertsten Geburtstag gefeiert hat, bin ich mit meinen drei damals kleinen Kindern zu ihr gefahren. Ich hatte einen baltischen Geburtstagskringel gebacken. Das Rezept war ellenlang und die Zubereitung verlief in Etappen. Es handelte sich schließlich nicht um einen einfachen Hefezopf, sondern um etwas ganz Besonderes und recht kompliziert zu Backendes. Eben einen baltischen Geburtstagskringel, mit dem auch meine Großmutter aufgewachsen ist – vermutlich gab es ihn zu jedem Geburtstag. Wir steckten einhundert Kerzen darauf und entzündeten sie vor der Tür zu ihrer Wohnung im Altenstift. Auch meine Kinder erinnern sich an diesen Besuch noch, eine Hundertjährige macht Eindruck. Sie ist übrigens einhundertvier geworden. 1897 in Dorpat geboren, acht Wochen vor meiner Großmutter, und 2001 in Stuttgart gestorben. Sie hat das gesamte 20. Jahrhundert mitgemacht. Ihr einziger Sohn ist bereits im Zweiten Weltkrieg verstorben und ihr Mann, ein russischer Offizier, wohl in den sechziger Jahren. So hat sie die meiste Zeit ihres langen Lebens allein gelebt. Ich habe ein altes Foto aus Elva, auf der Rückseite steht: „Krocketplatz am kleinen See. Sascha, Herta und Boris Fuchs, Sigrid, Dagmar, Gunnar Schulz". Ja, 1906 waren die heute Toten alle noch glücklich spielende Kinder – auch, wenn die erste, für die Balten recht einschneidende Revolution im Gange war.

Wir laufen also die Sandstraße hinunter und kommen auf den neuen Friedhof der Johannisgemeinde. Jaan kennt die Stelle und führt mich zum Gedenkstein. Namen über Namen – aber kein Carl Schulz, so wie Charly ja offiziell hieß. Ja, es sind deutsche Namen, die dort genannt werden. Aber für wen haben die Soldaten, die jungen Männer gekämpft? Die Geschichte ist verwirrend und es sieht so aus, dass Charly verschwunden bleibt. Kein Grab, kein Gedenkstein, keine Namensnennung – irgendwo in Russland, oder in Polen, vielleicht… Nur ein Georgskreuz, und das in Dorpat, irgendwo. Das Papierdokument darüber halte ich in meinen Händen, es ist auf Russisch geschrieben und an die Eltern in Jurjew adressiert (Briefkasten 45): Am 21. Februar 1917 wird aus Riga mitgeteilt, dass dem „Freiwilligen" mit der Nummer 215 403 aus Riga, der dem 272. Infanterieregiment angehörte, das Georgskreuz posthum verliehen wird. Freiwillig? Und, aus Riga? Dann hat er vielleicht doch bei seinem Onkel im Atelier gearbeitet und wollte in den Krieg. Oder war „Riga" in diesem Sinne auch für die Bürger in Dorpat zuständig? Ob Charly etwas von der posthumen Verleihung des Kreuzes hatte, bleibt mehr als ungewiss und ob Emma und Arthur dadurch irgendeinen Trost fanden? Keiner weiß es. Möge es wahr sein, dass die Zeit tatsächlich Wunden heilt.

Edith Marie Adelheid

Derweil hat Edith noch schnell eine eigene Familie gegründet. Sie ist dreiundzwanzig Jahre alt, als sie Werner M. heiratet und das Lehrerinnenexamen erfolgreich abgeschlossen hat – was auch ihre beiden Schwestern tun werden. Im Juni 1914, unmittelbar vor Ausbruch des Ersten Weltkrieges, wird in Elva gefeiert – da wird noch die gesamte Familie Schulz, Arthur und Emma mit allen ihren Kindern, natürlich bis auf Gerta, beisammen gewesen sein, auch die „kleine Großmama" aus Reval und „Tante Thommy" werden mitgefeiert haben. Waren bei diesem Fest zum letzten Mal alle beisammen?

> *„Es war der hellste und schönste Tag des Jahres 1914 – Johannistag! Da wurden Werner und ich im Walde in Elva getraut. Gleich hinter unserem Häuschen war ein schöner Platz mit der Aussicht auf den See tief unter uns, auf blühende Wiesen und Wälder. Mit kleinen Tannen war der Platz umstellt worden, auf dem Altar leuchtete ein Kranz aus weißen Wasserrosen, sonst war er mit weißen Margeriten geschmückt. Und weiße Margeritenkränze trugen auch meine Schwestern und Freundinnen im Haar. Es waren nicht viele, aber geliebte Gäste um uns. Fast alle waren gute Sänger und so klang der Gesang im Walde wunderschön. Was der Pfarrer sagte, hörte ich nicht, ich sah die weißen Wolken am strahlend blauen Himmel dahinziehen und dachte unserem Trauspruch nach: »Mit einem freudigen Geist rüste mich aus.«"*

So beschreibt Edith ihre Erinnerungen an ihre Hochzeit viele Jahre später und schenkt sie ihrem Sohn Hanno zur Konfirmation in Potsdam. Viel passiert in diesen dreiundzwanzig Jahren bis zur religiösen Mündigkeit ihres Sohnes, der ja noch nicht einmal geboren ist. Ist Edith 1914 klar, was auf sie zukommt? Ihr Mann ist Reichsdeutscher, sie Deutschbaltin mit einem russischen Pass. Der Lehrer Werner M., der spätere Germanistikprofessor in Potsdam, muss zunächst mit seiner jungen Frau in die Verbannung, nachdem er zuvor acht Wochen nach seiner Hochzeit in Dorpat ins Gefängnis gebracht wird. Krieg zwischen dem Deutschen Reich und Russland ist das schlimmste, was den Balten passieren kann. Das Gefängnis ist entweder in der Mühlenstraße oder gegenüber der Johanniskirche, das kriege ich nicht genau heraus, jedenfalls wagt Edith sich einmal am Tag dorthin und bringt ihrem Mann Kleidung, Essen und versucht einige Worte mit ihm zu wechseln. Viele Deutsche, denen die Staatsmacht habhaft wird, werden im Russischen Reich interniert. Eine

Gefängniszelle für viele Männer, die zu diesem Zeitpunkt noch siegesgewiss und mehr oder weniger guter Laune sind – es kann sich ja nur um ein Versehen handeln und von kurzer Dauer sein. 1886 in Reval geboren und aufgewachsen, auch in einer Fotografenfamilie, hat Ediths Mann in Greifswald und Königsberg studiert und promoviert (Stilistische Untersuchungen zur livländischen Reimchronik) und dann in St. Petersburg an einer deutschen Schule unterrichtet. Als er in einem Sommer bei Familie Schulz als Hauslehrer landet, ist ihm schnell klar, was das Schicksal mit ihm will. Der große Werner heiratet die zarte Edith. Und sie geht nach seinem Gefängnisaufenthalt mit ihm in die Verbannung, dreieinhalb Jahre ins Innere Russlands, bringt dort 1915 eine Tochter zur Welt, eine weitere 1919 in Reval und den Sohn dann 1920 in Potsdam, wohin die geschüttelte Familie unmittelbar nach dem Ende des Ersten Weltkrieges geht. Werner und Edith bleiben dort bis an ihr Lebensende, als Kind besuche ich noch Edith in der „Zone", Werner ist schon tot. Zunächst aber zurück in das Jahr 1905, als diese Geschichte beginnt:

„Frau Emma Schulz hat Besuch von ihrer alten Schulkameradin Tante Thommy. Sie heißt noch gar nicht Tante Thommy, aber sie wird einmal so heißen. Frau Schulzens kleine Mädchen Sigrid und Dagmar suchen ausgelassen mit Mamas fremder Freundin anzubandeln. Mit blitzenden Augen suchen sie den Augenblick zu erspähen, in dem sie ihr einen Schabernack werden spielen können. Frau Schulz schickt sie fort, um Edith zu rufen, die älteste Schwester. Aus dem Kinderzimmer schiebt sich scheu ein schlankes blondes Mädchen in den Saal, macht einen kleinen Knicks und sieht ihre Mutter aus hübschen, flehenden Augen an. Das ist meine Edith, sagt Frau Schulz mit mütterlich warmem Ton. Das junge Mädchen legt zaghaft ihre Hand in Tante Thommys Rechte. Dann drückt sie sich scheu an die Wand hin, die linke Schulter etwas vorgeschoben und setzt sich auf eine Stuhlkante, dicht neben die nächste Tür. Die großen schwarzen Pupillen lassen ihre graublauen Augen sehr dunkel erscheinen. Das wunderfeine Blondhaar ist glattgescheitelt und hat einen feinen Glanz. Das Gesicht ist schmal und sieht überzart und etwas unglücklich aus. Tante Thommy sieht ihre Freundin Emma an, die ihr etwas sagt. Als sie wieder zur Tür sieht, ist Edith Schulz verschwunden. Also geschehen im Jahre 1905 zu Dorpat. Edith wird wohl vierzehn Jahre alt gewesen sein."

So Tante Thommy, wie sie zeitlebens von den Schulz-Kindern genannt wird – in Wirklichkeit heißt sie Arma Thomson, wie ich aus Wien erfahre, und ist eine alte Schulfreundin von Emma. Ich sehe mir die handgeschriebenen und schlecht kopierten Erinnerungen aus der Grünen Kiste an und verstehe: Arma Thomson wird ab 1909 die Lehrerin von Edith im Lehrerinnenseminar der Mellin-Reichenberg'schen Stiftung, die von Martha Grot geführt wird. Ab dem Schuljahr 1905/06, so verrät mir das Archiv der Schule, ist Arma Thomson dort Deutschlehrerin. Sie wohnt beim

Augenarzt, im Lakschewitz'schen Gartenhäuschen in der Teichstraße. Sie bleibt zeitlebens mit Familie Schulz in Dorpat eng verbunden und erzählt in den Erinnerungen von den gemeinsam verbrachten Jahren in Dorpat und Reval, bis Edith und Werner nach dem Krieg ins Deutsche Reich gehen und sie sich nie mehr wiedersehen werden. Besonders ins Herz geschlossen hat sie Edith und an der Hochzeit mit Werner wird sie auch nicht ganz unschuldig sein. Wie sich Arma Thomson und Werner begegnet sind kann ich nicht rekonstruieren, in Reval oder St. Petersburg? Dem Alter nach könnte Arma Werners Mutter sein und so eine Rolle scheint sie auch für ihn gespielt zu haben. Ich finde eine Postkarte von ihm an sie: „*Poststempel: 26.6.1912 in Greifswald. Adressatin: Fräulein Arma Thomson, München, Victoriastraße 19, III. links. Text: Examen magna cum laude bestanden.*
Brief nächstens. Gruß an die Genossen. Dein alter Junge." Das wird die Eintrittskarte für die Hochzeit im darauffolgenden Sommer gewesen sein, wie ich vermute.

Während also der Vater Arthur im Schlafzimmer das Foto aus dem Fenster auf die revolutionäre Situation 1905 auf dem Neumarkt macht und seine beiden Söhne vielleicht auf dem elterlichen Bett sitzen, empfängt seine Frau im Saal neben dem türkischen Zimmer ihre einstige und noch immer unverheiratete Schulkameradin, die sie aus ihrer Heimatstadt Reval kennt. Emma und Arma sind bereits vierzig Jahre alt, sie haben gemeinsam die Schulbank gedrückt und erinnern sich gerne an die Zeit in Reval an der Küste, sie schwatzen und schwatzen und trinken schwarzen Tee nach St. Petersburger Art. Arma Thomson arbeitet nun im Mellin'schen Lehrerinnenseminar bei Fräulein Martha Grote, gleich in der Nähe, Garten- Ecke Peplerstraße. Das Schulz'sche Kindermädchen liegt krank im Bett, so dass die Kinder von Emma heute frei im Haus herumspringen. Zwischen den Eltern gibt es ein unausgesprochenes Abkommen, dass die Jungen sich in so einem Fall nach dem Vater zu richten hätten und die Mädchen nach der Mutter. Ich stelle mir vor, dass es so kommt: Seine drei Töchter werden in den Besuch von Tante Thommy einbezogen, die beiden Jungen sollen ihm aber beim Fotografieren zusehen. Gunnar, der Kleinste, entwischt ihm kurz und als der strenge Vater wieder zur Tür sieht, kommt der Kleine triumphierend mit zwei Kandisstücken in der Hand zurück. Diese hat er sich aus dem Saal stibitzt – vielleicht aus der silbernen Zuckerdose, die nun über einhundert Jahre später mit Gunnars Löffel auf meinem Küchentisch steht –, als Mutter und Freundin gerade ins Gespräch vertieft waren. Arthur lächelt darüber, bei seinem Jüngsten ist er weich und milde – ganz im Gegensatz zu den Forderungen, die er an seinen Ältesten stellt. Manchmal sorgt der Vater sich um die Zukunft, welche Auswirkungen werden die Aufstände da draußen haben, wie geht das Leben weiter? Er macht ein Bild nach dem anderen, wobei ihm Charly hilft und der kleine Gunnar seine Zuckerstückchen lutscht.

Tante Thommy vermerkt später, als sie sich an diese erste Begegnung mit ihrem Schützling erinnert:

„Edith behält die hilflose Scheu, die Tante Thommy gleich bei der ersten Begegnung aufgefallen ist, aber sie ist sehr lieblich in Wesen und Erscheinung. Es ist etwas Rührendes an ihr. Ihre Augen sehen aus wie ein tiefes Rätsel und blicken in die Welt hinein, als könnte sie sich in ihr nicht zurechtfinden. Sie sieht, dass Edith Schulz eine heiße Sehnsucht nach Einsamkeit hat.“

Und dieser Eindruck bleibt bestehen. Ich schaue mir ein braunstichiges Foto an, das Edith als junge Frau zeigt. Auch hier: ein schlankes Gesicht, verschlossene und schmale Lippen, ängstliche Augen. Sie sieht nicht aus, als könne sie den Strapazen des Lebens standhalten – obgleich gerade sie Ungeheuerliches zu leisten haben wird. Allen drei Schulz-Schwestern steht in den Jahren bis zum Ende des Zweiten Weltkriegs einiges bevor, aber 1905 ist die Welt zu Hause, trotz der Aufstände vor dem Haus, noch irgendwie in Ordnung.

Edith hat viele Berichte hinterlassen, auch habe ich selbst Erinnerungen an sie, in meiner Kindheit habe ich sie mindestens einmal in Potsdam gesehen und nicht zuletzt hat sie mit meiner Großmutter gemeinsam die Grüne Kiste zusammengestellt. Und doch bleibt auch über dem Leben dieser Frau ein Schleier. Ihre Erzählungen jubeln vom Familienglück, beschreiben die Zustände im fernen Russland und auf den unsäglichen Fahrten in ferne, abgeschiedene Dörfer – aber, ich kann nicht anders – irgendwie entwickelt sich für mich keine zusammenhängende Geschichte. Gefühlsregungen bleiben blass, obwohl alles von seelischen Empfindungen handelt. In mir entsteht kein Film, sondern ein statisches Bild der Geschehnisse, obgleich ich bei meiner Suche nach den Fest- und Umschwungpunkten in der Familie meiner Großtante unendlich dankbar bin für all die Unterlagen, die sich von ihr finden lassen. Edith war unverhofft zur ältesten Tochter geworden, nachdem Gerta so früh verstorben ist. Sitzt ihr dieses Ereignis noch in den Knochen – die Angst vor dem Tod? Ihre Hochzeit findet wenige Monate nach der ihrer jüngeren Schwester Sigrid statt – und nochmal: es wird wohl das letzte Familienereignis gewesen sein, bei dem alle dabei waren, vielleicht hat sie das geahnt.

Sigrid Lilli

Sigrid wird 1895 geboren und ist die Vierte im Bunde, einige Monate nach ihrer Geburt avanciert sie zur Dritten, weil Gerta, die große-kleine Schwester stirbt. 1905 ist Sigrid bereits zehn Jahre alt. Jaan schickt mir alte Bilder, die die aufeinander zulaufenden Straßen, die Garten-, Alt- und Promenadenstraße zeigen, wie sie auf den Neumarkt münden. Heute gibt es die Promenadenstraße an dieser Ecke nicht mehr, darum sind die alten Bilder so wichtig, damit ich mir ein Bild davon machen kann, wie es damals rund um das Anwesen meiner Vorfahren ausgesehen hat. Ich bin überrascht, wie viele Fotos sich doch noch finden – obwohl heute nichts mehr so ist, wie es einmal war... Die Apotheke an der Ecke, Promenadenstraße 14, ist 1905 ein viel frequentiertes Geschäft, eine Drogerie ist ihr angeschlossen. Ich stelle mir vor: Der Besitzer, Herr Jürgenson, ist ein Freund des Vaters und mit der Familie bestens bekannt. Sigrid wird, noch während Tante Tommy bei Emma ist, in die Apotheke geschickt. Die Empfangsdame im Atelier bittet das Mädchen die bestellten Chemikalien zu holen, die der Vater für die Ateliersarbeit benötigt. Die beiden Mädchen Dagmar und Sigrid waren in den Hof zu Cadeau gelaufen, weil ihre Mutter noch immer mit Tante Thommy spricht und nicht weiter gestört werden möchte. Sigrid ist die Große und will den Auftrag sofort erfüllen. Dagmar möchte gerne mit und bettelt so lange, bis sie Zustimmung bekommt. Der Hund muss allerdings im Hof bleiben. Die Laboranten und Kopierer, Retuschierer und Kolorierer sind alle im Atelier mit der Herstellung von wichtigen Fotos beschäftigt, der Operateur liegt ebenfalls mit einer scheußlichen Grippe im Bett. Deshalb sitzt auch der Atelierbesitzer und -leiter selbst an seinem Apparat im Schlafzimmer – ihm gelingen immer noch die besten Bilder, schließlich hat er diese Kunst lange genug bei seinem Vater erlernt. Die beiden Mädchen verlassen Hand in Hand das Anwesen durch die Hofpforte und wollen zur gegenüberliegenden Apotheke. Sie sind beide aufgeregt, denn das Leben auf der Straße ist um ein Vielfaches abenteuerlicher und unvorhersehbarer als das Spiel im elterlichen Hof. Sie kennen sich aber auch vor den Toren des familiären Anwesens aus und wie sie es gelernt haben, bleiben sie dicht am Haus stehen und schauen sich erst einmal um, ob nicht von links oder rechts eine Pferdekutsche daherkommt. Sie steuern direkt auf die Litfaßsäule zu, die hoch und breit vor der Goldschmiede steht, in der es neben Schmuck vor allem Uhren zu kaufen gibt. Das zeigt auch die große Uhr, die draußen über der Eingangstür an der Seite angebracht ist und in großen Zahlen anzeigt, was es geschlagen hat. Große Plakate prangen an der Säule, mit Bildern, die dazu einladen ganze Phantasiegeschichten entstehen zu lassen. Das ist das abendliche Spiel der Mädchen, wenn sie zu Bett gehen: sie erzählen sich die Geschichten weiter, von denen nur ein Moment auf den

Plakaten zu sehen ist. Heute prangt eine Ankündigung des deutschen Theaters, das sich am oberen Ende der Gartenstraße befindet an der Säule: „Romeo und Julia" soll aufgeführt werden, wie die zehnjährige Sigrid buchstabiert – das müssen sie unbedingt Edith erzählen, wenn sie wieder im Haus sind. Das große Vanemuine Theater, das ihrem Haus schräg gegenüber im prächtigen Jugendstil-Look gebaut wird, wird erst ein paar Jahre später eröffnet. Die beiden Mädchen umrunden die Säule immer wieder und vergessen fast ihren Auftrag, aber bevor sie tatsächlich in die Apotheke gehen, wollen sie sich noch die Uhren im Schaufenster ansehen. Goldene Taschenuhren liegen dort, solche, wie sie der ältere Bruder Charly zur Konfirmation bekommen hat, bewundern sie besonders. Wenn sie auch einmal so groß sind und in der Johanniskirche vor dem Pfarrer stehen… Im Gedränge werden sie auseinandergerissen, weil auf einmal so viele Menschen die Promenadenstraße entlangkommen. Die beiden finden sich wieder und laufen gemeinsam über die Straße bis zur Apotheke. Auch das Ladenlokal ist voller Menschen und es dauert eine Weile, bis die Mädchen sich zu Frau Jürgenson hindurchgekämpft haben, die die beiden hinter der Theke herzlich begrüßt. Sie schickt den Laufburschen rasch ins Lager, denn das Päckchen für den Herrn Fotografen ist schon am Morgen gepackt worden. Auch dürfen die beiden einmal in die große Dose mit den kleinen, weichen Schmandbonbons greifen, die die Apothekerin ihnen hinhält.

Als sie aus der Apotheke kommen und noch oben auf den Treppenstufen stehen, erblicken sie den Vater gegenüber am offenen Schlafzimmerfenster, wie er hinter der großen Apparatur arbeitet. Sie wissen, dass sie ihn nicht stören dürfen, können es sich aber nicht verkneifen ihn zu rufen und ihm über die Menschen hinweg zuzuwinken. Als der Vater sie erblickt, kommen auch die beiden Jungen aus dem Hintergrund und drängeln sich ans Fenster, um die beiden Schwestern unten auf der Straße zu sehen.

Als die beiden Mädchen an das seitliche Hoftor kommen, stehen Gunnar und Charly schon da und halten die Hände in der Hoffnung auf, dass auch sie ein paar Bonbons ergattern. Alle Kinder kennen Frau Jürgenson und ihre Großzügigkeit. Was für ein Glückstag für Gunnar, der an diesem Tag schon zum zweiten Mal etwas Süßes in seinen Mund bekommt. Die stille Edith ist mittlerweile auch im Hof erschienen und freut sich, dass auch sie mit dem süßen Zuckerzeug der Apothekerin bedacht wird. Schnell geben die Mädchen ihr Paket der Empfangsdame im Atelier ab und spielen dann mit den Jungen und Cadeau übermütig im Hof Fangen. Der weiße Hund mit den braunen Ohren kam als Geschenk ins Haus, als die Lehrerfamilie Boehm aus dem Wallgraben um die Ecke ins Deutsche Reich zog, da der Vater Maximilian sein deutsches Bildungsideal im Zuge der Russifizierung in Gefahr geraten sah. Gerne haben die Schulz-Kinder dieses Geschenk angenommen – während die Boehm'schen Kinder Maximilian, Herbert, Sigfried, Erika und Ilse bitterlich um ihren Hund weinten, den sie in Dorpat lassen mussten, versprach ihnen Dagmar, dass sie ihn mitbringen würde, wenn sie einst ins Reich gereist käme.

Ich recherchiere: Die ältesten Filmaufnahmen aus der Stadt, die ich über YouTube finde, sind von vor dem Ersten Weltkrieg. Zum Teil sind es stumme, wacklige und aneinandergereihte Bilder, zum Teil sind sie mit Musik unterlegt. Neben den Filmaufnahmen gibt es auch Fotocollagen, ein Foto wird nach dem anderen vorgeführt. Aber es fehlen die Angaben, wer die Fotografien gemacht hat! Mittlerweile kenne ich mich in der durch den Krieg versunkenen Stadt ganz gut aus, die meisten Straßenzüge kann ich verorten. Deutsche, estnische und russische Straßenschilder und Schaufensterbeschriftungen sind zu sehen, die Stadt wirkt belebt, überall sehe ich tätige Menschen. Ich schaue mir die Gesichter an, vielleicht ist der eine oder andere Verwandte zu sehen. Meine Großmutter? Sigrid, Edith, ja vielleicht Emma, meine Urgroßmutter. Oder Arthur, der schöne Fotograf, Gunnar oder sogar Charly, die Hoffnung versprechenden Söhne? Abbilder von Menschen werden festgehalten, in Fotos oder in Filmaufnahmen, keiner kennt sie mehr, ihr Leben ist verflossen und längst vergangen und trotzdem wandern sie über meinen Bildschirm. Das Buch „Tartu Kadunud Vaated – Tartus verlorene Stadtansichten“ ist Gold wert. Neben den alten Bildern, natürlich auch aus dem Hause Schulz, sind Aufnahmen aus der Gegenwart abgedruckt. Und so wird sichtbar, was einmal war und nicht mehr ist und was heute ist und früher einmal war… Zusätzlich rufe ich täglich mehrfach die übereinander gelegten Stadtpläne im Internet auf, den deutschen von 1910 und den heutigen mit dem Stadtbild, der familiengeschichtlich so entscheidenden Stadt. Dieses Angebot ist für mich von unschätzbarem Wert, alte und neue Welt durchdringen sich und zeigen, was vergangen und was gegenwärtig ist – nur die Zukunft kann auch von so einem Stadtplan nicht gezeigt werden. Die meisten der alten Straßen gibt es noch, nicht alle, aber sehr viele, nur haben sie heute einen estnischen Namen. Viele der alten Häuser sind im Zweiten Weltkrieg zerstört worden und an ihre Stelle ist viel Beton getreten, der vielleicht funktional ist, aber die alte Schönheit nicht ersetzt. Weiterentwicklung und damit Veränderung gehören dazu, aber der K. O.-Schlag am Ende des Zweiten Weltkrieges hat einen anderen Charakter, das Selbstverständnis der Menschen und damit der Stadt hat sich grundlegend geändert. Die baulichen Neuerungen sehen neben den alten lieblos und funktional aus, sie sind billig und schnell hochgezogen worden.

„In dieser Zeit hatte ich – Walther K. – auf der Straße ein Kind getroffen, forsch, fröhlich, sehr natürlich – ich freute mich innerlich bei jedem Treffen. Sie war damals knapp zwölf Jahre alt. Ich wusste nicht und fragte auch gar nicht, wer es sei, freute mich aber Mal für Mal. Als dann zum Winter 1907/08 die Schlittschuhbahn eröffnet wurde und einige Studenten in einer Ecke der Bahn extra übten, kam auch meine kleine Unbekannte heran und guckte sich manche Figur ab. So kamen wir ins Gespräch."

Sigrid Schulz heiratet noch in der alten Welt, im November 1913. Sie ehelicht den Pastor Walther K., ist achtzehn Jahre alt, konfirmiert und hat die Schule gerade hinter sich – ist aber noch nicht volljährig. Die Volljährigkeit ist damals dafür auch nicht wichtig, von Bedeutung ist die Konfirmation, die erst ein Jahr vor Beendigung der Schule durchgeführt wird. Damit darf sie heiraten. Schon lange haben die beiden ein Auge aufeinander geworfen, schließlich hat Walther von 1906-1912 in Dorpat Theologie studiert. Seit 1907 kennen die beiden einander. Es war auf der Schlittschuhbahn, wie bei Else Hueck-Dehio und Olaf Petersen in dem Roman „Liebe Renata", als Sigrid sich bei den großen Studenten Figuren abgesehen hat und mit Walther Eiszulaufen begann. Aber auch der sonntägliche Kirchgang in die Johanniskirche hat das seinige dazu beigetragen. Als Walther mit dem Studium fertig ist und 1913 Pastor in Lesten in der Nähe von Riga wird, stimmt Vater Arthur Schulz zu, dass die beiden heiraten dürfen.

Bis es dahin kommt, vergehen aber einige Jahre. Walther schreibt viele Jahre später an eine seiner Töchter über die Zeit in Dorpat:

„Statt der Unterhaltung suchte ich den Menschen. Wenn auch große Räume, das Alter und die Entwicklung zwischen uns (Sigrid und mir) lagen. Irgendwie und irgendwann am Tage musste ich diese Räume durchkreuzen und schneiden. Mein Weg zur Universität führte mich am Schulz'schen Haus vorbei, der Weg zum Fechtboden an der Horn'schen Schule, der Weg zum Bäcker abends beim Broteinkaufen unbedingt durch die Gartenstraße. Dabei muss ich sagen tausend Mal vergeblich, aber gekreuzt mussten diese Räume werden, das gehörte von nun an zu meinem Tagesprogramm. Dann kamen die Spaziergänge in Techelfer… auch fand ich Gelegenheit durch geschäftliche Verhandlungen zwischen der Studentenverbindung Curonia und der Firma Schulz im Hause kurz vorzusprechen und schließlich auch als Kartenpartner, nachdem ich raffiniert eine Studentenburg hart neben dem Schulz'schen Hause bezogen hatte, des Öfteren nach dem Abendessen zu Herrn Arthur Schulz zu einem Partiechen Whist geladen zu werden. Dort sah ich dann selbstverständlich Sigrid."

Walther ist elf Jahre älter als Sigrid, er wurde 1884 im Pastorat Sessau geboren, zwischen Lesten und Riga gelegen. Dort ist er als jüngstes Kind der Familie K. im

Pastorat seines Vaters aufgewachsen. Dieser starb kurz nachdem Walther sein Studium 1906 in Dorpat aufgenommen hatte, was bedeutete, dass Walther sich um ein Stipendium zu bemühen hatte. Wie sollte er sein Studium finanzieren, er braucht Freunde, Paten und Gönner. Irgendwie ist es ihm gelungen und so lebte er viele Jahre in direkter Nachbarschaft zum Hause Schulz. Nach erfolgreich beendetem Studium zieht er mit seiner jungen Frau auf das Pastorat Lesten, auch er ist nun Pfarrer und avanciert zu einem „Kleinen Gutsherren". Denn er ist gleichzeitig Landwirt, das gehörte damals zusammen – jedes Pastorat besitzt Land, das bewirtschaftet werden muss, damit die Bewohner genug zu essen haben. Das junge Paar lebt nun ganz in der Nähe des Ortes, in dem Walther aufgewachsen ist – das ja, so wie auch Dorpat, noch zu Livland gehört. Zwischen 1914 und 1929 werden den beiden fünf Kinder geboren. Vor mir liegt ein Foto, das Sigrid und Walther mit ihren vier Töchtern und dem einen Sohn auf der Treppe des Kliggenhofes zeigt. Die Älteste, Grita, 1914 geboren, hat in hohem Alter – sie war über Neunzig – eine CD besprochen, auf der sie einiges aus ihrem Leben erzählt. Hie und da kommt auch etwas über ihre Eltern, Sigrid und Walther darin vor oder auch über ihre Großeltern Emma und Arthur in Dorpat. Ich entnehme ihrer Erzählung:

Im Juni 1915 war die Kriegsfront in Kurland Lesten bedrohlich nahegekommen. Als es am späten Abend am Pastorat klopft, verlangen die „feindlichen" Deutschen vom Pfarrer Walther Hafer für ihre Pferde. Er gibt ihnen in der Dunkelheit den Schlüssel und sie holen sich aus dem Stall Futter für die drangsalierten Tiere. Diese verbotene Aktion – schließlich waren es Deutsche! – wurde beobachtet, der Pfarrer daraufhin denunziert und verhaftet. Walther soll nach Sibirien verschleppt werden, kann aber durch Fürsprache erreichen, dass er nur verbannt wird. Er nimmt Sigrid und die kleine Grita mit, alle vierundzwanzig Stunden müssen sie sich an einer anderen Polizeistation melden. Die erste von drei Ausweisungen aus dem Land nimmt seinen Lauf, die junge Familie verliert ihre vier Wände, Walther kann seinem Beruf nicht mehr nachgehen und zu essen haben sie auch kaum etwas. Es geht zunächst nach Dorpat, um sich von den Eltern zu verabschieden, bevor sie weiter nach Moskau ziehen. Dort leben sie bei Verwandten, in der Erzählung heißt es, dass man die kleine Tochter mit einer Leine an einem Tischbein angebunden und zu Hause gelassen habe, wenn die Eltern in der Stadt unterwegs sein mussten. Kein deutsches Wort durfte in der Öffentlichkeit über ihre Lippen kommen.

Die Eltern Emma und Arthur hatten zu diesem Zeitpunkt schon Edith und Werner in die Verbannung fahren lassen müssen, nun also auch noch die zweite Tochter. Da Sigrid und Grita in der Folge fast ununterbrochen krank sind, dürfen sie nach Dorpat zu den Großeltern zurückkehren. Walther bleibt eineinhalb Jahre allein in der unwirtlichen, russischen Fremde, bevor er nach der Februarrevolution 1917 zurückkehren darf – alle Häftlinge der zaristischen Regierung werden frei gelassen. So kommt es, dass das Paar, als es im Sommer wieder zusammen ist, unmittelbar zu Edith und Werner nach Schimosero reist, um auch deren kleine Tochter mitzunehmen, der es in der russischen Einsamkeit so schlecht geht, denn die beiden werden noch nicht freigelassen. Sigrid und Walther K. holen das kleine Kind aus den erbärmlichen Umständen ab, in dem die kleine Familie M. lebt und bringen es nach Dorpat zu den Großeltern, wo die kleine Grita und die kleine Ilse miteinander spielen können und aufgepäppelt werden. Der mittlerweile weitgehend gelähmte Großvater Arthur hat seine helle Freude an den kleinen Mädchen. 1918 kehren Sigrid und Walther in das Pastorat nach Lesten zurück, in dem sich deutsche Offiziere eingenistet hatten. Alle Möbel, Kleider und persönlichen Dinge sind verschwunden, gerade mal die Wände der Behausung stehen noch, alles muss restauriert und neu erobert werden, einige Nachbarn helfen mit Möbeln aus. Kaiser Wilhelm II. dankt im November 1918 im Deutschen Reich ab, noch ist unklar, wie es im Baltikum weitergeht – der Unabhängigkeitskrieg beginnt und endet mit zwei neuen Staaten: Estland und Lettland.

1926, nachdem die Familie für acht Jahre wieder auf dem Pastorat in Lesten, das sie nach dem Ersten Weltkrieg wieder aufgebaut hat, gelebt hat müssen sich Sigrid und Walther, mittlerweile mit fünf Kindern, nach Riga bewegen. Walther wird dort Lehrer für die lettische Sprache in einer deutschen Schule. Als deutscher Pastor und Landwirt kann er sich nicht mehr halten. Der Landwirtschaft bleibt die Familie aber treu und sie fährt in den Sommermonaten immer wieder nach Kliggenhof, den sie in der Nachbarschaft erworben haben und der ihre eigentliche Heimat ist. Bis 1939 arbeitet Walther sogar als Direktor der deutschen Schule in Riga – aber dann öffnete sich wieder ein neues Kapitel der Geschichte, zum zweiten Mal muss die Familie alles hinter sich lassen und ihr Leben neu beginnen. Wikipedia schreibt:

> *„Nach Einrichtung mehrerer Stützpunkte auch in Kurland, bereits 1939, wurde ganz Lettland am 17. Juni 1940 unter Gewaltandrohung von der Roten Armee okkupiert. Gegen den Protest der Botschafter der Westmächte proklamierte die sowjetische Regierung am 21. Juli 1940 die Errichtung der Lettischen Sozialistischen Sowjetrepublik und ließ diese um Beitritt zur UdSSR bitten, der am 5. August 1940 erfolgte. Nach dem deutsch-sowjetischen Nichtangriffspakt und dem folgenden Umsiedelungsvertrag zwischen dem Deutschen Reich und Lettland waren die Deutschbalten bereits im November/Dezember 1939 in den sogenannten „Reichsgau Wartheland" umgesiedelt worden, von wo sie nach Kriegsende 1945 wieder vertrieben wurden."*[3]

[3] Wikipedia „Kurland" https://de.wikipedia.org/wiki/Kurland. [20.02.2021]

Die Einbürgerungsurkunde aus der Einwandererzentralstelle Nord-Ost in Posen, die mir das Bundesarchiv in Kopie zusendet und mit dem 14. Dezember 1939 datiert ist, bestätigt, dass Sigrid und Walther samt zwei noch minderjähriger Kinder die deutsche Staats- bzw. Reichsangehörigkeit zuerkannt wird. Es heißt für Familie K. Pionierarbeit im Osten des „Großdeutschen Reiches" zu leisten, sie bekommt einen Hof zugewiesen, deren Betten noch warm sind, als sie ankommen. Was mit der polnischen Bevölkerung geschieht, erschließt sich ihnen im Laufe der folgenden Zeit...

Sie bekommen einen Hof zugewiesen und bewirtschaften zunächst fünfzig Hektar, da diese Fläche aber für so viele Münder nicht reicht, wird ein weiterer Besitz in Anschlag gebracht. Der Hof wird zwei Mal um jeweils fünfundzwanzig Hektar erweitert, so dass der „Johannesgarten" mit einhundert Hektar Ende 1944 ein prächtiges Stück Erde ist.

Bereits 1940 treffen sich meine Großmutter Dagmar und meine Großtante Sigrid mit ihrem Mann Walther unverhofft in Posen wieder – dort wohnen sie in den Kriegsjahren in relativer Nähe zueinander, bis alle Deutschen Hals über Kopf am 19./20./21. Januar 1945 vor der Roten Armee fliehen. Zurück auf Los: Sigrid und Walther verlieren das dritte Mal Haus und Hof, sie können sich und ihre Kinder retten und beginnen im ostdeutschen Norden ein neues Leben. Arthur und Emma, die Eltern aus Dorpat leben zu diesem Zeitpunkt nicht mehr. Auch Gerta und Charly sind tot, Gunnar ist bereits verschwunden. Edith und Werner leben schon in Potsdam. Die Baltendeutschen sind in alle Welt zerstreut, die alte Zeit ist definitiv vorbei. Aber um diese Geschichte weiter zu erzählen, muss ich das Leben meiner Großmutter anschauen, deren familiäres Netzwerk ich bis hierher so einigermaßen verstehe. Ich schreibe ihr.

Brief II

Liebe Baba.

Das Telegramm, das die Deutsche Reichpost übermittelt, ist datiert: 10.1.1941.

LIEBE KLEINE MONIKA GOTTES SEGEN MIT DIR ALLEZEIT = VATER +

Es wurde in Breslau aufgegeben und zu dir in die Bäckerstraße 8 nach Posen in den Warthegau geschickt. Dort lebst du zu diesem Zeitpunkt allein – nur mit deiner kleinen Tochter, die du zwei Wochen zuvor auf die Welt gebracht hast. Du bist dreiundvierzig Jahre alt und eine alleinerziehende, unverheiratete Mutter, wie man das heute nennen würde. Der Vater des Kindes, Herbert Boehm ist mit einer anderen Frau verheiratet und hat bereits drei Kinder: Reimar, Dagmar (!) und Marie-Luise – er ist Stadtbaudirektor und lebt in Breslau, wird aber ein Jahr später nach Gotenhafen beordert, um dort deutsche Stadtplanung zu betreiben – er hat das Telegramm aufgegeben. In den Erzählungen heißt es, dass eure Liebe über dem Totenbett seiner Mutter entbrannt sei, die im Dezember 1938 in Berlin verstorben ist: Milly Boehm. Aber ihr kanntet euch schon lange vorher – auch Herbert, oder: Remmo, wie du ihn nanntest, kommt aus Dorpat, die Familien Schulz und Boehm sind seit Jahrzehnten eng miteinander befreundet, ihr beiden habt schon als Kinder miteinander gespielt und seid auf Wohltätigkeitsveranstaltungen gemeinsam aufgetreten. Das Geschenk Cadeau, der geliebte Hund, wurde einst vom Wallgraben in die Gartenstraße gebracht.

Ich sitze im Jazzkeller und höre den vier jungen Musikern zu. Die Musik ergreift den kleinen Raum, und jeder der Menschen um mich herum taucht in seine eigene innere Welt ein. Die Klänge locken Gefühle hervor, Erinnerungen, Gedanken, Wünsche. Mit einem Glas gutem Wein in meiner Hand, betrachte ich meine eigenen Gedanken. Ich denke an Dorpat. An dich. Wie das damals alles so war. Die Stadt, das Leben auf der Straße, die drei durcheinanderlaufenden Sprachen, die deutschen Familien auf „fremdem" Boden, das Verhältnis zu den Esten in den verschiedenen Zeitabschnitten. Hast du jemals in einem Jazzkeller gesessen? Ein Rockkonzert gehört, Alkohol getrunken, frei getanzt? Das Berlin zwischen den Kriegen hat dich mächtig angezogen – aber vorher in Dorpat? Du warst jung und frei, allerdings im Korsett der Konventionen deines Standes eingekeilt, in ihnen festgebunden. Der schöne Schein war Motto und Motiv. Abgesehen von Café Werner oder bei Veranstaltungen in der Bürgermusse kann ich mir nicht vorstellen, dass es Kneipen gab, in denen du gesessen hast – oder liege ich falsch? Die Stadt ist von der deutschen Universität geprägt, Professoren und Studierende bevölkern das kulturelle Leben, besonders die Theologen sind in einer großen Anzahl da. Dein Leben liegt zwischen den Kriegen immer noch vor dir – zeitgeschichtlich passiert an dieser Stelle viel. Als Deutsche seid ihr in der Republik, die Estland geworden ist, verunsichert, aber immer noch stolz und selbstbewusst. Ja, die Erwartung an dein Leben ist groß, dafür wendest du dich gen Westen, aber du wirst älter und älter, obgleich schön und modern und mutig und zu haben…

Was war eigentlich dein Lebensziel, verheiratete Hausfrau wie deine Schwestern? Ist irgendwie doch alles anders gelaufen als gedacht, erwünscht, erhofft? Nein, du wolltest kein biederes, spießig und kleinbürgerliches Leben führen. Den Vorstellungen deiner Eltern hast du bestimmt nicht entsprochen, aber wen kümmert das, gerade weil du die Einzige warst, die eine richtige Berufsausbildung gemacht hat! Du hast nie geheiratet, der Mann, der der Vater deines Kindes wurde, war bereits an eine andere Frau gebunden. Aber da warst du schon über vierzig Jahre alt – und deine Eltern längst nicht mehr unter den Lebenden. Du hast modern gelebt, eigenständig und mutig. Wie hat dein Leben vorher ausgesehen, in den zwanziger und dreißiger Jahren? In der Grünen Kiste gibt es Bilder und Notizen für die offizielle Welt. Ein Nachlass, der zeigt, wie schön alles war, wie erhaben ihr gelebt habt, aus welch guten Kreisen du kamst. Und wieder: Probleme, Unsicherheiten oder Dunkles wird darin nicht thematisiert, ja es wird noch nicht einmal deutlich, wie das Leben auf der sozialen Ebene tatsächlich aussah. Was Charly zwischen der Beendigung seiner Schulzeit und seinem Tod im Ersten Weltkrieg gemacht hat, steht nirgendwo. Er war in Riga gemeldet, das steht auf dem Bescheid über das Georgskreuz, macht aber irgendwie keinen richtigen Sinn. War es nicht gut, was er vorhatte – und deshalb nicht der Rede wert? Auch warum und mit welchen Absichten Gunnar nach Südafrika gegangen ist, wird mit keiner Silbe erwähnt, waren es Spielschulden, ist er vor dem Gefängnis geflohen? Und auch über dich wird in dieser Hinsicht nichts verraten.

Abgesehen von der Grünen Kiste hast du uns aber noch mehr Papiere hinterlassen, die nicht nummeriert, aber im Laufe der Zeit auch in die Kiste gelegt wurden, sie stammen aus dem Nachlass nach deinem Tod. Ich studiere sie, um mir ein Bild zu machen, um eine Ahnung davon zu bekommen, wie dein Leben zwischen den Familienfotografien vor dem Ersten Weltkrieg ausgesehen hat. Wie richtig oder falsch ich dabei liege, weiß ich nicht, die Wahrheit hat viele Facetten, kaleidoskopartig hat jede Farbe ihre Berechtigung, die Bezüge zueinander sind mir nicht immer klar. Die Fakten, die ich finde, sind meine Grundlage, meine Annäherung an die zeitgeschichtlichen Umstände, mein Einfühlungsvermögen in Menschen und meine Vorstellungen über dich leiten mich – das ist alles, was ich habe und kann.

Ich schreibe über dich, meine Großmutter, in den Monaten, in denen ich selber Großmutter werde. Du hast mich in meiner Kindheit und Jugend begleitet und bist gestorben, als ich gerade mein zweites Kind auf die Welt gebracht hatte. Zwanzig Jahre war ich vornehmlich Tochter, dreißig Jahre Mutter und nun beginnt die Großmutterzeit. Mal sehen, was sie mir beschert und was es bedeutet, in der Generationenfolge aufzurücken. Orientieren werde ich mich an dir und meiner anderen Großmutter, denn ihr wart meine Vorbilder. Ich erinnere mich gerne an dich. Zuletzt sahen wir uns zu Weihnachten 1988. Du warst einundneunzig Jahre alt, ich zweiundzwanzig. Du hattest große Freude an meiner kleinen Tochter. Es gibt Fotos, auf denen ihr beide zu sehen seid. Dein langes Leben neigte sich dem Ende zu. Ich hatte die Geistesgegenwart nicht, dich nach Höhen und Tiefen zu befragen, nach deinen Geschwistern, deinen Eltern, meinem Großvater, nach Freud und Leid und vor allem all den vielen Ereignissen, die dich vor dem geschichtlichen Ost-West-Bruch geprägt haben. Ich sitze mit unendlich vielen Papieren von dir hier und wage einen Blick auf dein Lebenstableau.

Über ein Zeichen deinerseits wäre ich froh. Herzlich, deine S.

Dagmar, meine Großmutter Baba

Dagmar ist zwischen Sigrid und Gunnar als fünftes Kind geboren, am 7. Juli 1897 nach dem alten, julianischen Kalender, nach dem neuen, gregorianischen ist es der 19. Juli 1897, aus irgendeinem Grund feiern wir ihren Geburtstag am 20. Juli – dieses Datum werde ich mir später merken. Im Geburtsregister steht, dass das kleine Mädchen am 17. August im eigenen Hause auf die Namen: Dagmar Edith Charlotte Julie getauft wird. Paten sind: Frau Edith Ferberg, geborene Kuzmanoff, Herr Kaufmann Hans Ferberg und Herr Photograph Oscar Schulz. Ferberg ist die mütterliche Linie, ist Hans der Bruder von Emma? Edith Ferberg ist Emmas eingeheiratete Schwägerin und Oscar ist jedenfalls Arthurs Bruder, so viel steht fest. Charlotte heißt die Großmutter mütterlicherseits, Julie die väterlicherseits. Also hat sie die Namen ihrer Patentante sowie ihrer Großmütter erhalten. Auch ich werde neunundsechzig Jahre später den Namen Charlotte erhalten.

Familie Schulz ist in diesem Sommer in der Stadt geblieben, eine Geburt traut man sich auf dem Land nicht zu. Dagmar ist das erste Kind, das nach dem Tod der kleinen Schwester Gerta zur Welt kommt – nach ihr ist es nur noch Gunnar Elmar, der kleine Bruder, der später in die unerreichbare Ferne zieht. Dagmar ist in der glücklichen Lage, dass sie im Sommer Geburtstag hat, sodass ihr jährliches Geburtstagsfoto nicht im Atelier mit der entsetzlichen Kopfstütze gemacht wird, sondern draußen in Elva, am Schulz'schen Sommerhäuschen an den Seen –

Amateurphotographien, wie das irgendwo genannt wird, denn es ist noch nicht üblich, Menschen draußen zu fotografieren, sondern unter freiem Himmel werden nur Stadtansichten gemacht. Vor mir liegt ein Bild aus einer längst vergangenen Zeit, in dem die ganze Familie in der Kutsche sitzt. Darunter hat Dagmar geschrieben: „Wir fahren nach Elva!" Das scheue Mädchen, da ist sie ihrer Schwester Edith ähnlich, hat blonde Locken und schaut in ihrem schönen Kleid offen in die Kamera. Ihr Blick zeigt kindliche Freiheit, Übermut und irgendwie auch ein bisschen Triumph. Sie schaut auf dem Bild ihre beiden älteren Schwestern an und fragt sich, ob sie ihre Vorbilder sind. Die vielen Bilder von den Kindern mit der Mutter Emma zeigen mir, dass die drei Mädchen sehr verschieden gewesen sein müssen, dennoch werden sie auf unzähligen Bildern zusammen fotografiert, die schönen Schulz'schen Mädchen! Sie sehen sich gar nicht ähnlich und mir scheint, dass sie sowohl unterschiedliche Lebensentwürfe haben als auch vor individuelle Herausforderungen gestellt werden. Was sie als Schwestern wohl verbindet?

Edith geht offensichtlich ganz in ihrer Ehe, als Hausfrau und Mutter, mit dem Lehrer und späteren Germanistikprofessor Werner auf und findet letztendlich mit ihm den Weg in den DDR-Kommunismus. Das Bundesarchiv in Berlin offenbart, dass Werner zwar kein NSDAP-Mitglied gewesen ist, aber im nationalsozialistischen Lehrerbund war, 1937 eingetreten – um politisch nicht aufzufallen?

Was für eine Bedeutung die Russen, vor denen die beiden so oft geflohen sind, respektive von ihnen verbannt oder in Gewahrsam genommen wurden, in ihrem Leben haben, ist noch einmal eine ganz andere Geschichte. Das Schicksal will es, dass Edith und Werner im russischen Herrschaftsbereich bleiben. In den Jahren, als Estland nach dem Ersten Weltkrieg unter estnischer Flagge regiert wird, geht die Familie ins Deutsche Reich nach Potsdam, Werner ist ja Reichsdeutscher – um sich nach dem Zweiten Weltkrieg wieder in der Sowjetischen Zone zu finden, aus der die junge Familie entfliehen wollte. Zwar deutsch, aber fast lebenslänglich unter russisch-sowjetischer Herrschaft, erst im Baltikum, dann im Osten Deutschlands – lediglich die Jahre zwischen den Kriegen haben sie in „Freiheit" verbracht.

Sigrid, auch sie Hausfrau und Mutter, ist diejenige, die sich mit ihrem Mann der Theologie verschrieben hat, das Christentum will von den beiden auf die Erde getragen werden. Pfarrer sein, heißt in jenen Tagen auch Landwirt zu sein, das Geistige mit dem Physischen zu verklammern. Jedes Pastorat hat Land, Tiere und einen Garten, um die eigene Versorgung zu gewährleisten, denn für die kirchlichen und sakralen Dienste zahlen die Menschen nicht viel. Schon zwischen den Weltkriegen muss der deutsche Walther seine Passion und damit sein Pastorat – zeitweise versorgt er bis zu sechs Kirchen gleichzeitig – an den Nagel hängen, um Lehrer an einer deutschen Schule zu werden, für Lettisch, was für eine Ironie. Wie Sigrid und Walther sich nach der Flucht vor der russischen Front am Ende des Zweiten Weltkriegs aus dem Warthegau in der DDR zurechtfinden, ist mir schleierhaft. Drei Mal müssen sie in ihrer Biografie Haus, Hof und Beruf verlassen und neu anfangen. Allerdings ist Walther schon einundsechzig Jahre alt, als er an der deutschen Ostseeküste ankommt, und vermutlich nur noch froh ist, überlebt zu haben. Ich denke, dass die beiden sich dann vornehmlich auf die Familie konzentriert haben und die Politik versuchten zu ignorieren. Was für ein Leben hatte man als Theologe im deutschen Nachkriegssozialismus?

Und meine Gedanken wandern wieder in eure Ursprungsfamilie. Welche Rolle hat die Politik, die Theologie und der ganz normale Alltag im Hause Schulz in Dorpat gespielt, als Emma und Arthur noch das Regiment über euch als Kinder geführt haben? Welche Gespräche hat es gegeben, welche politischen Ansichten wurden vertreten, welche Werte und Normen vermittelt – gab es auch mal handfesten Streit, wurde geschimpft, geschrien, gestraft? Was wurde von den Kindern verlangt, was von den Mädchen und was von den Jungen erwartet, hatte Arthur konkrete Vorstellungen, war er ein strenger Vater? Emma hat keine Ehe für ihre geliebte und verwöhnte Dagmar arrangiert (oder doch?), was verbirgt sich hinter dem schönen Schein – den herzallerliebsten Fotografien, auf denen die Familie in allen möglichen Lebenslagen im Atelier in ihren feinen Kleidern posiert? Das erste Portraitfoto von Dagmar ist von 1901, sie ist vier Jahre alt. Ihre Locken werden mit einer Schleife zusammengehalten, die langen Haare fallen auf ihren Rücken. Das hochgeschlossene und mit Borten versehene Kleid wird vorne mit einem Rüschenkragen geschmückt. Die Mutter hat das Mädchen für die Fotografie hergerichtet, Dagmar schaut auf die Stelle, die ihr genannt wird, ihr Mund ist geschlossen, sie rührt sich nicht. Das schöne Mädchen macht es so, wie es von ihr verlangt wird. Wird das Leben dann auch gut zu ihr sein?

Nicht selten kommt alles anders, als gedacht oder erwünscht, die Generation, die um die Jahrhundertwende geboren wird, hat heftige Veränderungen zu verkraften. Ich finde eine handschriftliche Aufstellung von Dagmars Tätigkeiten, ihrer beruflichen Karriere, wie wir das heute nennen würden, die sie für die Rentenanwartschaft geschrieben hat, da sie ja irgendwann nicht mehr auf eine Versorgung durch einen Mann hoffen konnte und die Arbeitsbedingungen für eine Fotografin im Nachkriegsdeutschland mehr als bescheiden waren. Die Aufstellung zeigt mir ihr Leben aus einer speziellen Perspektive. Manche Aussagen lassen sich überprüfen und verifizieren, andere regen mich eher dazu an, mir zu überlegen, wie ihr Leben wirklich ausgesehen hat.

Horn’sche Oberschule

August 1912 – Juni 1916, Schülerin in Dorpat

Vor der Oberschule musst du allerdings noch in die Elementarschule gegangen sein, sieben Jahre lang – aber das ist vielleicht für die Rente nicht von Belang, von 1905 – im Revolutionsjahr –, du warst acht Jahre alt, bis 1912. Jaan hat mir dein erstes Abschlusszeugnis, handgeschrieben und auf Russisch, zugeschickt, das er im Archiv fand. Ein alter Freund hat es mir übersetzt:

„Zeugnis Nr. 153 ausgestellt für die Tochter des Fotografen, Dagmar Arturowna Schulz, 17 Jahre alt, evangelisch-lutherischen Bekenntnisses, welche 1905 in die Vorbereitungsklasse aufgenommen wurde, darüber, dass sie sieben Klassen absolviert hat und bei ausgezeichnetem Betragen folgende Leistungen erbracht hat:

Religion	*sehr gut (5)*
Russische Sprache und Literatur	*befriedigend (3-)*
Deutsche Sprache und Literatur	*gut (4)*
Französische Sprache und Literatur	–
Arithmetik	*befriedigend (3)*
Algebra	*befriedigend (3+)*
Geometrie	*befriedigend (3+)*
Geographie / Kosmographie	*gut (4–) / voll gut (4+)*
Allgemeine Geschichte	*voll befriedigend (3+)*
Russische Geschichte	*befriedigend*
Naturgeschichte	*gut (4)*
Physik	*voll befriedigend (3+)*

G. Jurjewa (Stadt Dorpat), April 1914“

Kein Musikunterricht, weder Sport, Handwerk noch künstlerische Fächer. Klassenfahrten, Theaterstücke, Projekte? Heute sieht das Curriculum in Schulen anders aus. Aber dennoch, du scheinst, jedenfalls den Noten nach zu urteilen, eine gute bis mittelmäßige Schülerin gewesen zu sein, es berührt mich, dass ich dein Zeugnis bekommen habe – denn du hattest es wohl nicht mehr. Oder du hast es für die Nachwelt nicht aufgehoben, das kann auch möglich sein. Nach der Elementarschule kam die Horn’sche Oberschule für höhere Töchter. Das Abitur war für Mädchen nicht üblich, zumindest nicht in Dorpat, bei euch, da ein Studium damals ja für Frauen eher nicht in Frage kam. Mädchen schlossen normalerweise mit dem Lehrerinnenexamen ab – was auch du gemacht hast. Warum aber auch deine beiden Brüder nicht studiert haben, weiß ich nicht – denn zumindest Gunnar hat ja Abitur gemacht, von Charly weiß ich es nicht.

Im Verzeichnis von 1910 finde ich folgenden Eintrag, der bestätigt, dass es die angegebene Schule gegeben hat und wer dort tätig war. Es heißt:

Höhere Töchterschule d. Frl. Lydia Horn.
Rigasche Strasse Nr. 37.
7 Klassen und 3 Vorbereitungsklassen.
Schulgeld 50-60 Rbl. in den unteren und 70-100 Rbl. in den oberen Klassen.
Directrice Frl. L. Horn. Sprechst. 5-6 nm.

Und es folgen die Namen von Lehreinnen und Lehrern. Ein Zeugnis aus dieser Schule findet sich nicht. Aber das ist ja auch nicht so wichtig. Du wirst die Schule schon gut abgeschlossen haben. Immerhin mussten deine Eltern 70 bis 100 Rubel für deinen Schulbesuch zahlen. (War das viel?) Ich versuche mir vorzustellen, wie du als Kind warst. Wie du ausgesehen hast, wenn du nicht für Fotos posiert hast, was du gerne gespielt hast, ob du eher scheu und tiefsinnig oder forsch und ungestüm aufgetreten bist, mit wem du dich umgeben hast. Herta war mit dir in einer Klasse, ob in beiden Schulen weiß ich nicht. Sie hatte einen längeren Schulweg, für dich war es ja gerade nur um die Ecke in die Riga'sche Straße. Schade, dass das Gebäude nicht mehr steht. Auch Else (Hueck-)Dehio ist dein Jahrgang und mit dir in die Schule gegangen. Ich lese gerade ihr Buch „Liebe Renata", das in den Jahren vor und im Ersten Weltkrieg in Dorpat spielt, gerade als ihr beide die Schule beendetet. Ihr wart keine Nachbarn, Else hat ja in der Mühlenstraße Ecke Katholische Straße gewohnt. Aber gekannt habt ihr euch, das hast du erzählt, schließlich wart ihr gleichalt und alle Deutschen kannten sich. Ich lese das Buch, um die Atmosphäre im Dorpat der damaligen Zeit einzufangen – die Kriegs- und Nachkriegsjahre müssen für euch Deutsche da oben richtig schwierig gewesen sein. Um ein Gefühl dafür zu bekommen, sind die fünfhundert Seiten gut. Ansonsten ist die Erzählweise für mich kaum zu ertragen, ganz abgesehen vom Inhalt: den Jugendjahren von Else, Renata genannt, die ihre Liaison mit dem Theologiestudenten Olaf Peterson beschreibt. Habt ihr euch tatsächlich auch unter jungen Leute gesiezt? Habt nur Röcke und Kleider getragen, wart alle so brav und wohlerzogen, wie es dort beschrieben ist? Ja, als heranwachsende Mädchen von Stand schon so altklug wie gläubige, verkorkste und alleinstehende Tanten? Ich stelle es mir schrecklich vor. Trotz allem ist das Buch für mich lesenswert, denn Straßen, öffentliche Gebäude und bekannte Persönlichkeiten, wie zum Beispiel der Vater von Else, Professor Karl Dehio, der an der Universität arbeitet, werden beschrieben. 1910 hat er sich von Arthur fotografieren lassen, das Bild gibt es noch, ab 1918 ist er Rektor der Universität, 1927 stirbt er.

Im Juni 1914 wirst du konfirmiert (vor Ediths Hochzeit?), in der Johanniskirche – oder auch in Elva? Vielleicht hast du zusammen mit Else Dehio zum ersten Mal am Gottesdienst teilgenommen – vielleicht. Der deutsche Pfarrer, der die Gemeinde heute betreut, kann mir nicht sagen, wie Konfirmationen damals ausgesehen haben. Ja er hat noch nicht einmal Zugang zu den alten Dokumenten seines Amtssitzes – wie gut, dass es Jaan gibt. Er schickt mir das entscheidende Kirchenblatt zu, auf dem vermerkt ist, wie es diesbezüglich um Familie Schulz bestellt ist. Auch die Daten, an denen Emma und Arthur das heilige Abendmahl zu sich nehmen, sind vermerkt. Nur einmal im Jahr? Gunnar wird zwei Jahre nach dir, im Juni 1916 konfirmiert – mitten im Krieg. Ich nehme an, dass dies die Beendigung seiner Schulzeit markiert, da war Charly schon tot und die Zukunft ungewiss.

Also, du bist ab 1905 in die Schule gegangen – inmitten der ersten Revolution – bis 1916 – inmitten des Ersten Weltkrieges, als das Deutsche Reich gegen Russland... Weiter heißt es in deinen Aufzeichnungen:

Haustochter

Juni 1916 – August 1916 im Elternhaus in der Gartenstraße

Was muss ich mir vorstellen? Haustochter… Ihr werdet in Elva gewesen sein, in diesen Sommerwochen – oder nicht? Gab es das Häuschen mit den langen Vorhängen am kleinen See noch? Deine beiden Schwestern waren bereits verheiratet und außer Haus (in der Verbannung…), Gerta und Charly tot, nur Gunnar und du, ihr beide wart noch zu Hause bei euern Eltern, du bist neunzehn Jahre alt, Gunnar siebzehn. Vater Arthur scheint gesundheitlich schon sehr eingeschränkt gewesen zu sein, die Lähmung schritt immer weiter voran. Ich kenne ein Bild, auf dem er in Elva draußen im Rollstuhl sitzt. Aber wann das war? Der Erste Weltkrieg ist in diesem Sommer in vollem Gang, aber bei euch noch nicht angekommen. Im August 1916, vor einhundert Jahren, hast du dann deine erste Stelle angetreten – so ganz ohne Ausbildung? Und die Frage, wie du an diesen Arbeitsort kamst, ist auch nicht beantwortet. Erzählt wird, dass du Franz Carl Bachem, den späteren Verleger und Verlagsinhaber in Meersburg am Bodensee im Krieg kennen gelernt haben sollst – das große Verlagshaus steht noch immer in Köln am Hauptbahnhof. Er sei hoch zu Ross als Deutscher am Haus deiner Eltern vorbeigeritten und es muss wohl ein kleines Techtelmechtel zwischen euch entstanden sein. Später begegnest du ihm im Deutschen Reich wieder – da ist europageschichtlich viel passiert.

Buchhalterin

August 1916 – Juli 1919 in der Ökonomischen Sozietät in Dorpat

Und ich mache mich wieder auf die Suche, was ist die Ökonomische Sozietät, die landwirtschaftliche Buchzentrale? Im Baltischen Rechtswörterbuch finde ich folgenden Eintrag:

„Ökonomische Sozietät 1792 in Livland gestiftet zur Beratung der Landwirte bei der Rationalisierung ihrer Wirtschaften. Wurde auch auf dem Gebiet der Volksbildung tätig und bei der Verbesserung der bäuerlichen Wohnverhältnisse. Gab 1839 eine "Spezialkarte von Livland" heraus sowie das landwirtschaftliche Fachblatt "Baltische Wochenschrift". Betrieb bis zur Einstellung ihrer Tätigkeit 1918/19 eine landwirtschaftliche Buchstelle für Großbetriebe ("Betriebszentrale") zur buch- und bilanzmäßigen Durchleuchtung der Betriebe. Schuf ferner ein „Liv-Estländisches Bureau für Landeskultur" mit Abteilungen für Forstwirtschaft und Forstverwertung, einer landwirtschaftlichen Versuchsstation und einer solchen für Wege- und Brückenbau."

Ok, ich nehme an, dass du so etwas wie eine Sekretärin warst. Nein, Buchhalterin hast du geschrieben. Zahlen waren dir nah? Ich sehe ein altes Büro vor mir. Ohne Computer, vielleicht mit Schreibmaschine, wohl mit Telefon. Vielleicht war es noch ein altes Kurbeltelefon, das an der Wand hing. Oder schon ein Apparat mit Wählscheibe? Ich weiß nicht, mit wie vielen Menschen dort gearbeitet wurde und was du konkret gemacht hast. Aber ich finde eine Bestätigung in deinen Papieren:

„Hiermit bestätige ich, als ehemalige Kollegin von Frau Dagmar Schulz, geb. 20.7.1897 in Dorpat/Estland, jetzt wohnhaft in Stuttgart, dass Frau Dagmar Schulz vom 1. August 1916 als Angestellte in der Buchstelle der Livländischen Oeconomischen Sozietät in Dorpat, Schloss-str. 1 gearbeitet hat. Im Juli 1919 wurde die genannte Dienststelle durch die neue Regierung aufgelöst und Frau Schulz verlor somit ihre Anstellung.
München, 16. September 1960, Agnes Wagner."

Diese Bestätigung hast du vierzig (!) Jahre nach Beendigung deiner dreijährigen Tätigkeit dort schreiben lassen, das ist schon lange her. In den Kriegsjahren warst du also täglich in der Schloßstraße, keine fünf Minuten von deinem Elternhaus aus entfernt, als es für euch Deutschbalten so schwierig war, im Krieg zwischen dem Deutschen Reich und Russland im Baltikum zu leben. Aber du bist eine junge Frau, die die Zukunft vor sich wähnt. Acht Stunden am Tag Arbeit, für ein gutes Gehalt und viel Spaß nebenher? Drei Jahre bist du dort und um dich herum tobt der Erste Weltkrieg samt dem Unabhängigkeitskrieg des kleinen Landes. Bei deiner nächsten Station wird es ernster zugegangen sein – so vermute ich. Wie das zu Stande kam?

Nochmal Buchhalterin

August 1919 – Juli 1920 auf dem von Siver'schen Rittergut in Eusekiill

Und nach Schließung der Ökonomischen Sozietät in Dorpat arbeitest du weiter als Buchhalterin. Aber auf einem Rittergut. Das klingt in meinen Ohren nach Mittelalter. Wirklich, ein Rittergut? Ja, es geht um den deutschbaltischen Adel – trotzdem weiß ich nicht wirklich, was ich mir vorstellen soll. Und wieder ein vergilbter Zettel der handschriftlich beschrieben ist:

„Margarete v. Sivers, Hamburg-Billwerder III, Balldeich 588. 18. IX. 1958, Bescheinigung: Frau Dagmar Schulz, geb. 20.7.1897 in Dorpat/Estland, jetzt wohnhaft in Stuttgart-Ost, arbeitete vom 1. VIII. 1919 bis zur Enteignung der deutschen Güter im Juli 1920 als Gutssekretärin auf dem Gute meines 1942 verstorbenen Mannes auf dem Gut Eusekiill/Estland. Margarete v. Sivers, geb. Ruckteschell."

Heute heißt das Gut: Õisu mõis, es steht also noch, sagt zumindest die Internetseite, und es ist knapp einhundert Kilometer von Dorpat entfernt, südlich, in der Nähe von Fellin, heute Viljandi. Bei den damaligen Bewohnern des Siver'schen Ritterguts Eusekiill handelt sich um nahe Verwandte von Marie von Sivers, die zu diesem Zeitpunkt schon im Deutschen Reich mit Rudolf Steiner die erste Waldorfschule eröffnet und Geschichte schreibt. Ob du mit den beiden etwas zu tun hattest, weiß ich nicht.

Aber wichtig erscheint mir, dass du offensichtlich von zu Hause „ausgezogen" bist, du machtest dich auf den Weg in deine Zukunft. Heutzutage pendelt man locker hundert Kilometer. Aber das wird damals nicht der Fall gewesen sein. Verlief die Bahnlinie von Dorpat nach Riga über Fellin oder bist du mit der Kutsche gefahren? Deine Eltern blieben also vermutlich allein. Denn Gunnar war ja erst in den Freiheitskrieg verwickelt und dann verletzt. Bist du am Wochenende nach Hause gefahren oder in den Ferien? Ich habe keine Vorstellung, wie dein Leben ausgesehen haben könnte. Du musstest Stunden um Stunden in einem Büro sitzen und Zahlen abschreiben, zusammenrechnen und Auskunft darüber erteilen? Du hast beim Essen mit am Tisch der Gutsherren gesessen? Oder hast du dich mit den jungen Herren umgeben, die es auf dem Gut sicher zuhauf gab… Laut Familienerzählung gab es diesbezüglich einen Grund, warum du auf dem Gut warst. Es entstand eine Verlobung oder es gab einen Verlobten und ihr wolltet heiraten. Ich kann nicht herausfinden, um wen es sich gehandelt hat, wie und wann ihr euch kennen gelernt habt, was euch verbunden hat. Aber es gibt die Erzählung, dass diese Verlobung wieder aufgehoben worden sei, da der adelige Herr von Sivers, mit welchem Vornamen er auch immer bekleidet war, keine Kinder haben wollte – im Gegensatz zu dir.

Als Begründung sagte er, dass es in der Familie zu viel Inzucht gegeben hätte – was in Bezug auf dich ja gar keinen Sinn macht, denn du gehörst ja nicht zur Familie von Sivers. Im Stammbaum sehe ich, dass Arthurs älteste Schwester, Ida, einen von Sivers geheiratet hat: Paul. Vielleicht kam die Verbindung über ihn zu Stande? Paul von Sivers ist es auf jeden Fall, der sich um die Geschäfte der Familie Schulz auch in Dorpat kümmert. Zumindest nach dem Tod von Arthur, denn ich habe einen Brief von ihm, in dem er lange nach dem Zweiten Weltkrieg Auskunft über die Vermögensverhältnisse gibt, damit du den Lastenausgleich beantragen kannst.

Also eine wieder aufgelöste Verlobung. Das ist sicher bitter. Zumal du im besten Alter bist und deine Schwestern bereits Kinder haben. Die Situation wird nicht besser: Die Herrschenden auf dem Gut Eusekül werden enteignet, das sah die neue Regierung so vor. Estnische Bauern bekamen das zu bearbeitende Land. Deine Arbeitsstelle löste sich auf, also zurück nach Dorpat. Deinem Vater ging es schlecht, die Lähmung schritt immer weiter fort, Schlaganfälle kamen dazu. Und Gunnar? Sieben Schüsse durch die Lunge – war vielleicht auch er gerade in dieser Zeit in Dorpat und musste noch immer gepflegt werden? Am 2. Februar 1920 wird der Friedensvertrag zwischen Estland und Sowjetrussland geschlossen. Alle Deportierten dürfen zurückkehren und Russland verpflichtet sich viele Millionen an Goldrubeln zu zahlen, die Grenzen werden festgelegt, die Republik Estland wird geboren. Sigrid und Walther sind aus der Verbannung zurück und beginnen ein neues Leben auf dem Pastorat Lesten bei Riga, Edith und Werner machen sich, nach einer Zwischenstation in Dorpat, auf den Weg ins Deutsche Reich. Du machst im Anschluss an das Jahr auf dem ritterlichen Gut, das nicht mehr das ist, was es einmal war, eine Krankenschwesternausbildung in Dorpat. Ich lese:

Schwesternschülerin

August 1920 – November 1921 in der Mellin'schen Privatklinik in Dorpat

„Hiermit bescheinige ich, dass Dagmar Schulz, geb. 20.7.1897 in Dorpat/Estland, von September 1920 bis November 1921 an der Mellin'schen Heil- und Pflegeanstalt in Dorpat die Schwesternschule besucht und dort die Prüfung bestanden hat. Alsdann hat Dagmar Schulz von Dezember 1921 bis Juni 1922 in Dorpat Privatpflegen übernommen. Berlin, 5. November 1957, Schwester Erika Treu."

Wie hast du Erika Treu nach dem Krieg wieder ausfindig gemacht? Du hattest offensichtlich gar keine Papiere mehr aus Dorpat. Sind sie bei der Umsiedlung verloren gegangen, einer jener Koffer, der nicht in den richtigen Zug geladen wurde, den sich jemand anderes genommen hat oder der einfach irgendwo stehen geblieben ist?

1920 lebt dein Vater noch. Über seine Krankheit wird in den Aufzeichnungen in der Grünen Kiste kräftig geschwiegen. Was war das für eine Krankheit, woher hatte er sie? Ihr habt ihn bedauert, weil seine Lähmung immer weiter voranschritt und das Leben so mühsam wurde. Der Rollstuhl, in dem er auf dem einen Foto sitzt, sieht auch nicht gerade bequem aus. Wie kamst du auf die Idee eine Pflegerinnenausbildung zu machen – wegen Arthur, oder einfach, weil du dich von der aufgekündigten Verlobung auf andere Gedanken bringen lassen wolltest? Vielleicht war das Ganze nur als Zwischenstation gedacht, bis du jemanden findest, der…

Du bist wieder in Dorpat, deiner Heimatstadt, in der Pflegerinnenschule, ein weiterer Puzzlestein fügt sich zum Gesamtbild: Der alte Hausarzt, Dr. Johannes Meyer, wird es gewesen sein, der die Geburten deiner Mutter begleitet hat, er kennt die Familie seit über vierzig Jahren. Ich finde ihn im digitalen Baltischen biographischen Lexikon. Johannes Meyer wurde 1858 geboren und praktiziert seit 1886 als Arzt in Dorpat. War er mit Arthur befreundet, ließ er sich von ihm fotografieren? Oder ist er einfach der über Jahrzehnte geschätzte deutsche Hausarzt, der der Familie jederzeit zur Verfügung steht? Er stirbt 1945, wie es das Lexikon sagt, kurz vor Ende des Krieges in der Nähe von Gotenhafen in Adlershorst, heute einem Stadtteil von Danzig. Zweiundachtzig Jahre wird er alt. Aber in jungen Jahren ist er es auch, der die Mellin'sche Anstalt in Dorpat leitet, er ist der Direktor der Pflegerinnenausbildung, die du viele Jahre vor seinem Brief absolvierst. Er kann dir später die Bestätigung darüber nicht mehr schreiben, weil er tot ist… Im Dorpater Kalender von 1910 finde ich zwei wunderbare Anzeigen:

Frei prakticierende Ärzte im 1. Stadttheil:
J. Meyer, Schloss-Str. 14. Sprst. 10-ll 1/2 f. Frauen. In der Ambulanz d. Mellinisch. Anstalt Garten-Str. Nr. 30, von 3 - 4 Nm., am Dienstag, Donnerstag und Sonnabend nur für Frauen.

Heilanstalten:
Reichenberg – Mellin'sche Heilanstalt und Pflegerinnen Schule. Garten Str. Nr. 30.
Direktoren: *Dr. Joh. Meyer. Dr. A. Lezius, Dr. W. Kieseritzky. Assistenzarzt: Dr. B. Ottow. Oberin: Comtesse Keyserling, Oberschwester Lisbeth Lassen. Einjähriger Kursus. Pflegerinnen I. Kl. zahlen 60 Rbl. Pension.*
Station: *Aufnahme finden Frauen und Männer, keine Aufnahme finden Geisteskranke, sowie an den akuten Infectionskrankheiten Leidende. Bett I. Kl. von 4 Rbl. an bis 250 Kop.*

Wöchnerinnen haben einen Zuschlag von 50 Kop. zu entrichten, II. Kl. 1 Rbl. 50 Kop. III. Kl. 60 Kop. pro Tag. Operationsgebühr, Verbände, Arzneien, ärztliche Behandlung werden extra berechnet.

Ambulanz: *Erste Consultation 50 Kop. Von bemittelten Patienten, die die Ambulanz benutzen wird eine Extrahonorierung des Arztes erwartet. Wiederholte Consultation 25 Kop. Operationen extra.*

Bei Johannes Meyer hast du deine Ausbildung zur Schwesternschülerin gemacht, in drei Klassen wurden die Kranken versorgt, von den Reicheren wird eine Zusatzzahlung erwartet... Die Anzeige ist wunderbar! Arthur stirbt bereits im Juni 1921, da bist du noch mittendrin in der Ausbildung. Die Mellin'sche Heilanstalt befindet sich ja auch in der Gartenstraße, du musst nur den Thun'schen Berg hinauflaufen und die Straße überqueren. Ob Dr. Meyer auch die Krankheit deines Vaters begleitet hat? Es heißt, dass er Gynäkologe und Hausarzt sei. Über Arthurs Beerdigung ist in der Grünen Kiste, abgesehen von der Todesanzeige, die ich in der Zeitung finde, nichts zu entdecken. Aber es gibt einen Brief der Kleinen Großmama, der Mutter von Emma. Ich rekonstruiere: Sie lebt mittlerweile in Dorpat, in der Gartenstraße bei euch in den hinteren Räumen mit eigener Küche. (Wie lange schon?) Der Brief ist vom 17. Juli 1921. Da ist Arthur seit vier Wochen tot. Die „Kleine Großmama" ist alleine zu Hause. Emma ist irgendwo auf Reisen – so kurz nach dem Tod ihres Mannes? Und Dagmar ist bei Edith und Werner in Potsdam. Jedenfalls schreibt die Kleine Großmama einen Brief an die drei zusammen ins Deutsche Reich nach Potsdam. Und sie berichtet davon, was in Dorpat passiert, von wem sie Post bekommt und Nachricht hat und dass sie über den vergangenen Herbst, als sie mit Dagmar allein in der Gartenstraße war, so glücklich ist. (Wo waren denn Emma und Arthur, zur Kur?) Du hast also im Sommer Urlaub und fährst ins Deutsche Reich, du bist dann für die Abschlussprüfungen zurückgekehrt? Ja, man fuhr „ins Reich" – allerdings war das schon eine richtig lange Fahrt: mit Bahn und Schiff und wieder Bahn. Wie lange warst du in Potsdam, war es tatsächlich deine erste Auslandsreise? Edith hat bereits drei Kinder, Ilse, Karin und Hanno. Fährst du auch nach Berlin – in die große Hauptstadt – und besuchst du auch Familie Boehm, die schon 1902 ihren Umzug ins Deutsche Reich mit der Eisenbahn gemacht hat? Irgendwann kehrst du in den Osten zurück und machst im November deinen Abschluss, jetzt bist du offiziell Krankenschwester.

Privatpflegerin

Dezember 1921 – August 1922 in der Heimatstadt

Wen, wen hast du in diesem Zeitraum gepflegt? Deine Mutter Emma stirbt erst 1938 und deine Großmutter, Charlotte Ferberg 1925 – bei euch in Dorpat. Diese beiden bedurften wohl keiner Pflege im ersten Halbjahr 1922 – soweit ich weiß. Gunnar, könnte es dein Bruder Gunnar sein, der von dir gepflegt wurde – also so lange mit seinen sieben Schüssen durch die Lunge pflegebedürftig in Dorpat war? Oder hast du Fremde gepflegt, so wie heute der ambulante Dienst durch die Stadt fährt, warst du eine Krankenschwester auf Rädern, wie es Schwester Erika Treu bestätigt? Die zentrale Lage eures Hauses im II. Stadtteil erlaubt dir, mit der Kutsche schnell durch die Stadt zu kommen. Für eine Fahrt innerhalb der Stadtgrenzen zahlt man für eine Person mit dem Einspänner zehn Kopeken, für jede Viertelstunde Wartezeit des Kutschers fünf Kopeken zusätzlich, berichtet mir der Dorpater Kalender. Sicherlich gab es auch schon Autos in der Stadt. Aber darüber habe ich von dir nie etwas gehört. Hattet ihr ein Auto? Du einen Führerschein? Wohl eher nicht. Aber ein Telefon hattet ihr, das war schon modern und erleichterte das Leben.

Oder hast du in der Zeit etwas ganz Anderes gemacht und dies ist nur eine „Erklärung" für die Rentenkasse? Als Krankenschwester kann ich mir dich auch irgendwie gar nicht vorstellen – in meinem Leben bist du nie mit diesen Attributen aufgetreten. Du bist also ein weiteres Jahr in Dorpat, bevor es dich gen Westen treibt. Ich stelle mir trotzdem vor, wie es ausgesehen haben könnte: du läufst die Straße mit einer Tasche entlang, in der du deine Utensilien hast, oder du fährst mit der Kutsche aus der Garten- in die Kastanienallee oder auf die andere Seite des Emajögi in den III. Stadtteil. Die erste öffentliche Buslinie nimmt am 15. August 1922 seine Fahrt auf – ein umgebauter Lastwagen, auf dessen offener Ladefläche Bänke montiert werden, mit ihm kannst du damals nicht gefahren sein. Ober bist du bereits mit einem Auto unterwegs, die nun durch die Stadt fahren? Wenn überhaupt, dann nehme ich an, dass du Deutsche pflegst – richtig? Geschäftsfreunde von Arthur, Freundinnen von Emma, Lehrer, Professoren, Handwerker- und Künstlerkollegen oder gar alte Damen? Ja, bist du sogar mit euerm Hausarzt Johannes Meyer zusammen in die Schlafzimmer derjenigen eingetreten, die an einer Lungenentzündung litten, Gürtelrose hatten, oder hast du an Betten von Kindern gesessen, die eine Scharlacherkrankung auszuheilen hatten? Dr. Meyer hatte seit 1906 ein Telefon. Er war unter der Nummer 42 zu erreichen – ihr konntet euch also telefonisch kurzschließen. Oder liege ich ganz falsch und dein Leben bestand damals im Wesentlichen aus gemütlichen Stunden mit deiner Mutter und Großmutter im Saal in der Gartenstraße? Das Foto zeigt eine prächtige Einrichtung. Hohe Decken, Stuck und Tapeten mit großformatigen Blumenmotiven – auch an der Decke. Ich sehe mindestens acht Sessel auf dem Bild, lange Teppiche, pompöse Stehlampen mit bauschigen Schirmen, mehrere übereinander gehängte Vorhänge, Tische und, ja, ich glaube es ist wirklich ein Klavier oder ein Cembalo oder gar ein Flügel. Ich sehe nur eine kleine Ecke davon – und ich weiß nichts darüber, ob bei euch im Haus Musik gemacht wurde. Die Flügeltüren zum angrenzenden Schlafzimmer der Eltern stehen offen. Ich sehe einen geschwungenen Schminktisch mit einem dreiteiligen Spiegel, der sich klappen lässt. Links muss das Fenster sein, aus dem Arthur immer wieder fotografiert hat. Und rechts wird ein Bett gestanden haben. Beides ist aber nicht zu sehen. Die Einrichtung des Saals ist mit keinem anderen Wort als erhaben zu nennen, nicht vorstellbar ist allerdings, dass hier jemand auf dem Boden sitzt, Kinder durch das Zimmer flitzen. Ja, in diesen Saal gehören nur Menschen in feinen Kleidern, in solchen, die ihr auf den vielen Bildern tragt. Es ist ein Raum, den man nur gestyled betritt, auch Kinder in Schlafanzügen kann ich mir nicht vorstellen, fast sieht das Bild wie eine Aufnahme aus dem Museum aus.

Es gibt ein weiteres Foto von der bereits alt gewordenen Mutter Emma, auf dem sie an einem Fenster – da ist das Licht am besten – in diesem Saal sitzend und eine Handarbeit machend zu sehen ist. In gerade diesem Saal hat wohl auch das gewichtige Gespräch mit Tante Thommy 1905 stattgefunden, als ihr Blick auf Edith fiel. Ob er damals genauso eingerichtet war? Schade, dass es keine Bilder von den anderen Zimmern gibt. Wie sah wohl das türkische Zimmer aus – und was, um Gottes Willen, habt ihr darin gemacht? Und eure Betten, aus welchem Material waren sie, wie groß, und wie sahen sie aus? Die Bettwäsche war sicherlich weiß und mit Spitzenrändern umrandet, nicht wahr?

Nein, im Saal sitzend kann ich mir dich zu dieser Zeit auch nicht vorstellen. Ich nehme an, dass du damit beschäftigt warst, einen neuen Bräutigam zu finden. Aber wie? Trotz allem verbringst du auch die nächsten Jahre offiziell mit Pflege – so irgendwie, denn es folgt noch ein Jahr in Potsdam und eins in Grindelwald in der Schweiz, bevor du endlich die Fotografie Ausbildung in Berlin beginnst:

Haushilfe

August 1922 – Juli 1923 bei Edith M. in Potsdam

Ich gehe die Erinnerungen von Edith, deiner Schwester, noch einmal durch. Da steht nichts davon, dass du ein Jahr bei ihr gelebt hättest. Edith hat zu dieser Zeit drei kleine Kinder, das ist richtig, aber gab es auch noch Platz für dich, wurdest du in der Familie tatsächlich gebraucht? Was hast du in Potsdam wirklich gemacht –

Kindermädchen, Haushaltshilfe? Mir kommt das seltsam vor – Fragen bleiben. Wie auch immer, ich nehme an, dass in das Jahr im Deutschen Reich, wenn es denn so war, die Begegnung mit Hans Bidder fällt, denn es wird noch von einer zweiten Verlobung erzählt. Hans Bidder ist ebenfalls 1897 geboren, allerdings in Danzig. Möglicherweise hast du ihn über Werner M. kennen gelernt. Bidder studiert von 1916-1921 in Berlin, danach tritt er dort in den diplomatischen Dienst ein. Bis 1924 bleibt er in Berlin, danach arbeitet er bei der Gesandtschaft in Peking… War die Liebe da schon wieder vorbei? Die Verlobung wurde aufgekündigt – von wem, das weiß ich nicht, warum, das weiß ich nicht, und ob es tatsächlich in diesem Zeitraum war, das weiß ich auch nicht. Hans Bidder bleibt mir ein Unbekannter, der aber eine Rolle für dich gespielt hat und, allerdings viel später einmal, einen Ring vorbeibringt (was damit wohl geschehen ist?) und offensichtlich ein Teppichkenner und -sammler ist. Aber das findet lange nach dem Krieg statt und die Würfel sind in deinem Leben längst gefallen.

Kinderpflegerin

Juli 1923 – August 1924 im Kinderkurheim Vischer in Grindelwald in der Schweiz

Wenn Bidder in diesem Jahr in dein Leben ein- und auch wieder ausgetreten ist, dann kann ich mir vorstellen, dass du Erholung brauchst, vom zweiten Misslingen einer geplanten und erwünschten Hochzeit – wenn es denn so war; du feierst deinen sechsundzwanzigsten Geburtstag in der Schweiz, fern ab der Metropolen, umgeben von Kindern und netten Schweizerinnen, schließlich war die Inflation im Deutschen Reich schon so hoch angestiegen, dass es kaum mehr möglich war dort zu leben, ohne eine sichere Einkommensquelle zu haben. Die vergilbte Postkarte von Haus Thalane in Grindelwald zeigt ein prächtiges großes Haus am Berghang vor der Kulisse eines schneebedeckten Berges. Um das Haus herum ist ein Garten angelegt, Bäume, Büsche und Blumen sind innerhalb des umzäunten Areals zu sehen – in Schwarz-Weiß. Das dreistöckige Haus steht still und stolz in der Landschaft, hier kann frische Landluft geatmet werden, dass vermittelt selbst die alte Karte. Die aus Estland kommende Familie kennt die Berge aus ihrem Heimatland ja nun gar nicht, da werden die Schweizer Riesen einen ordentlichen Eindruck hinterlassen. Basel, Bern, Thun, Interlaken und dann rauf auf den Berg, Grindelwald liegt im Berner Oberland auf eintausend Meter Höhe. Zu sehen ist eine atemberaubende Bergkulisse: Wetterhorn, Schreckhorn, Eiger, Mönch und Jungfrau. Du bist ja nun ausgebildete Krankenschwester und wirst deine Dienste gegen Kost und Logis anbieten. Familie Vischer ist auf irgendwelchen Wegen mit der Familie bekannt – wer wann wo wen getroffen und ins Herz geschlossen hat, kann ich nicht herausbekommen. Es gibt ein kleines Papierfoto, auf dem du mit Anneli Vischer zu sehen bist – wie die Rückseite vermerkt.

Wer ist nun das wieder? „Grindelwald" spielt in der Familie längerfristig eine Rolle, der Ort wird immer wieder genannt, verschiedene Familienmitglieder reisen zu verschiedenen Zeiten dorthin – sogar noch meine Mutter in den fünfziger Jahren.

So richtig brauchbare Unterlagen zur damaligen Lage finde ich nicht. Als endlich eine Antwort aus dem Archiv in Grindelwald eintrifft, sendet man mir nur die Meldebescheinigungen für die Jahre 1931 und 32 zu. Unter Anlass des Aufenthalts steht: zur Erholung. Ansonsten hätten keine Unterlagen zu Dagmar Schulz mit der Passnummer 389 aus Estland gefunden werden können, teilt man mir freundlich mit. Aber dass es das Haus Thalane noch heute gibt, bestätigt man mir, auch wenn kein Kinderheim mehr darin untergebracht sei, sondern Privatwohnungen.

In Ediths Erinnerungen wird davon gesprochen, dass ihre Kinder zur Stärkung länger in Grindelwald sind. Aber sonst? Dorpat und Potsdam liegen eintausendfünfhundert Kilometer auseinander, und von Potsdam nach Grindelwald sind es noch einmal knapp tausend Kilometer – ohne Flugzeug sind das ganz schön ordentliche Strecken. Ediths Kinder werden also im Hause Vischer aufgepäppelt. Und du bist dort, um die Kinder zu pflegen und um dich zu erholen, irgendwie von der Bühne zu verschwinden? Einfach mal ein Jahr in der Schweiz zu leben ist natürlich nicht schlecht. Das wirst du ja auch noch einmal tun. Was aber wirklich abgelaufen ist, bleibt mir verborgen.

Fotografie-Studentin

September 1924 – Juli 1926 im Lette-Verein in Berlin

Dein Vater, der Fotograf Arthur Schulz, ist seit drei Jahren tot. Wer führt das Atelier in Dorpat weiter? Noch immer werden Fotos mit dem Aufdruck C. Schulz produziert – die Firma gibt es noch. Gunnar hat offensichtlich nicht vor in die Fußstapfen seines Vaters zu treten. Es gibt zwei etablierte Fotografenschulen im Deutschen Reich, die die junge Kunst vermitteln: in München und in Berlin. Das Archiv der Schule in München ist online einsehbar und siehe da, es findet sich ein Schulz aus Dorpat. Aber das bist nicht du, nein, es ist dein Onkel Ferdinand, Arthurs Bruder. Er ist offensichtlich 1907/08 zum Studium in München gewesen. Warum Arthur das nicht gemacht hat? Du jedenfalls gehst nach Berlin, in die große Hauptstadt und absolvierst eine Fotografie Ausbildung am Lette-Verein. Hat Emma dir das finanziert, wie ging das alles und warum Berlin? Edith ist in der Nähe, in Potsdam, es ist die Hauptstadt des Landes, Berlin ist näher an Dorpat als München. Vielleicht spielt die Geschichte mit Bidder auch erst in diesen zwei Jahren. Wie auch immer, meine Sympathie hast du dafür, dass du Berlin gewählt hast, und diese große, aufregende und so ganz anders geartete Stadt als Dorpat wird für die nächsten Jahre der Ort deiner Eroberungen sein. Du bist eine moderne Frau, die einen zukunftsweisenden Beruf ergreifen will, um sich selbst zu finanzieren – so nehme ich an.

Bei der Ausbildung kam dir deine Herkunft aus einem Fotografenhaushalt zugute. Jedenfalls bist du mit der Kunst aufgewachsen, die nun heftig en vogue ist und sich enorm weiterentwickelt. Als du ein kleines Kind warst, wurde der Topf mit Kleister noch täglich bei euch in der Küche gekocht, damit die aufwändig retuschierten Bilder auf die dicken Pappkartons geklebt werden konnten. Die Fotografien aus dem Hause Schulz, die ich hier habe, sind im Wesentlichen vor dem Ersten Weltkrieg gemacht – und in diesen Jahren hat offensichtlich ein Aufbruch in der Fotografie stattgefunden. Im Berlin der zwanziger Jahre mit knapp vier Millionen Einwohnern wird anders fotografiert, das Leben in der Hauptstadt ist schrill und unvorhersehbar. Ob du bei Familie Boehm in Zehlendorf wohnst oder bei irgendeiner alten baltischen Dame zur Untermiete? Marie Kundt ist die Leiterin des Lette-Vereins und deine Lehrerin, schon 1866 wurde der „Verein zur Förderung der Erwerbsfähigkeit des weiblichen Geschlechts“ gegründet und seit 1872 werden Berufsausbildungen für Frauen angeboten, seit 1890 gibt es die Fotografinnenausbildung. „Am 18. Oktober 1902 wird das heute denkmalgeschützte Gebäude Viktoria-Luise-Platz 6 in Berlin Schöneberg bezogen“, berichtet die Webseite. Marie Kundt wird all die jungen Frauen in einem Gespräch aufgenommen haben, die aus bürgerlichen Elternhäusern kommen und bereits eine Ausbildung an einer Höheren Töchterschule absolviert haben. Die Fotografieausbildung wurde von Frauen damals zahlreich angenommen. Den Lette-Verein und die Fotografenausbildungsstätte in Berlin gibt es noch heute. Erst seit 1910 dürfen sich auch Männer an dieser Schule ausbilden lassen – wie schön, dass das mal umgekehrt als sonst ist! Neben Wien und München bietet Berlin die einzige, die damals direkt für Frauen geschaffen wird. Es heißt:

„Lehrgang 1:
Für Fachphotographie mit den Abteilungen: a) Bildnisphotographie, b) Technische Photographie.
Dauer jeder Abteilung 4 Halbjahre.
Aufnahmebedingungen:
Der Nachweis des erfolgreichen Besuches mindestens einer preußischen Volksschule oder einer dieser gleichwertigen Schule; die Beibringung eines polizeilichen Unbescholtenenzeugnisses.
Unterrichtsfächer der Abteilung a) und b):

Porträt bei Tages- und Kunstlicht, Herstellung von Reproduktionen bei Tages- und Kunstlicht, Aufnahme von gewerblichen und kunstgewerblichen Gegenständen, Landschafts- und Architekturaufnahmen, Innenräume, Stereoskopie, Diapositive Farbenphotographie, Laboratoriumsarbeit, Herstellung von Abzügen und Vergrößerungen, Herstellung von Abzügen auf käuflichen und selbstpräparierten Kopierpapieren, Retusche, Kunstlehre, Zeichnen, Reklame, Photomontage, Photographische Optik Photochemie, Buchbinderarbeit, Buchführung, Urheberrecht, Staatsbürgerkunde.
Schulgeld:
Für das Halbjahr RM 250.-
Laboratoriumsgebühren und Nebenausgaben für Übungsmaterial, Bücher, für das Halbjahr ungefähr RM 200.- Abschluß:
Gehilfenprüfung für das Photographengewerbe nach § 130a der Reichsgewerbeordnung."

Diesen Lehrgang Nummer I hast du gemacht. Hast dich professionell ausbilden lassen. Bis auf dein Zeugnis, das du mit achtundzwanzig Jahren erhältst, sind keine weiteren persönlichen Unterlagen zu dem Thema zu finden. Schüler- und Lehrerlisten sowie Unterrichtsarbeiten gibt es nicht mehr. Die Bomben im Zweiten Weltkrieg haben das Archiv deiner Zeit vollständig ausgelöscht – wie bedauerlich!

Dennoch: Du bist offensichtlich voller Elan dabei und erlernst das väterliche Handwerk spielend. Vor mir liegt das Original: „Prüfungs-Zeugnis der Handwerkskammer zu Berlin. Fräulein Dagmar Schulz geboren am 20. VII. 1897 zu Dorpat/Estland, hat das Photographen-Gewerbe während der gesetzlich vorgeschriebenen Zeit in der Photographischen Lehranstalt des Lette-Vereins zu Berlin erlernt und heute vor dem unterzeichneten Prüfungsausschuß die Gehilfenprüfung mit dem Prädikat „sehr gut" bestanden. Berlin, 9. Juli 1926, der Prüfungsausschuß" und es folgen acht unleserliche Unterschriften. Wie hast du diesen Tag gefeiert, welches soziale Netzwerk hast du bis dahin in Berlin aufgebaut, sind standesgemäße Verehrer dabei? Deine Schwester Edith ist nicht so weit weg, vielleicht ist sie zur Zeugnisübergabe nach Berlin gekommen. Oder sogar deine Mutter Emma aus Dorpat? Es gibt ein Foto von ihr, mit Hut, wie immer sieht sie galant aus und wirkt wie eine Frau von Welt. Auf dem Bild sitzt sie an einem Fenster und liest Zeitung, es ist das Berliner Tageblatt. Leider kann ich das Datum nicht entziffern… Und, ob sie wirklich in Berlin war, oder sich die Zeitung hat zustellen lassen – so wie Vater Boehm sich jahrelang die Zeitung aus Dorpat in den Kaiserstuhl schicken lies? Die knappe Adresse lautet: „Deutschland, Gebweiler i.E., Herrn Prof. Boehm" – und die weitgereiste Zeitung kam an, erstaunlich eigentlich.

Ich stelle mir vor, dass du dein Zeugnis stolz präsentiert hast und darauf gedrungen hast, erst einmal in der Hauptstadt zu bleiben und dich beruflich zu etablieren, bevor du wieder zurück in die Heimat gehst. War es nicht so, dass du als junge Frau immer noch von deinem Elternhaus aus finanziert wurdest – war das die Aufgabe der Eltern bis zur Hochzeit ihrer Tochter? Um aber nicht weiterhin auf die Versorgung durch deine Mutter angewiesen zu sein – woher bezog sie eigentlich ihr Geld, noch immer aus dem Atelier? – hast du dich beruflich etabliert, das war modern, eigenständig und verschaffte dir Unabhängigkeit.

Es liegt ein weiteres Papier neben meinem Laptop, es ist in estnischer Sprache geschrieben. Du musstest das Fotografenexamen viele Jahre später in Dorpat noch einmal auf Estnisch wiederholen, sonst wurde es dort nicht anerkannt, das war 1937, elf Jahre später. Was genau auf dem Papier steht, kann ich nicht sagen, aber es sieht so aus, wie eine Bescheinigung über eine erfolgreich abgelegte Prüfung. Noch bist du aber in Berlin und arbeitest auf Deutsch!

Fotografin

August 1926 – Mai 1927 im Fotoatelier von Wanda von Debschitz-Kunowski und Juni 1927 – August 1928 im Fotoatelier von Ernst Sandau beides in Berlin

Ich sitze an meinem Schreibtisch und versuche einen Zugang in die Zeit von August 1926 bis August 1928 deiner beruflichen Tätigkeiten zu finden, die mir als Geländer für diesen Abschnitt der Rekonstruktion dienen. Wie komme ich an Informationen über die verschiedenen Fotoateliers, welche Quellen lassen sich erschließen, um etwas darüber zu erfahren, was du gemacht hast und vor allem wie es dir dabei ergangen ist? Es gibt ein paar Fotos, auf denen du zu sehen bist, aber die kann ich zeitlich nicht genau einordnen. Eins fällt aber so richtig aus dem Rahmen: Du trägst offene Haare! Sie sind locker nach hinten gekämmt. Nicht länger als bis zu den Ohren. Du siehst frech aus. Dein offenes Gesicht zeigst du frei, dein Blick geht in die Weite, deine Hände hast du auf die Hüften gestützt. Dein Ausschnitt ist zwar bis obenhin zugeknöpft, aber die Lust am Leben und der Mut, Abenteuer zu erleben, sind dir ins Gesicht geschrieben. Das Bild verrät nicht, worauf dein Blick ruht, aber dein geöffneter Mund lässt mich als Betrachterin ahnen, dass die Pose bewusst gewählt wurde und in eine mögliche Zukunft weist. Ich erkenne dich kaum auf dem Bild. Als du in mein Leben tratst – oder ich in deines – warst du schon neunundsechzig Jahre alt und Rentnerin und ich ein kleiner Säugling, der seine Erlebnisse spielerisch in die Welt wirbelte, ohne sie festzuzurren.

Ich bin ein bisschen ratlos, frage mich, wie ich mit der Rekonstruktion weitermache und surfe durchs Internet. Ich schicke Mails in Archive und Museen. Lassen sich die Fotoateliers, in denen du gearbeitet hast, noch finden, gibt es Literatur? Ich möchte mehr von der Atmosphäre spüren, wie die Luft damals gerochen hat. Und vor allen Dingen: findet sich irgendwo ein Foto, das du in jenen Tagen gemacht hast? Die Zeit der dicken Pappen, auf die Fotos aufgezogen werden, ist vorbei. Und es ist nicht mehr üblich, dass unter jedem Bild der Fotograf genannt wird – das macht es natürlich schwer für mich. Du verbringst vier Jahre in Berlin. Erst die Ausbildung im Lette-Verein, dann arbeitest du nacheinander in zwei Ateliers: bei Wanda von Debschitz-Kunowski, Wittenbergplatz 3a, und bei Ernst Sandau, Unter den Linden 17. Über beide Tätigkeiten habe ich wieder handgeschriebene und beglaubigte Bescheinigungen, die du wohl für die Rente eingereicht hast. Sie sind beide nicht von den Fotografen selbst ge- und unterschrieben worden, sondern von den jeweiligen Nachkommen, beziehungsweise von einer Kollegin, denn dir wird erst Anfang der fünfziger Jahre klar, dass du diese Unterlagen brauchst. Wanda von Debschitz-Kunowski, geboren 1870, gestorben 1935 in Berlin, ist in München ausgebildet worden, wohl im gleichen Jahrgang wie dein Onkel Ferdinand, der 1929 in Libau in Lettland stirbt, während du in Breslau bist.

Nachdem sie einige Jahre in der Kunstschule ihres Mannes mitgearbeitet hat, in der sie Fotografie unterrichtete und ein eigenes Atelier betrieb, ist Wanda von Debschitz-Kunowski 1914 mit ihm nach Hannover gegangen. Nach der Trennung von ihrem Mann 1921 hat sie in Berlin erneut ein eigenes Atelier aufgemacht. Bei ihr und mit ihr hast du gearbeitet. Sie ist eine moderne und mutige Fotografin, die neue Wege sucht – so scheint es. Mehr weiß ich nicht.

Über Ernst Sandau bekomme ich noch weniger heraus – noch nicht einmal sein Geburts- und Sterbedatum. Das Internet lässt mich aber wissen, dass er Hoffotograf gewesen sei – einzelne Aufnahmen von ihm gibt es noch, mehr erschließt sich mir nicht.

Ohne Fragen keine Antworten:
In welchem Stadtteil hast du in Berlin gewohnt?
Hast du in einer eigenen Wohnung gelebt?
War das Thema einer möglichen Heirat noch immer virulent?
Hast du das Leben als selbstständige und berufstätige Frau genossen wie es war?
Konntest du von deinem Verdienst leben?
Bist du gereist, vielleicht sogar ins Ausland?
Warst du in den Berliner Jahren in Dorpat bei deiner Mutter – oder sie bei dir?
Wie ging es dir – warst du damals eine glückliche Frau?

Wen und was hast du fotografiert?
Was ist aus den Bildern geworden?
Wie sah dein Arbeitsalltag aus?
Warst du eine unter vielen im Atelier?
Oder einzige Mitarbeiterin?
Wer waren deine Freunde – was hast du an Abenden und Wochenenden gemacht?
Wie kann ich mir diese Jahre vorstellen?

Offene Fragen gestalten die Zukunft, hat mir einmal ein weiser Mann gesagt, sie sind Vorboten von Antworten. Ich glaube in diesem Fall allerdings eher, dass ich die Fragen abstreifen muss, sie lebendig zu halten, raubt unnötige Energie. Vielleicht gibt es keine Antwort darauf und ich lasse sie unbeantwortet, arbeite damit weiter was ich habe – und nicht mit dem, was ich nicht habe. Ab September 1928 steht jedenfalls ein Wechsel bei dir an. Du gehst nach Breslau. Nicht, dass ich mehr über die kommenden Jahre wüsste als über die vergangenen, aber sie verdienen, ob des Ortswechsels, einen neuen Absatz.

Atelierleiterin

September 1928 – März 1930 im Fotoatelier von Elfriede Reichelt in Breslau

Während Breslau zu der Zeit etwa 555.000 Einwohner hat, sind es in Dorpat 55.000. Elfriede Reichelt, geboren 1883, also vierzehn Jahre älter als du, ist gebürtige Breslauerin, sie hat ihre Fotografieausbildung in München gemacht. Unmittelbar danach hat sie in der Münchener „Werkstätte für photographische Bildniskunst" bei Wanda von Debschitz-Kunowski in Schwabing gearbeitet – bei der auch du warst, allerdings später und in Berlin. Über die Fotografin Elfriede Reichelt gibt es eine Dissertation im Netz, daraus schöpfe ich wertvolle Informationen. Dennoch taucht dein Name darin nicht auf. Auch die Autorin hat mit der Recherche und der Quellenlage gerungen, ich telefoniere mit ihr, zu viele Archive und Fotografiebestände sind der Vernichtung anheimgefallen. Sie konzentriert sich in ihrer Arbeit auf zwei andere Mitarbeiterinnen – nicht auf Dagmar Schulz.

Irgendwie habe ich das Gefühl, dass du so richtig unterwegs und bereit warst, Neues zu lernen und das Leben zu genießen – du bist Atelierleiterin in der wunderschönen Stadt Breslau. Die Fotografien deines Vaters und Großvaters waren diejenigen, die noch eine Aura hatten, sie trugen die Vergangenheit in sich, waren behäbig, bedeutsam und beachtlich; sie landeten durch ihre Abbildungen in einer gewichtigen Gegenwart und präsentierten so richtig etwas. Walter Benjamin schreibt in diesem Zusammenhang einen interessanten Essay über die Fotografiegeschichte – ich vermute mal, dass du ihn nicht kanntest, obgleich ihr zeitgleich in Berlin gelebt habt. Walter Benjamin ist fünf Jahre älter als du, wie sehr wünschte ich mir, dass ihr euch begegnet wäret. Seine Überlegungen kreisen darum, was Fotografien im Zeitalter der technischen Reproduzierbarkeit offerieren, was ihnen verloren gegangen ist und was sie transportieren. „Das menschliche Antlitz hatte ein Schweigen um sich, in dem der Blick ruhte.“[4] Das ist ein Satz, der auf alle Fotografien aus dem Hause Schulz passt. Schweigsam, bedeutsam, ruhend. Vater Carl und Sohn Arthur Schulz haben genau solche Aufnahmen gemacht. In der Weimarer Republik ändert sich nicht nur die politische Situation, sondern auch das Lebensgefühl jedes Einzelnen. Gerade weil so unklar ist, wie die Zukunft aussehen wird, ist sie so greifbar. Nichts und niemand schaut mehr nach hinten, alles ist nach vorne, ins Offene, Weite gerichtet, Zukunft wird spürbar. Walter Benjamin kommt in seinem Essay mit dem Begriff der Aura: „Ein sonderbares Gespinst von Raum und Zeit: einmalige Erscheinung einer Ferne, so nah sie sein mag. An einem Sommermittag ruhend einem Gebirgszug am Horizont oder einem Zweig folgen, der seinen Schatten auf den Betrachter wirft, bis der Augenblick oder die Stunde Teil an ihrer Erscheinung hat – das heißt Aura dieser Berge, dieses Zweiges atmen.“[5]

Was für eine Erklärung! Die Aura verschwindet auf den Fotografien der Moderne, die Entwicklung des Sujets ist revolutionär, nicht nur in der Handhabung, sondern vornehmlich im Ergebnis – was sich im Ereignis zwischen Fotograf und Objekt widerspiegelt. Auch in der Portraitfotografie geht es nicht mehr um die Aufnahme eines Subjekts – sondern eines Objekts, auch wenn es um Menschen geht. Das ist hart aber wahr. Es geschieht zugunsten einer Zukunft, die nicht beengt und beschränkt, die sich zutraut das Vage und Offene zu transportieren, so unwahrscheinlich es auch anmuten mag, der Wegfall der kostbaren Aura bringt Freiraum. Das ist auf den Bildern, die dich in dieser Zeit zeigen auch zu sehen. Gerade der

Blick in eine andere Richtung bringt eine Verbindung mit dem Betrachter, eine postmoderne Verschränkung zwischen Betrachter und Betrachtetem. Und die beweglichen Posen, die für die neuen Fotografien eingenommen werden und oft wie Schnappschüsse wirken, sind genauso inszeniert, wie die alten, statischen-ehrwürdigen und goldenen Bilder in den Ateliers vor dem Ersten Weltkrieg. Leider kenne ich kein einziges Foto, das du in diesen Jahren in Berlin gemacht hast, vermutlich wurden sie unter dem Namen des jeweiligen Ateliers verkauft – so, wie das ja auch im Schulz'schen Atelier in Dorpat gemacht wird.

---

[4] Benjamin, Walter: Kleine Geschichte der Photographie. In: Das Kunstwerk im Zeitalter seiner technischen Reproduzierbarkeit. Edition suhrkamp, Frankfurt, 1977. S. 51

[5] Ebenda, S. 57.

Das Atelier in Breslau ist unter Elfriede Reichelt gut gelaufen. Da sie aber in späten Jahren noch heiratet, obgleich sie zunächst versucht den Spagat aufrecht zu erhalten und zwischen Ulm und Breslau pendelt, knickt sie beruflich offensichtlich doch ein. Sie kehrt in den Westen zurück und lebt von da an vornehmlich privat. Politisch wird das Leben insgesamt immer enger, besonders in Berlin. Was genau mit dem Atelier von Elfriede Reichelt in Breslau geschieht, ist nicht zu eruieren. Sie selbst hatte sich um 1930 schon nach München zurückgezogen und das Atelier nur noch mit ihrer Nichte – und vorher durch dich! – aufrechterhalten. Gab es zu wenig Kundschaft? Zu viel Konkurrenz?

Nur so kann ich mir auch deinen Rückzug in die Schweiz vorstellen. Von Breslau nach Grindelwald. Mit dem Zug? Breslau, Dresden, Nürnberg, Stuttgart, Zürich, Bern. Tausendzweihundert Kilometer. Drei Jahre bist du dort, jedenfalls gibst du das auf dem Papier für die Rentenanwartschaft so an. Drei Jahre durchgängig? Oder mal zwischendurch einen Trip nach Dorpat, über Berlin?

Kinderpflegerin

April 1930 – Februar 1933 im Kinderkurheim Vischer in Grindelwald in der Schweiz

Die Arbeitslosenquote liegt 1932 in der Weimarer Republik bei dreiundvierzig Prozent, das gesparte Privatvermögen verflüchtigt sich bereits 1929 durch den Börsenkrach, das restliche Ersparte auf den Banken löst sich in Luft auf. Wovon leben? Wer lässt sich noch fotografieren? Und für welche Summe?

Letztendlich bist du offensichtlich drei Jahre in der Schweiz, und hast aus mir unbekannten Gründen das Atelier in Breslau hinter dir gelassen. Das war sicher nicht so geplant – oder doch? Es folgen drei lange Jahre in der Schweiz. Fotografie auf dem Berg oder tatsächlich Kinderpflegerin? Vielleicht hast du eine Stelle in einem Atelier gesucht. Oder du wolltest ein eigenes aufmachen. Oder du warst fed-up mit der ganzen Situation in der Fotografie. Oder mit der in Deutschland. Aber das glaube ich irgendwie nicht. Es war wie ein langer Urlaub vor einem neuen Schritt. Immerhin lebst du bereits seit August 1922 nicht mehr in Dorpat, das sind mehr als zehn Jahre, seitdem ist auch deine Mutter allein. Die Weimarer Republik geht zu Ende, Hitler kommt an die Macht – du überlegst es dir anders, machst einen Schritt, kehrst zurück, verlässt die Schweiz nach drei Jahren. Dein Weg führt dich nicht auf deutschen Boden, nein, sondern nach Dorpat, in die Republik Estland. Eure gesamte Familie war, zumindest amtlich, nicht in die Naziideologie eingebunden. Ich habe im Bundesarchiv in Berlin Recherchen anstellen lassen. Weder du noch deine

Schwestern wurden Mitglieder in der NSDAP. Auch Werner und Walther nicht. Aber Herbert – doch das Kapitel kommt später.

Selbstständige Fotografin

März 1933 – August 1939 in Dorpat

Nach mehr als zehn Jahren kehrst du also nach Dorpat zurück, in deine Heimat – für sechs Jahre, die dann das endgültige Ende des Lebens im Baltikum durch höhere Ebene besiegeln. Wie hat sich das Leben in dem Universitätsstädtchen verändert? Emma lebt noch immer in dem großen Haus in der Gartenstraße Ecke Altstraße. Das Atelier wird durch den treuen Esten geführt. Beziehst du vorerst ein Zimmer in der Gartenstraße, arbeitest du im Atelier deines Vaters und Großvaters? Möglicherweise ist es auch so, dass du sofort eine eigene Wohnung mietest und dich fotografisch selbstständig machst. In den Unterlagen, die du nach dem Krieg einreichst, steht, dass du zuletzt in der Teichstraße 44 gewohnt hättest, im Vorderhaus, wann du dort eingezogen bist, kann ich aber nicht herausbekommen. Fünfzig Estnische Kronen hast du monatlich dafür bezahlt, du gibst an, dass die Wohnung aus sieben Räumen bestanden habe: aus zwei Schlafzimmern, jeweils einem Wohn- und Speisezimmer, einer Küche, einem Entree, einem Flur sowie einer Dunkelkammer und einem Fotoatelier.

Da sich die Verhältnisse in der Handwerkskammer geändert haben, musst auch du dich dem Gesetz für Meister, gelernte Arbeiter und Werksschüler fügen, das auch für die Fotografie gültig ist. Obgleich du dein Abschlusszeugnis aus Berlin vorweisen kannst, musst du noch eine Prüfung auf Estnisch machen. Am 9. Juni 1937 wird dir ein estnisches Meisterzeugnis ausgestellt – damit stehen dir in Dorpat alle Türen offen, was vermutlich vorher auch schon so war. Ich gehe davon aus, dass du von dem Moment an nicht weiter mit dem Atelier Eggert zusammengearbeitet hast – aber wissen tue ich es nicht.

Nun bin ich in Dorpat wieder vor Ort und laufe die Teichstraße hoch und runter, sie heißt jetzt Tiigi. Noch immer ist sie mit Kopfsteinpflaster versehen, Autos rumpeln an mir vorbei, ich muss aufpassen, dass ich nicht in Löcher trete, die es sowohl auf der Straße als auch auf dem Bürgersteig gibt. Auch als du vor achtzig Jahren hier lebtest und die Straße hinauf und hinunter gegangen sein wirst, wird die Straße Tiigi geheißen haben – vermute ich. Du aber hast demonstrativ Teichstraße auf deinem Antrag angegeben. Warum? Es war die Zeit der estnischen Republik – welche Bedeutung hatten die deutsche Sprache und Kultur in diesen Jahren? Wie viele Deutsche leben noch in der Stadt, wie ist das Verhältnis zwischen Deutschen und Esten, ja und wie zu den Russen, die auch im Land sind? Auf den alten Fotos, die ich mir über YouTube ansehe, sehe ich immer wieder dreisprachige Anzeigenschilder vor Geschäften und öffentlichen Gebäuden. Heute sieht alles anders aus. Einige dieser alten Häuser stehen noch, ich erkenne sie wieder. Aber ich komme auch an verwundeten Baulücken vorbei und unendlich vielen „neuen" Häusern, Betonklötzen aus der sowjetischen Besatzungszeit, die nun dort stehen, wo das Leben einmal anders war. Wo könnte Nummer 44 gewesen sein, wie sah das Haus aus, in dem du gelebt hast? Auch der Archivar weiß keinen Rat, denn es scheint kein Stadtplan mit den alten Hausnummern mehr zu existieren. Er stellt die Anfrage auf eine Facebookgruppe, die sich mit dem historischen Tartu beschäftigt. Mal sehen, ob es von dort Antwort gibt. Die Teichstraße ist eine Parallelstraße zur Gartenstraße, je nachdem wie weit oben Nummer 44 war, dürfte es nicht weit bis in dein altes Zuhause gewesen sein. Du machst dich also fotografisch in Dorpat selbstständig, nach den vielen Jahren in Berlin, Breslau und in der Schweiz.

Autos fahren an mir vorbei. Das wird in den dreißiger Jahren auch so gewesen sein, sicher aber nicht in so großer Zahl. Neulich habe ich im Internet ein Foto entdeckt – aus dem Atelier C. Schulz aus Dorpat, wie in der linken Ecke eingraviert ist, woher auch sonst?! – das in einer alten, großen Autohalle aufgenommen wurde. Das Bild ist von oben gemacht worden und zeigt viele Autos, die in der Halle stehen und von Herren begutachtet werden. Ganz in der Mitte der Halle steht allerdings eine einzige Dame, in langem Kleid, mit Hut. Große Schilder nennen die ausgestellten Marken: Dixi, Mercedes, Humber, Benz – soweit ich sehe, sind alle Autos offen, also Cabriolets. Wer hat das Bild aufgenommen, wann wurde es gemacht und wo steht diese Halle? Die hölzerne Deckenkonstruktion macht Eindruck – sie ist wunderschön.

Ob du auch so ein Auto hattest, wie sie auf diesem Bild zu sehen sind?

Der Archivar findet deine Steuerunterlagen erst ab 1937, das ist der Zeitpunkt, als du das estnische Meisterzeugnis in deinen Händen hältst und das gesamte Anwesen in der Gartenstraße, das dreiundsechzig Jahre im Besitz der Familie Schulz gewesen ist, verkauft wird. Hat es nur noch Kosten verursacht und zu wenig eingebracht? Arthur hat sein ganzes Leben dort gelebt, Emma hat fünfzig Jahre ihres Lebens in dem Haus verbracht. Ihr habt dann das große Geschäftshaus in der Universitätsstraße erworben, mit neunundzwanzig Räumen, direkt gegenüber der Universität, die Mieteinnahmen werden beachtlich gewesen sein – darum wird sich Paul von Sievers gekümmert haben, er hat Emmas Finanzen geregelt. Sie selbst muss wohl das letzte Jahr bei dir in der Teichstraße gewohnt haben, jedenfalls ist sie im Frühjahr 1938 bei dir in der Wohnung gestorben – und wo sollte sie auch sonst gewesen sein?

Was ist aus dem Hausrat in der Gartenstraße geworden, aus der Einrichtung im Saal oder aus der aus dem türkischen Zimmer – das hat doch nicht alles in die Wohnung in der Teichstraße gepasst? Auf dem Antrag für den Lastenausgleich gibst du an, dass du von deinen Einnahmen aus deinem eigenen Fotoatelier sowie durch die Mieteinnahmen gelebt hast, es seien in den Jahren 1937-39 jeweils etwa dreitausendsechshundert Kronen gewesen. Das hört sich wirklich viel an – war es das auch?

Vor mir hängen an einer Magnetwand zwei Portraitaufnahmen von dir. Sie könnten aus jener Zeit stammen und sind wunderschön. Auf dem einen Bild ist dein Gesicht von der Seite zu sehen. Dein Mund geschlossen, die Augen geöffnet und auf eine Stelle gerichtet, die nicht zu sehen ist. Vielleicht schaust du auf deine Hände, die in deinem Schoß liegen. Auf jeden Fall bist du in Gedanken, Innerlichkeit ist dir ins Gesicht geschrieben. Von dem anderen Bild aus schaust du mich an, mit deinen feinen Augen, deinem lächelnden Mund, den schönen Fingern, die du auf deiner Stirn ablegst. Auch hier: Innerlichkeit. Aber nach außen gewendet, du nimmst Verbindung auf, verlässt dabei deinen geschützten Raum nicht und machst durch deinen Blick den Schnittpunkt zwischen mir und dir sichtbar, zwischen Innen und Außen, zwischen Individuum und Welt. Die sanften Falten um deine Augen zeugen von gelebtem Leben, von Freud und Leid, sie machen sichtbar, was unsichtbar bleibt.

Ich laufe durch die Stadt meiner Großmutter, die zu der Zeit, als sie ihre letzten Jahre hier verbringt und vermutlich noch nicht einmal ahnte, dass sie je Mutter werden würde, geschweige denn Enkelkinder bekäme.

Sirja erwartet mich heute Nachmittag am Brunnen auf dem Rathausplatz in Dorpat. Schon von Ferne sehe ich sie dort stehen, an dem plätschernden Brunnen mit den sich küssenden Studenten, in einem langen geblümten Kleid, mit roten Haaren. Sie ist Estin, wir sind gleich alt, kennen uns von einer Fortbildung in Deutschland. Lachend begrüßt sie mich, wir freuen uns, einander nach so langer Zeit wieder zu sehen. Ihr Deutsch ist noch holprig. Aber das ändert sich nach ein paar Sätzen. „Was tust du hier? Warum bist du in meiner Stadt? Was hast du vor, zwölf Tage lang?" Bevor wir uns für ein Café entscheiden, versuche ich es zu erklären. Und ich fange an, von meinen Vorfahren zu reden, mal wieder. Von meiner Suche nach familiären Wurzeln. Von meinem biografischen Gepäck, das ein Loch beinhaltet, ein leeres Nichts. Von der Zeit vor dem Bruch. Davon, dass ich wissen will, wie hier gelebt wurde, was in der Heimat meiner Großmutter geschah, was ihre Heimat war. Dass ich ihr Leben bis 1947 nachzeichnen will, als sie Einwohnerin Stuttgarts wird. Schließlich war sie die letzte in meiner Familie, die das Wort Heimat noch so aussprechen konnte, dass damit etwas verbunden war, dass ein Klang, ja eine Aura von ihm ausging. Ich spreche davon, dass es in meinem Leben einen blinden Fleck gibt, eine Abwesenheit von etwas, was nie da war, dass ich auf einer Suche nach etwas bin, von dem ich nicht genau weiß, was es ist. Ich möchte wissen, aus was für einer Familie ich komme! Sie schaut mich verständnislos an. „Du reist in eine ferne und fremde Stadt, die du gar nicht kennst, um etwas zu finden? Hier gibt es deine Großmutter doch nicht mehr. Und der Krieg hat alles zerstört. Was willst du hier?" Wir gehen ins Café Werner, gegenüber der Universität, ein paar Schritte von dem Haus entfernt, das Dagmar Schulz ein paar Jahre lang Mieteinnahmen gebracht hat. Draußen hängt ein Schild auf dem steht, dass es dieses Café seit 1895 gibt – das ist ein langer Zeitraum. Dann war schon meine Großmutter hier, sicherlich, in ihrer Kindheit, in ihrer Jugend, die ganze Familie Schulz, an einem Sonntagnachmittag und später sie, mit einer Freundin, einem Verlobten, allein, in Gedanken? Ich stelle mir die verschiedenen Menschen vor, die hier ein und aus gegangen sind, frage mich, was wohl gegessen und getrunken wurde. Ich halte mich an dem Gedanken fest, dass sie hier gewesen ist, ja vielleicht genau hier gestanden hat – ich bin im Café meiner Großmutter.

Es sind viele Menschen da. Draußen, im Hof, sind alle Plätze belegt, also setzen wir uns in einen der verschiedenen Innenräume. Sirja sitzt mir an dem Resopaltisch gegenüber, sie schaut mich mit ihren kleinen grünen Augen an und fragt eindringlich: „Wie kann es sein, dass deine Familie aus dieser Stadt kommt, in der ich nun schon so lange lebe? Es wird etwas geben, das uns verbindet. Diese Stadt lässt einen nicht gehen, ohne etwas zu hinterlassen." Sirja ist seit dreißig Jahren hier und flieht jeden Sommer aufs Land, in ihre Datscha. „Das hier ist eine Stadt des Studierens, des Lernens, der Arbeit", sagt sie, „hier werden Geschäfte gemacht und hier wird geforscht. Man lebt gut hier, aber doch nicht im Urlaub!" Sie ist nur für mich ein paar Tage hergekommen. Ich sehe ihren Augen an, dass sie keine Idee davon hat, warum ich hier bin – obgleich sie sich freut mich zu sehen und neugierig ist etwas von meinem Projekt zu erfahren.

Die Vitrinen mit süßen Köstlichkeiten sind voll. In allen Farben, Formen und Größen lachen sie durch die Glasfront. Große und kleine Küchlein, Törtchen und Torten, gelb, rot oder blau verzierte Marzipanstücke, Gebäck, groß oder klein, verpackt oder offen, Schokolade in jeder Variation und Früchte aller Art. Die Dekoration ist unglaublich schön und jedes Stückchen verspricht ein Leckerbissen zu sein. Erst jetzt sehe ich es, dort drüben, die Vitrine ganz rechts, sie beherbergt Salziges. Kuchen mit Tomaten, Petersilie und Gurken garniert, gestapelte Tortenstücke mit Fisch, Leberwurst oder Gemüse, hier reihen sich salzige Ungetüme aneinander, die ungewöhnlich, aber nicht weniger verlockend aussehen. Eine Karaffe mit Wasser wird uns an den Tisch gebracht, es schwimmen Himbeeren, Blaubeeren, Erdbeeren und Zitronenstücke darin. Die Kellnerinnen sprechen Englisch mit mir. Kaum jemand lernt heute noch Deutsch hier.

Sirja lebt hier, weil sie irgendwann mal hier studiert hat, ungefähr jeder, der in Estland studiert, kommt nach Dorpat. Sie kommt aus Tallinn – aus Reval! Noch immer bin ich an die deutschen Namen gebunden, irgendein Schatz ist noch nicht gehoben. Aber ich bin sicher, dass irgendwann ein Tag kommen wird, an dem ich alle estnischen Städte, Straßen und Gebäude bei ihren estnischen Namen nennen werde – das haben die Esten verdient und die deutsche Geschichte bleibt im Baltikum trotzdem eine deutsche Geschichte, Zweisprachigkeit zeichnet sich schon immer aus. Nur wer sich verändert, bleibt sich treu, sagte doch schon Wolf Biermann, nicht wahr? Nur wer weiß, was geschah, kann den Gang der Geschichte verstehen und ist nicht dazu verpflichtet, sie zu wiederholen. Aber noch ist der Tag nicht gekommen, noch halte ich mich an den deutschen Worten fest, suche das Gold in ihnen.

Sirja ist direkt in der historischen Innenstadt von Reval aufgewachsen, der Hansestadt, die der alten Zeit treu geblieben ist. Als wir am nächsten Tag zusammen mit der Bahn in die nördliche Ostseehauptstadt fahren, wir kommen am „Baltischen Bahnhof" an, zeigt sie mir das Haus, in dem sie aufgewachsen ist. Es steht direkt neben dem Restaurant Peppersack, das in mittelalterlichem Gewand die Touristen zu einem Essen einlädt. Die Altstadt ist verwinkelt, es geht schmale Gässchen hoch und runter. Sirja erklärt, dass es hier früher ganz anders ausgesehen habe, obwohl die Häuser noch immer die gleichen sind. Alles sei grau gewesen. Trostlos. Trist. Dem Niedergang anheimgefallen. Sie zeigt mir den Hof, der zu ihrer Wohnung gehörte. Wir schauen uns die alten Schwarz-weiß-Fotos aus den siebziger und achtziger Jahren des letzten Jahrhunderts an, sie zeigen traurig, was der Kommunismus gebracht hat: Keine persönliche Initiative, sondern staatliche Verarmung, graue Verharmlosung – das Stadtbild ist alles andere als einladend. Es sind nicht nur die Schwarz-Weiß-Bilder, die den Anblick grau machen, sondern es ist der nasskalte Atem, der über allem liegt, Trübsalsdunst. Wir setzen uns in ein Restaurant, in dem ihr Sohn kellnert. Heute sind die engen Altstadtstraßen bunt und voll, überall wird Wolle und Leinen angeboten, Bernstein, Brettchen aus Birkenholz, Salatbesteck, Topfuntersetzer aus Wachholderholz. Ein Laden neben dem anderen, Kneipen, Cafés, überall Angebote für die Touristen aus aller Welt. Das Mittelalter wird präsentiert, damit das Geld in der Kasse klingelt, die Kulisse ist einmalig und ich höre viele russische Worte – sind das die hiesigen Gastarbeiter? Ich möchte in die Schuhgasse, möchte das Haus sehen, in dem Emma Ferberg aufgewachsen ist und die Kleine Großmama gelebt hat, bis sie in die Gartenstraße nach Dorpat übergesiedelt ist.

Aber wie lautet der estnische Name der Straße, die direkt auf den großen Platz führt? Die Infos, denen ich nachzugehen versuche, sind hundert Jahre alt.

Sirja hat vier erwachsene Söhne. Nach der Wende war sie zu Beginn der neunziger Jahre für ein Jahr in Deutschland, um sich waldorfpädagogisch fortzubilden, damals hat ihre Mutter auf die Kinder aufgepasst, mal eben, ein Jahr lang, auf vier Jungs. Ihre Fortbildung wurde aus Deutschland finanziert, die Waldorfbewegung hatte die große Hoffnung, die osteuropäischen Länder für die Waldorfpädagogik zu gewinnen. Wenn sie zurückblickt, dann ist der entscheidende Ein- und Aufbruch in ihrem Leben tatsächlich die Loslösung Estlands aus der Sowjetunion – zum Grau der Häuser und Höfe gesellten sich langsam, aber bestimmt die Farben des Regenbogens hinzu, die Sehnsucht nach dem Kapitalismus war groß und hat die Menschen vereint. Auch sie war dabei, 1989, bei der sogenannten baltischen Menschenkette, die von Tallinn über Riga bis nach Vilnius reichte und über sechshundert Kilometer lang war. Gesungen wird in allen baltischen Ländern gern und viel, überall gibt es Sängerstadien unter freiem Himmel. Die Singende Revolution, wie sie heute genannt wird, hat zur Unabhängigkeit der baltischen Staaten entschieden beigetragen, 1990 wurde sie allgemein anerkannt, damals hat Sirjas Leben so richtig begonnen, das Jahr in Deutschland hat ihr die Augen geöffnet. Wir laufen durch die Stadt, Starfighter fliegen über unseren Köpfen den blauen Himmel entlang. Lachend fragt sie mich, was ich glaube, ob das die Russen seien oder die NATO, Angriff oder Abwehr? Wer weiß schon, was die Zukunft mit dem kleinen Land vorhat, und ob es sich behaupten kann. Auch heute noch leben die Menschen mit der ständigen Befürchtung, dass wieder eine Invasion kommen könne, die das Land befehligen, ja okkupieren will. Die Selbstständigkeit ist fragil, aber die Esten sind selbstbewusst, stolz sagt sie mir, dass hier „Skype" erfunden wurde. Ein bisschen scheu frage ich, wie sie das historische Verhältnis zu den Deutschen sieht, aber sie schaut mich wieder lachend an: „Das ist ein gutes Verhältnis", sagt sie, „die Deutschen haben Kultur gebracht, Bildung, medizinische Versorgung. Die Zeit mit den Deutschen bis zum Ersten und dann auch noch bis zum Zweiten Weltkrieg war eine richtig gute Zeit für das Land! Aber du meinst natürlich nicht die Zeit mit den Nazis – nein, die war für die ganze Welt ein Graus". Und ich realisiere wieder, dass ich nicht nur aus einer Flüchtlingsfamilie komme, dass meine Familie ein Opfer der Hitlerpolitik wurde, sondern, dass ich auch zum Tätervolk gehöre, das unendliches Leid über die Menschheit gebracht hat. Wie erleichtert war ich, als ich Schwarz auf Weiß lesen konnte, dass niemand aus der Familie meiner Großmutter mütterlicherseits an der Front oder Parteimitglied war. Aber reicht das?

Zurück: Dagmar ist seit 1933 zurück in Dorpat. Sie wird wissen, was auf deutschem Boden passiert, so nehme ich an. Aber wie ist das Leben in der alten Heimat, was hat sich verändert, wer ist noch da? Es gehört zur Tagesordnung, dass deutschbaltische Familien versuchen ins Deutsche Reich zu kommen, wer genug Geld hat und einer Zukunft im Westen ins Auge blicken kann siedelt um – andere bleiben und halten an ihrer Vergangenheit fest. Dagmar weiß, wie es im Großreich aussieht und traut den Verheißungen des neuen Führers nicht. Vielleicht ist gerade das ein genialer Schachzug, im Deutschen Reich ausgebildet, Erfahrungen bei verschiedenen Fotografen gemacht und nun mit der neuen Technik und dem unverstellten Blick zurück in den Osten. Könnte es sein, dass sie für Aufträge gut gerüstet ist? Aber vielleicht ist sie auch gar nicht darauf angewiesen, Tag und Nacht zu arbeiten, denn die Miete aus dem großen Geschäftshaus wird ihr ein erkleckliches Leben ermöglichen.

Sirja und ich führten das Gespräch das wir im Café Werner in Dorpat begonnen hatten weiter, als wir Blaubeerkuchen aßen und schwarzen Espresso tranken: „Wodurch konstituiert sich Heimat und was ist Heimat?“ Das Thema bleibt schwierig, denn, dass die Frage heute über geographische Aspekte hinausgeht ist klar, was aber macht Heimat aus – nur Gefühle, soziale Dazugehörigkeit, ein Evidenzerleben im Miteinander? Jetzt sitzen wir bei einer Suppe und Musik von den Beatles in Tallinn, kuriose Mischung, wo ist Sirjas Heimat, in Tartu oder in Tallinn? Ich erzähle ihr von Hartmut Rosa, dem Soziologen aus Jena, der die Frage des Heimaterlebens an den Begriff der Resonanz knüpft. Wo spricht die Welt mit mir? Wo entsteht etwas zwischen mir und meiner Umgebung, welche Stadt resoniert in mir? Wo erlebe ich mich als stimmig hinzugehörig, wo schwinge ich mit, was macht dieses Erleben aus?

Wir waren am Tag zuvor durch die Universitätsstadt gelaufen. Ich, die Ausländerin, zeigte ihr, der Inländerin, wie die Stadt früher aussah, wo meine Familie gelebt hat. Und ich nannte ihr die deutschen Straßennamen, die verschwundenen, und wusste, wo die Schule war, die deutsche Kirche, was mit der Promenadenstraße geschah, wer, wann, was, wo. Sirja staunt. Sie ist mit der Gegenwart der Stadt verbunden. Der große Supermarkt, das Einkaufszentrum, die Abfahrtszeiten von Bus und Bahn, die Universität, die Schule. Ihr Blick ist auf das Morgen gerichtet, unser Gespräch wird von Anrufen unterbrochen, die beruflich zu tätigen sind. Sie hat nicht nur einen Job, sondern mehrere. Ein paar Stunden mit mir zu verbringen ist wie Urlaub für sie. Wochenenden und Ferien gibt es fast nicht. Das aufstrebende Land braucht eine Bevölkerung, die bereit ist alles zu geben, um zu existieren, um an Europa Teil zu haben, zum Westen dazuzugehören. Die Umstellung auf den Euro war eine harte Probe – jeder trägt das Seinige dazu bei. Die Frage nach Heimat stellt sie sich nicht. Sie ist Estin und lebt, das genügt.

Deutsche Zeitung 15. April 1939

Dagmar hingegen ist in ihre Heimat zurückgekehrt, in die Stadt, in der ihre Familie seit Jahrzehnten lebt. Weil sie im Deutschen Reich in der Weimarer Republik nicht Fuß fassen konnte? Oder weil sie sich nach der Stadt im Osten gesehnt hat? Oder weil ihre Mutter rief? Oder, oder? Hier kennt sie jeden Stein. Hier ist sie jemand. (Ja?) Sie spricht Deutsch, Russisch, Estnisch, Französisch. Sie ist sechsunddreißig Jahre alt, ist eine stolze und schöne Frau, hat Geld, kann fotografieren. Es macht mich ganz verrückt, dass ich nichts darüber weiß, was ihre Motive sind, ihre Wünsche, Vorsätze und Entschlüsse, wie es ihr geht, wie ich mir ihr Leben vorstellen kann. Bei wem geht sie ein und aus, wen fotografiert sie, wie muss ich mir ihren Alltag vorstellen?

In der Grünen Kiste gibt es ein Bild von der Schwester Edith und ihrer Mutter Emma, zwei ernste, schöne Gesichter. Darunter steht: „Dreißig Minuten vor Emmas Tod“ Und dazu heißt es, dass sich Edith verabschiedet habe, um mit dem Zug von Dorpat aus zurück nach Potsdam zu fahren und als Dagmar vom Bahnhof zurückkommt, nur rechts die Warenstraße entlang und dann links die Teichstraße hinunter, war die Mutter verstorben. Das war im Frühjahr 1938. Die Beerdigung findet auf dem Friedhof statt, auf der anderen Seite des Embachs, dort, wo auch die kleine Tochter Gerta liegt, der Ehemann Arthur, die Mutter Charlotte und Angehörige der Familie Stahl, Schwiegermutter Julies Geschwister und Eltern. Der Zettel mit der Liedabfolge zur Beerdigung liegt noch immer in der Grünen Kiste. Sigrid und Edith werden mit ihren Ehemännern dabei gewesen sein. Aber Gunnar?

Ich bin allein und gehe in ein Restaurant, der Hunger macht sich auch an diesem sommerlichen Abend bemerkbar und fordert einen estnischen Tribut. Was es hier wohl zu essen gibt? Auf dem Vorplatz steht eine Doppelskulptur: Oscar Wilde und Eduard Vilde. Ein imaginäres literarisches Treffen wird inszeniert. Das große quadratische Backsteingebäude lädt ein, es präsentiert etwas. Neugierig steige ich die Treppen in den ersten Stock hinauf, um auf die Terrasse zu gelangen. Von dort habe man einen schönen Blick auf die Vallikraavi-Straße. Und ich realisiere: ja, auf den Wallgraben, natürlich. Hier hat Familie Boehm gewohnt. In einer wunderschönen Kurve steigt die bescheidene Straße den Domberg hinauf. Häuser schmiegen sich aneinander, Büsche und Bäume haben die Leerstellen überwuchert. Und erst jetzt kapiere ich es, ich sitze in den alten Redaktionsräumen der Dörptschen Zeitung. Jener Zeitung also, die es damals gab und in der ich heute digital überall in der Welt lesen kann, wenn ich im Archiv eingeloggt bin, und die vielen Anzeigen von Carl Schulz finde. Hier ist die Zeitung entstanden, die das deutsche Leben im Baltikum über so viele Jahre dokumentiert. An der Wand hängt ein Foto des alten Gebäudes, mit großen Lettern steht „Dörptsche Zeitung" am First zum Dach. Ja, und wer hat das Bild gemacht, viele, viele Jahre, bevor Dagmar im Frühjahr 1938 allein in Dorpat bleibt?

Ich esse ein Schnitzel mit Pommes und Salat. Soweit ich die Lage überschaue, ist nach Emmas Tod niemand der Familie mehr außer Dagmar in der Stadt. Von der väterlichen Schulz-Verwandtschaft leben nur noch zwei Tanten von Dagmar, Töchter von Carl aus Endingen, Schwestern von Arthur: eine in Lissa, zwischen Breslau und Posen und die andere in Danzig an der Ostsee, zumindest sind diese Orte auf dem Stammbaum angegeben, der vermerkt, wann und wo gestorben wurde. Aber es gibt noch Dagmars Schwester Sigrid, sie ist nicht so weit weg, sie ist mit ihrem Mann und ihren fünf Kindern noch in und um Riga. Auch die Verbindung ins Deutsche Reich ist geblieben. Emma Schulz, die Frau des Fotografen Arthur Schulz, mit den gemeinsamen sechs Kindern, stand bis zu ihrem Lebensende in engem Kontakt zu ihrer Freundin Milly Boehm. Ob diese zum Begräbnis von Emma aus Berlin angereist ist? Sie kommt aus Kerstenbehm und hat mit ihrem Mann Maximilian Boehm, dem Oberlehrer, in Birkenruh bei Wenden gelebt, bevor die Familie für die entscheidenden Jahre wieder nach Dorpat gezogen ist. Auf jeden Fall gibt es auch eine Verbindung zwischen Dagmar und der alten Boehm-Dame. Milly Boehm stirbt im November 1938, ein paar Monate nach Emma Schulz. Auf Dagmars Liste steht, dass sie den ganzen Dezember 1938 in Berlin im Fotoatelier Frensdorf gearbeitet habe. Sie ist, und das sagt die Familienerzählung, dort, um Milly, die Freundin der Mutter, auf ihrem letzten Weg zu begleiten. Es bleibt dabei nicht aus, dass sie auch mit deren

Sohn Herbert, dem gestandenen Familienvater und mittlerweile Oberbaurat aus Breslau, am Sterbebett der alten Dame sitzt und sich gepflegt mit ihm unterhält. Die beiden kennen sich von frühester Kindheit an und beginnen nun einen besonderen, unkonventionellen, herzlichen und folgenschweren Weg miteinander zu gehen, der sie bis heute verbindet.

Fragebogen III

Wie ist Dagmars Leben zwischen 1920 bis 1940 wirklich verlaufen?

Welche Bedeutung hatte Berlin für sie?
Wer waren die Menschen, bei denen sie unterschlüpfen konnte?
Wie lief die Ausbildung am Lette-Verein ab?

War sie als Fotografin erfolgreich?
Warum hat sie in so vielen Ateliers gearbeitet?
Wie war das Verhältnis zu den Kolleginnen?

Und welche Bedeutung hatte Dorpat, ihre Heimatstadt für sie?
Wieso hat sie nicht im Atelier ihres Großvaters und Vaters in der Gartenstraße gearbeitet?
Wie war das Verhältnis zu ihrer Mutter?

Wo war ihre Wohnung in der Teichstraße, wie sah das Haus aus?
Wie war das Verhältnis zum Atelier Eggert, das in irgendeiner Aufzeichnung genannt wird?
Welche Menschen waren in Dorpat für sie wichtig?

Wie hat Herbert gelebt?
Was waren seine Wünsche, seine Vorsätze, seine Entschlüsse?
War er noch einmal in Dorpat?

Anknüpfung: Herbert

Ich schaue mir zum wiederholten Mal über YouTube die Fotoreihen aus Dorpat an, die mit Musik unterlegt sind. Ich wandere mit dem Blick der Fotografin durch deine Stadt, in deiner Zeit – vor der Zerstörung. Mittlerweile weiß ich viele Gebäude einzuordnen, fast habe ich das Gefühl, selbst in den Straßen des versunkenen Dorpats unterwegs zu sein, die Bilder entfachen meine Phantasie, ich schlüpfe in sie hinein und mische mich verstohlen in den schwarz-weißen Alltag deiner Zeit. Von euerm Haus, ich verlasse den geborgenen Hof deiner Kindheit durch die Pforte in der Mauer, über den Neumarkt, an den wartenden Pferdekutschen vorbei, Richtung Embach. Wie auf den Fotos sind die Menschen in schwarz-weiß gekleidet, lange Röcke, Kopftücher und Fracks prägen das Bild. Ich gehe links in die Marktstraße und über den Viktualienmarkt, noch immer stehen die Bäuerinnen hinter ihren Gemüse- und Beerenständen und bieten ihre Ware in mehreren Sprachen feil, am Ufer entlang, bis zur prächtigen Steinbrücke. Ich überquere den sanft anmutenden und gleichzeitig kräftigen Fluss und auf der anderen Seite des Embachs gehe ich über den Heumarkt am Hotel Bellevue vorbei, das wie immer gut besucht ist, die Rathausstraße entlang, an den Kasernen vorbei, die Alleenstraße hinauf bis zur Petrikirche, die Petersburgerstraße bergauf bis zum deutschen Friedhof – wieder an den Gräbern der Familie vorbei. Dann laufe ich die Sandstraße hinunter, vielleicht klopfe ich bei Herta an – ob sie mich erkennt? –, schlendere die Malzmühlenstraße entlang bis zur Holzbrücke und spaziere zurück auf die andere Seite des Flusses. Durch den Botanischen Garten gehe ich langsam, dein Großvater Carl hat hier so oft Fotos gemacht. Ich halte inne und setze mich auf eine Bank am See. Das Wasser beruhigt, aber ich stehe schnell wieder auf und laufe die Breitstraße entlang bis zur Johannisstraße, vor der Kirche steht Pastor Hahn, der freundlich grüßt. Ich habe keine Ruhe und mache noch einen Abstecher über den Domberg die Schloßstraße entlang, bei euerm Hausarzt Dr. Meyer vorbei, dann laufe ich den Wallgraben hinunter, wo Familie Boehm gewohnt hat und wieder hinauf, die Peplerstraße entlang, an der Marienkirche vorbei, bis zur Mellin'schen Pflegeanstalt und die Gartenstraße hinunter bis zur Ecke an der Promenadenstraße, wo euer Haus steht. Ein schöner, betörender und verwirrender Rundgang! Viele unbekannte Menschen sind mir begegnet, ihre langen Röcke und ihre altertümliche Kleidung beruhigen und irritieren mich gleichzeitig – ich kenne weder Namen noch Rang oder Stand, ob es Deutsche, Esten oder Russen sind, Einheimische oder Zugereiste. Auf den Fotos, die mich durch deine Stadt führen, sind Menschen zu sehen, die heute nicht mehr leben, deren irdisches Antlitz sich verflüchtigt hat. Sekunden ihres physischen Daseins sind in den Bildern eingefangen, auf ewig festgehalten, ja eingesperrt und im Internet abrufbar. Ich wüsste nicht, wen ich fragen könnte, der mir zu sagen wüsste, wer die Namenlosen sind, welche Ausrichtung sie ihrem Leben gegeben haben und ob nicht sogar einige von euch darunter sind, die mir der Verbindung nach erschließbar wären, wenn ich nur wüsste... All jene Erdenbürger sind tot, ihr Leben ist zu Ende gegangen, wann und auf welche Weise auch immer. Vielleicht hat der eine oder andere Nachkommen, die sich ebenfalls dafür interessieren, wie alles war und so wie ich schauen und suchen und sich fragen. Das Dorpat deiner Zeit gibt es nicht mehr, definitiv. Kaum sind die Straßenzüge tatsächlich wiederzuerkennen, viele Häuser stehen nicht mehr, die Bewohner der Stadt sind andere und die Geschichte ist im Konkreten nur spärlich einzufangen. Und wieder: Was suche ich dort eigentlich? Warum schaue ich mir immer und immer wieder diese Bilder an, suche ihre Nähe, fühle mich fast so, als wenn es mein Zuhause gewesen wäre, was da in den alten Fotos vor dem kriegerischen Desaster festgehalten wurde, bevor es untergegangen und vergangen ist. Ich muss Abschied nehmen. Physisch kann ich sowieso nur durch die Stadt Tartu nach der Wende laufen, mehr als sechzig Jahre nach dem Hitler-Stalin-Pakt, der so Vieles vernichtet hat. Dein Dorpat kenne ich nur über jene Bilder, niedergeschriebene Erinnerungen und Geschichten, die Recherchen der Heutigen – und trotzdem ist die Stadt vor dem Krieg ein Ankerpunkt für mich. Was hast du hier verloren? Was kann ich hier finden?

Immer wieder werde ich im Verlauf der Arbeit an diesem Buch gefragt, wie es mir dabei geht und was ich eigentlich genau mache. Zufrieden sind die Menschen, wenn ich ihnen sage, dass es mich beglückt zu recherchieren, zu schreiben, ein klareres Bild davon zu bekommen, wie alles gewesen ist. Interesse daran, was ich aber tatsächlich ausgrabe, worum es konkret geht, haben die wenigsten. Schnell nimmt das Gespräch eine Wendung – jeder erzählt so gerne von sich selbst. Wie muss ich deine Geschichte vortragen, die mit meiner verknüpft ist, dass sie im persönlichen Gespräch über meine eigene Befindlichkeit und die meiner Gesprächspartner hinausgeht – wie kann ich die Ebene erklimmen, auf der die Erzählung über dein Leben zu etwas Allgemeinmenschlichem wird, zu einem exemplarischen deutschbaltischen Schicksal in der ersten Hälfte des 20. Jahrhunderts und sichtbar werden lässt, was das für die folgende Kriegskindergeneration und die Kriegsenkel bedeutet? Meine Gesprächspartner geraten schnell in eine irritierte Stille oder nehmen den Abzweig zu ihrer eigenen Geschichte sowie zu der ihrer eigenen Vorfahren und berichten mir darüber etwas. Vielleicht ist das Unmögliche, das Unsagbare, das meine Rekonstruktion ausmacht, tatsächlich konkret nicht kommunizierbar, sondern nur auf einer nicht-sprachlichen Ebene erfassbar. Dennoch sind es die kostbar errungenen Worte, die mir den Weg weisen – Fragen, Beobachtungen, Antworten.

In meiner Erinnerung habe ich gefühlt viel mehr Zeit mit meiner anderen Großmutter verbracht als mit dir. Was hast du in den Jahren gemacht, als mein Bruder und ich klein waren? Du warst Rentnerin – hattest aber keine Zeit für uns? Das kann nicht sein. Oder wolltest du nicht in die neue Hochhauswüste im Ruhrgebiet kommen, in der meine Eltern der nachkommenden Generation ein Zuhause zu geben versuchten? Auch heute schweigst du beharrlich. Ist der Schleier, der über deinem Leben liegt, noch immer nicht zu lüften? Mittlerweile habe ich Aufzeichnungen von deinen Schwestern und ihren Ehemännern bekommen, da wird viel erzählt über das Leben, damals, in Dorpat, auch über die Verbannung, die Umsiedelung und über die Flucht. Die dazwischenliegenden Fragen aber werden auch in diesen Berichten nicht wirklich bewegt. So wie auch du schweigen die Erzählungen über all das, was offensichtlich nicht erzählbar ist – die menschliche Biografie ist fragil und Wunden schmerzen, wenn sie berührt werden. Das Gefühl in einem Nichts zu stehen, in einem Loch der Leere, einem großen Fragezeichen ist noch immer da.

Weiterhin bin ich in meinem Apartment in der Kastani in Tartu. Es regnet wie aus Kübeln, schon die ganze Nacht. Ich schlafe tief, träume viel, wache immer wieder auf, schlafe weiter. Die Sonntagmorgenglocken haben geläutet und ich weiß wieder wo ich bin – es sind die estnischen Glocken, die mich in die Gegenwart zurückholen, das Geläut der Johanniskirche? Es ist warm und nass, ob jemand bei diesem Wetter in die Kirche geht? Ich dusche, koche Kaffee und lege mich wieder ins Bett. Im Hintergrund spielt Sol Gabetta auf ihrem Cello, ich höre ihr über YouTube zu. Neben mir liegt die Papiertüte mit den Briefen von Herbert an Dagmar. Auch er ist hier in Dorpat/Tartu geboren worden, 1894. In den Erinnerungen seines Vaters ist zu lesen, dass die Familie damals zuletzt im Wallgraben gelebt hat, keine dreihundert Meter vom Schulz'schen Haus in der Gartenstraße entfernt, direkt neben dem Gebäude der Dörptschen Zeitung. Familie Boehm und Familie Schulz sind dazumal befreundet, das wissen wir schon, aber was wohl unter so einer Familienfreundschaft zu verstehen ist? Haben die beiden Väter im türkischen Zimmer abends zusammen Sherry getrunken und die politische Lage erörtert – das skandinavische Whist zu zweit gespielt? Die Mütter im Saal Kaffee und Gebäck zu sich genommen und sich über Erziehungsfragen unterhalten? Oder sind die Paare gar gemeinsam ins Kino gegangen, das gerade am anderen Embachufer eröffnet wurde, haben sie sonntags in der Kirche nebeneinandergesessen? Vielleicht reisten sie auch zusammen nach Elva, in die dreimonatige Sommerfrische – wer weiß das schon?

Ich habe die Briefe aus der Schachtel genommen, in eine Papiertüte gesteckt und kurzerhand im Handgepäck mitgenommen, bei meinem Flug von Frankfurt, wo Herbert gestorben ist, mit Zwischenlandung in Berlin, wo ihr euch wiederbegegnet seid bis nach Reval/Tallin, von wo aus ich nach Dorpat/Tartu gefahren bin. Die Briefe sind also nun in eurer Geburtsstadt, wo sie weder geschrieben noch gelesen wurden, weil sie noch nie hier waren, aber woher ihr beide kommt, wo ihr in diesem Leben geboren wurdet und in der Schule schreiben gelernt habt – vielleicht gar bei der gleichen Lehrerin? Ich öffne einen Briefumschlag, halte vergilbtes Papier in meinen Händen, das mit Bleistift, in einer engen und doch ausladenden Schrift beschrieben ist. Ich atme auf, kein Sütterlin! Die ersten Briefe stammen aus dem Jahr 1944, die letzten von 1954 – kurz vor Herberts Tod, sie sind sortiert.

Irgendwann erfuhr ich davon. Meine Großmutter war in meinem Erleben immer allein. Aber als ich ein Kind war erzählte sie mir, als ich sie in dem großen Neubauhochhaus bei ihrer Mittagsruhe begleitete – wir legten uns auf die Tagesdecke, schlafen mussten wir nicht, so dass einer die Füße beim Kopf des anderen hatte –, dass der Großvater schon verstorben sei. Mehr wusste ich nicht von ihm. (Kann das wirklich sein?) Nein, ich hatte nie einen Großvater, von beiden Seiten keinen. Es gab diese Männer einfach gar nicht und sie wurden auch nicht thematisiert. Wenn vielleicht auch gesellschaftlich nicht unbedingt rühmlich, so ist Herbert doch mein echter, richtiger, wirklicher Großvater, der Vater meiner Mutter. Aber wer war er?

Familie Boehm ist zwar in den zehn Jahren, die sie als Familie in der Stadt Dorpat verbracht hat, mit ihren Kindern vier Mal umgezogen, hat aber immer in unmittelbarer Nähe des Schulz'schen Anwesens gelebt. Beide Familien sind seit zwei Generationen über die männliche Seite als Deutsche hier im Baltikum, die Familien der Frauen sind schon länger da, es geht ihnen gut. Milly ist als Kind und Jugendliche jahrelang im von Stackelberg'schen Haus in Dorpat erzogen worden, Maximilian hat, aus Wenden kommend, in Dorpat studiert und war einst Mitgründer der Studentenverbindung Neobaltia 1879. In seinen Erinnerungen schreibt er, dass das fünfzigjährige Jubiläum gerade noch gefeiert werden konnte – er war mit Milly, seiner Frau, dabei und hat vielleicht im Hause Schulz genächtigt? –, bevor einige Jahre später ein erneuter politischer Umsturz anstand. Das Haus, das die Neobaltia einst in der Kastani gebaut hat, steht heute noch. Ich sehe es mir an. Es ist eine große, prächtige und wunderschöne Jugendstilvilla, die mit ihrem geschwungenen Holz um Aufmerksamkeit wirbt. Ein deutscher Kulturverein hat das Anwesen übernommen – aber im August ist gerade Urlaubszeit.

Maximilian Boehm siedelt mit seiner Familie nach seiner Lehrtätigkeit an einem deutschen Gymnasium in Birkenruh bei Wenden, das geschlossen wird, als Oberlehrer nach Dorpat zurück – er unterrichtet hier im privaten Lehrerinnenseminar bei Fräulein (so steht es geschrieben!) Maria Girgensohn und am Zeddelmann'schen Knabengymnasium, an dem auch Charly, Dagmars ältester Bruder Schüler ist. Vater Boehm unterrichtet Deutsche Sprache und Literatur sowie Latein.

Die Schulz'sche Kinderschar und die Boehm'sche Kinderschar. Milly und Max Boehm haben fünf Kinder, zwei werden noch in Wenden geboren: Maximilian Hildebert 1891 und Erika 1892. Dann zieht die Familie nach Dorpat und die weiteren Kinder erblicken das Licht der Welt (auch mit Hilfe des Hausarztes Dr. Johannes Meyer aus der Schloßstraße?). Es sind: Herbert 1894, Siegfried (Friedel) 1897 und Ilse 1900. Siegfried hat das gleiche Schicksal wie Charly Schulz: Der Heldentod wartet bereits 1915, der junge Mann ist achtzehnjährig, auf dem Schlachtfeld auf ihn. Ilse und Erika leben so lange wie meine Großmutter, allerdings in Berlin, die drei bleiben ihr Leben lang in Verbindung, ich hingegen habe die beiden nie gesehen. Ja, um Herbert geht es nun, er ist ausersehen, eine besondere Rolle zu spielen, ein Doppelschicksal zu leben.

Herbert ist drei Jahre älter als Dagmar, er lebt nur in seiner Kindheit in Dorpat, in jenen Jahren also, in denen die Russifizierung im Gange ist, als der Zar versucht, seine Position zu stärken, Schulabschlüsse sind dazumal nur noch auf Russisch zu erlangen. Vater Boehm sieht sich vor eine unlösbare Aufgabe gestellt: einerseits in der geliebten Heimat bleiben zu wollen, also im Baltikum, und auf der anderen Seite die deutsche Kultur ausgiebig zu pflegen, allemal durch seine berufliche Profession. Wie soll er aber deutsche Literatur auf Russisch unterrichten, ganz abgesehen davon, dass er der Sprache so nicht mächtig ist? So lieb ihm die Heimat auch ist, er trifft die Entscheidung ins Deutsche Reich überzusiedeln. Die Familie landet am Kaiserstuhl, dort, wo Familie Schulz einst herkam, sie geht dahin, wo Vater Maximilian Boehm eine gute Stelle an einer Schule angeboten bekommt, schließlich setzt er alles auf die deutsche Philologie – seinen Kindern lässt er eine klassisch-deutsche Erziehung zu Teil werden, sie sollen mit großer Kultur umgeben sein: Goethe, Schiller und Co.

Immer wieder kreise ich um die Jahre, als Herbert so richtig in Dagmars Leben getreten ist – ich zögere. Es gilt auf die Jahre 1939 bis 1947 zu schauen, ihre Geschichte zu erzählen, bis Dagmar in Stuttgart ankommt. Es ist ja schon so, dass ich über die 1920er und 1930er Jahre nicht wirklich weiß, wie sie innerlich durch die Jahre gesegelt ist, was die vielen Wechsel zu bedeuten haben und warum sie so ruhelos war. Sie hat ihren Platz im Leben gesucht und ist relativ viel rumgekommen – alleinstehend, gebildet und nicht ganz mittellos. So viele verschiedene Fotoateliers und immer wieder Grindelwald in der Schweiz. Auch in den folgenden Jahren, als die Zeit in Dorpat ihrem Ende zugeht, sind viele Ereignisse zu verzeichnen. Ich könnte wieder beginnen die Fakten und Daten, die sie hinterlassen hat, aneinander zu reihen, irgendetwas hält mich zurück. Aus den diversen Quellen kann ich äußerlich die Abfolge der Geschehnisse so einigermaßen ordnen und den Gang der Dinge nachzeichnen. Aber die Worte kommen nur zögerlich. Ist es indiskret, dass ich ihr Leben anschaue? Dass ich die Suche nach einem Ort wahrnehme, zu dem sie gehören könnte, einen Platz, an dem sie Fotografin sein kann – mal ganz abgesehen von einer familiären Zusammengehörigkeit und dem Wunsch, eine eigene Familie zu gründen. Welche Verbindungen hatte sie, wo wollte sie hin? Gab es Geliebte, gute Freundinnen, mit denen sie besprechen konnte, was jeweils die nächsten Schritte sind? Herbert hat einen Abdruck in ihrem Leben hinterlassen – aus bürgerlicher Sicht einen katastrophalen. Ein Kind mit einem verheirateten Mann. Nennt man sie, als selbstständige Geschäftsfrau mit dreiundvierzig Jahren, ein ‚gefallenes Mädchen'? Die bewegte Zeit jener Jahre bezieht sich nicht nur auf das politische Geschehen, sondern auch auf das persönliche Leben, Werte und Normen wandeln sich, Ideale werden unerreichbar, das konkrete Leben fordert irgendwann seinen Tribut. Herbert Boehm ist standesgemäß, absolut, ihre Eltern wären glücklich gewesen, wenn sie gewusst hätten… Jedoch ist sein Status als verheirateter Mann ein absolutes No-Go. Hat sie diese Tatsache, dass die beiden sich über alle Grenzen hinwegsetzten, wirklich tragen können? Nach außen hin wird sie darüber weitgehend geschwiegen haben, in ihrem Innern wird das Gespräch heftig gewesen sein. In meinem Erleben war sie immer eine stolze Frau, die ihr Selbstverständnis aus einer mir nicht zugänglichen Quelle schöpfte. Ich kann mir vorstellen, wie schwierig die ganze Konstellation für sie war – es entsprach so wenig ihren eigenen Vorstellungen, war aber doch der richtige Schicksalsschritt. Ihre Eltern hätten diese Tatsache so sicher nicht akzeptiert. Emma und Arthur Schulz hätten ihre jüngste Tochter ein gefallenes Mädchen nennen müssen? Das kann nicht sein. Der deutsche Pastor, der heute, bald achtzig Jahre später die besagte Gemeinde betreut, nachdem sie von 1939 – ihrer aufgezwungenen Auflösung – bis in die neunziger Jahre verfallen geschlafen hat, hat mir eben in einer Mail geschrieben, dass die Johannisgemeinde viele Gebäude besaß und damals auch ein Heim für gefallene Mädchen betreut hat. Eine Zukunft in Dorpat wäre für Dagmar ab Kriegsbeginn sowieso nicht möglich gewesen, so oder so. Genau deshalb ist der Brief von dem alten Hausarzt so wichtig, der in die Bäckerstraße nach Posen geschickt wird, es ist das einzige Dokument, das ich diesbezüglich aus der alten Welt finden kann. Vielleicht kam die Umsiedelung auf persönlicher Ebene gerade recht. „Heim ins Reich" hieß es, aber die Realität war, dass sich die

Deutschbalten im besetzten Polen niederlassen mussten, ihnen wurde ein Wohnort zugewiesen. Dagmar hat in Posen irgendwie neu begonnen, hat mit den vielen anderen Betroffenen versucht, die neuen Lebensumstände dem alten Leben gemäß einzurichten, sie hat ein Atelier an der ersten Adresse Posens eröffnet und wurde Mutter. Ich versuche Einblick in die Jahre zu nehmen, ringe darum zu verstehen, was wie geschehen ist und welche Folgen sich daraus ergaben.

In der Grünen Kiste wird ab Blatt 104 über Familie Boehm berichtet, alle verfügbaren und relevanten familiengeschichtlichen Infos und Daten über die Vorfahren werden geliefert, kommentarlos und sachlich. Fotos sind auf nummerierte Pappen aufgeklebt, ein Stammbaum der Familie Boehm ist handschriftlich dazu gefügt, die Herkunftsgeschichte der Familie wird knapp skizziert. Deutlich soll werden, dass es sich um die Familie des Vaters der gemeinsamen Tochter handelt, der einer standesgemäßen Familie entstammt. Der Schulz'sche und der Boehm'sche Stammbaum werden aber nicht zusammengeführt. Sie stehen nebeneinander, eine imaginäre Grenzlinie steht zwischen ihnen, sie bleiben getrennt, denn eine verbindende Hochzeit kann nicht stattfinden. Die Verbindung einfach so in den Stammbaum einzutragen, hat sich meine Großmutter offensichtlich nicht zugetraut. Was vorgefallen ist und was die Umstände und Konsequenzen in diesen folgenschweren Jahren waren, wird in der Grünen Kiste verschwiegen. Ob Vater Maximilian Boehm, der Lehrer und Professor, er lebte ja bis 1944, je davon erfuhr? Ich muss wieder verschiedene Quellen miteinander kombinieren und meine Fragen in den Himmel schicken, um ein Bild entstehen zu lassen. Familie Boehm kommt ursprünglich aus Stuttgart-Degerloch, von dem Ort also, der im topografischen Dreieck zu Endingen und meinem Wohnort liegt. Familie Schulz stammt aus dem Badischen, Familie Boehm aus dem Schwäbischen, ich lebe in der einzigen Doppelstadt, die Badisches und Württembergisches verbindet. (Um diese Geschichte zu erzählen? Um das Leben meiner Großeltern zu rekonstruieren?)

Ich beginne klassisch und suche die Unterlagen von Herberts Geburt. Lange kann ich aber den Eintrag im Kirchenbuch der Johanniskirche in Dorpat nicht finden. Wieder und wieder blättere ich die handbeschriebenen Seiten des Jahres 1894 durch, die Familie muss doch auch zu dieser Gemeinde gehört haben, sie ist doch deutsch und evangelisch. Schließlich findet Jaan die Lösung, Familie Boehm gehört zur Universitätsgemeinde. All jene, die Studenten, Professoren oder Lehrer sind, gehören zur Kirchengemeinde der Universität, direkt hinter dem Hauptgebäude am Domberg und schließlich finde ich dort den Eintrag – auf Russisch! – Herbert Christian Woldemar, 24. August 1894. Die Taufe findet einen Monat nach der Geburt statt – ob im elterlichen Hause oder in der Kirche ist nicht festgehalten. Paten sind laut

Archiv: Rechtsanwalt Woldemar Landesen und Oberlehrer Leon Goertz. Wieder einmal staune ich über das Internet. Ich gebe die alten Namen der mir unbekannten Menschen ein und erhalte unmittelbar Fotos (aus dem Atelier C. Schulz…) und Lebensabrisse im Baltischen biographischen Lexikon digital sowie im Erinnerungsbuch des Internats Birkenruh bei Wenden. Das Archiv in Dorpat ist in dieser Hinsicht top. Goertz war also ein Kollege von Vater Boehm und das nicht nur in Dorpat, sondern auch schon in Wenden. Landesen ist mit der Schwester der Mutter Milly verheiratet.

Ich muss mich meinem Großvater direkt zuwenden, sonst komme ich an dieser Stelle nicht weiter – das klingt so vertraut: „mein Großvater", dabei ist er ein fremder Mann für mich. Auf dem Foto, das mir das Bundesarchiv zugeschickt hat, macht er einen sympathischen Eindruck. Da ich nur schwer über ihn schreiben kann, wende ich mich ihm unmittelbar zu, ich schreibe ihn an, Adresse: himmelwärts.

Lieber Großvater,

noch nie habe ich jemanden Großvater genannt, den Begriff kenne ich nur aus Erzählungen meiner Freunde oder aus Märchen, da gibt es eine ganze Menge wunderbarer Großväter. Ob du auch so einer gewesen wärest, ob du Zeit für deine Enkelkinder gehabt hättest? Wir kannten und kennen uns nicht, sind uns auf Erden nie begegnet. Es heißt aber in den Erzählungen meiner Familie, dass du mein Großvater seist und ich deine Enkelin. Nun schreibe ich dir einen Brief. In den Himmel, denn du bist seit dreiundsechzig Jahren tot – so alt bin ich noch nicht. Ich bin die Tochter deiner jüngsten Tochter, die im Krieg in Posen von deiner (geheimen?) Geliebten geboren wurde und zunächst den Namen Schulz trug. Aber du hast sie offiziell für ehelich erklären lassen, später – deine Frau war einverstanden – bekam das Mädchen deinen Nachnamen: Boehm und wurde legitimiert. Obwohl es offiziell lange ein Geheimnis war, hast du im geschützten Raum zu deiner Tochter und ihrer Mutter gestanden, zumindest auf persönlicher Ebene, in kleiner Runde und dann irgendwann auch nach Aktenlage – so sieht es für mich aus. Das ist dir hoch anzurechnen, damit hast du deiner Tochter das Leben erheblich erleichtert. Als sie neun Jahre alt war, hat sie erfahren, dass du ihr Vater bist, vorher warst du ein „Onkel". Wie habt ihr das gemacht? Hast du mit Dagmar und Monika am Abendbrottisch gesessen und ihr das einfach gesagt und sie gebeten von nun an „Vater" zu sagen? Ich versuche mich in das kleine Mädchen einzufühlen. Nun seid ihr eine richtige kleine Familie, Mutter, Vater, Kind. Nur, dass du so viel abwesend bist – eigentlich fast immer. Auf dich als Mann und Vater muss viel verzichtet werden. Als Monika dreizehn Jahre alt ist, stirbst du.

Ich schaue mir ein Foto von dir an. Du bist ein schöner Mann, der klug und kreativ aussieht, keck und gleichzeitig erhaben in die Kamera schaut. Gerne hätte ich einmal deine Stimme gehört. Aber ich muss mich mit den materiellen Informationen begnügen, die mir in die Hände geraten sind. Da ist ein tabellarischer Lebenslauf, auf dünnem Papier mit der Schreibmaschine geschrieben und wohl von meiner Großmutter in die Grüne Kiste gelegt, aus dem ich äußerliche Stationen deines Lebens entnehmen kann.

„Vorfahren: schwäbischer und baltischer Herkunft", „Schulbesuche: Dorpat, Saarburg/Lothringen und Gebweiler/Elsass, Abitur-Abschluss 1912.", „Kriegsdienst: 1914-18 Kriegsfreiwilliger bei FAR 66 (Feldartillerieregiment) ab 1915 Kriegsgefangenschaft in England und ab 1919 bei der baltischen Landwehr (hast du Gunnar getroffen?). Vizewachtmeister d. R." „Architekturstudium: 1912-14 in Darmstadt, 1918 in Delft/ Holland, 1919-20 in Berlin-Charlottenburg, 1920-21 Darmstadt. I. Staatsprüfung 1921, II. Staatsprüfung 1924, ebenfalls in Darmstadt."

Von 1921-25 warst du bei der Schlesischen Heimstätte in Breslau, von 1925-36 als Städtischer Baurat in Frankfurt, von 1936-41 als Oberbaurat in Breslau, von 1941-45 als Stadtbaurat in Gotenhafen, 1945-47 hast du als Privatarchitekt in Schutt-und-Rest-Deutschland gearbeitet, von 1947 bis zu deinem Tod 1954 warst du als Städtischer Baudirektor in Frankfurt tätig. Des Weiteren werden in dem Lebenslauf Wettbewerbe genannt, fachliche Betätigungen und zuletzt

„Persönliche Verhältnisse: Seit 1921 verheiratet mit Emmi Fiebig, drei lebende Kinder. Totalkriegsgeschädigt durch Zurücklassung der gesamten Habe in Gotenhafen. Derzeitige Besoldung nach A 1b, Endgehalt (Beamter auf Lebenszeit)."

Drei lebende Kinder? Nein, es sind doch vier. Du hast diesen Lebenslauf 1952 geschrieben, da war die Ehelichkeitserklärung für das letzte Kind schon über die Bühne gegangen. Doch Scham?

Welche Bedeutung dieser äußere Lebenslauf für dich hat und ob du ihn noch einmal so schreiben würdest – oder ganz anders –, kann ich nicht einschätzen. Vielleicht sieht nach so vielen Jahren die Gewichtung vollkommen anders aus, wenn der Blick nicht mehr horizontal durch das Netzwerk der Menschen streift, sondern vertikal auf das Gesamtgeschehen gerichtet ist. Was war wichtig, was damals mitteilenswert und vor allen Dingen für wen? Wie hat dein Familienleben ausgesehen, wann genau bist du Dagmar wieder begegnet und was war es, was dich an ihr berührt hat? Offensichtlich hattest du in dir einen warmen Raum für sie, auch wenn das äußerlich nicht sichtbar war. Deine Briefe zeugen von Hinwendung, Zuneigung, Fürsorge –

ja von einer großen Liebe und Nähe zu ihr. Du erzählst und fragst, machst dir Gedanken und zeigst deine Gefühle. Die Zeit nach dem Krieg war nicht einfach. Für niemanden. Dagmar allein mit dem Kind. Hast du daran gedacht, deine Frau für Dagmar zu verlassen?

Ich war vor Kurzem an deinem Grab, zum ersten Mal, mit dreien deiner vier Kinder, die mittlerweile alle auch schon ziemlich alt geworden sind. Der große Frankfurter Hauptfriedhof ist schön. Viele alte Bäume stehen dort, obwohl er mitten in der Stadt ist. Die Herbststimmung mit dem vielen Laub auf dem Boden ist ruhig und getragen, die Ewigkeit ist spürbar. Ja, die Stimmung erinnert mich tatsächlich an den Dorpater Friedhof. Überrascht hat mich der eingravierte Spruch auf deinem Grabstein: „Nicht zu leben aufgehört, zu leben angefangen." Diesen Satz habe ich auch schon in der Grünen Kiste gelesen. Es gibt da eine Seite, auf der zwei Fotos kleben, eins von Dagmar und eins von dir – du rauchst Pfeife – und darunter ist ein karierter Zettel geklebt, auf dem in einer mir unbekannten Schrift in schwarzer Tinte gerade diese geheimnisvolle Aussage steht. Ich nehme an, dass du sie geschrieben hast, mit deiner schönen Architektenschrift. Ich hatte gedacht, dass sich der Satz auf eure Beziehung bezieht, irgendwie. Aber er kann natürlich auch eine Hoffnung für die Zeit nach dem Tod beinhalten. War die Aussage ein Thema zwischen euch? Was hat sie dir bedeutet, so dass sie sogar auf deinen Grabstein gemeißelt wurde?

Bei dem Besuch in Frankfurt erfahre ich von deinem Sohn auch, der mein Halb-Onkel ist, dass du in deiner Breslauer Zeit als Architekt, Stadtplaner und Oberbaurat, in den dreißiger Jahren Hitler persönlich begegnet bist. Du musstest ihm euer Konzept für die weitere Stadtentwicklung darstellen, das, was ihr in der Behörde erarbeitet habt. Wie kann ich mir das vorstellen? Mir wird ganz kalt bei dem Gedanken. Vielleicht hat der Empfang im Rathaus stattgefunden, tagelang wurde geräumt, geputzt, dekoriert. Das Prozedere wurde abgesprochen, ein Fahrplan durch den Besuch erstellt, jeder hatte seinen Part. Du hast den Bericht vorgetragen, hast erklärt, erläutert, Vor- und Nachteile dargestellt, hast Rede und Antwort gestanden. Wie lange das wohl gedauert hat und mit wie viel Begleitung der mächtige Mann kam? Hat er dir Fragen gestellt, habt ihr einander in die Augen gesehen, war er einverstanden? Ob die Stadtplanung nach euren Vorgaben und seiner Zustimmung umgesetzt wurde, weiß ich nicht – und auch nicht, wie dir dabei zumute war, was dieses Treffen dir bedeutet hat. Ich stelle mir vor, dass die Anspannung immens war, dem Führer des Dritten Reiches zu begegnen, der die Verantwortung für die Gesamtkatastrophe, das Unrecht, Mord, Totschlag und unerträgliches Elend trägt.

Wenn es wahr ist, was erzählt wird, dann hat sich die Liebe zwischen dir und ihr, meiner Großmutter, in Berlin über dem Totenbett deiner Mutter entzündet, dein jüngstes Kind mit deiner Ehefrau war gerade ein paar Monate alt, sie war mit den Kindern in Breslau. In der Folge, knapp eineinhalb Jahre später – wie die Zeit dazwischen verlaufen ist, kann ich nicht sagen –, bist du mit Dagmar über Ostern 1940 gemeinsam mit deinen beiden Schwestern im Riesengebirge Skilaufen gewesen. (Meine Großmutter auf Skiern?) Neun Monate später wird meine Mutter Monika geboren. Der Krieg ist im Frühjahr 1940 längst im Gange und just in jenen Tagen findet die Umsiedelung der Deutschen aus dem Baltikum statt – Dagmar lebt ja bis dahin offiziell noch in Dorpat, hat eine große Wohnung samt Atelier in der Teichstraße. Ob du wohl dort warst? Die Einbürgerungsurkunde meiner Großmutter ins Deutsche Reich ist mit dem 6. März 1940, also kurz vor Ostern, datiert. Du lebtest damals noch in Breslau. Das ist nicht weit von Posen entfernt, hundertachtzig Kilometer. Zwischen Breslau und Berlin sind es dreihundertfünfzig Kilometer mit dem Auto. Mit der Bahn ist es ein Leichtes, nach Posen zu kommen, da lässt sich locker ein Geschäftstermin einplanen. Denn Dagmar zieht von Dorpat über Berlin nach Posen und arbeitet zunächst im Fotoatelier von Helene Grünert-Boehm mit, eine deiner vielen Cousinen aus Riga. Vielleicht hast du Dagmar diese Möglichkeit verschafft? Helene hat ihr nach kurzer Zeit das Atelier überlassen, ich habe eine Kaufurkunde gesehen, in der die Übertragung an meine Großmutter festgeschrieben steht. Unterzeichnet ist sie von einem Oberbürgermeister der Gauhauptstadt Posen im November 1941. Du musstest im gleichen Jahr nach Gotenhafen umziehen, solltest dort reichsdeutsche Stadtplanung betreiben, zwischen Gotenhafen und Posen liegen dreihundertfünfzig Kilometer, aber es gibt eine durchgehende Bahnverbindung. Wie war das damals, habt ihr euch gesehen, konntest du immer wieder einmal nach Posen reisen oder habt ihr euch irgendwo treffen können?

Vor einem Jahr habe ich eine Anfrage beim Bundesarchiv gemacht und nachgefragt, ob du oder meine Großmutter Mitglieder der NSDAP gewesen seien. Für Dagmar kam ein Negativ-Bescheid, von dir wurde mir dein Mitgliedsausweis mit Foto in Kopie geschickt. Bereits 1933 bist du in die Partei eingetreten. Das war schon ein Schreck für mich. Ich hatte gehofft, welch naive Hoffnung, dass meine gesamte Familie nicht in die Naziherrschaft und damit in den menschenunwürdigen Terror, der sich besonders in den Kriegsjahren abgespielt hat, verwickelt war. Als idealistische Jugendliche hatte ich zunächst die Idee (den Wunsch), dass ihr alle (berühmte!) Widerstandskämpfer gewesen seid – dass dem nicht so war habe ich im Laufe der Zeit geschluckt. Dann habe ich lange gedacht, dass ihr einfach nur Leidtragende gewesen seid, Dulder und Opfer des totalitären Hitlerregimes. Und irgendwann stellte sich mir die Frage, wie man eigentlich im Nazireich so hohe Posten bekleiden konnte – du Stadtbaurat in Gotenhafen, mein anderer Großvater Elektrizitätswerkdirektor in Böhmen. Ja, und jetzt habe ich es Schwarz auf Weiß. Du warst also Mitglied – übrigens der andere Großvater auch. Ich habe ein Foto, auf dem du zu sehen bist, an deinem Revers ist eine Hakenkreuzanstecknadel – was für ein Wort! – geheftet. Ein schneidiger Mann mit runder Brille, offenem Gesicht und eben jener Anstecknadel. Als ich den Brief aus dem Berliner Archiv in den Händen hielt, lief es mir kalt den Rücken hinunter und ich fragte mich, ob es nicht indiskret gewesen sei, dass ich diese Frage gestellt habe und nun eine Antwort in Händen halte, die mir hätte verschwiegen werden sollen. Niemand hatte je darüber gesprochen. Die Möglichkeit einer NSDAP-Mitgliedschaft war familiär ausgeschlossen, diese Thematik gab es gar nicht, es durfte sie nicht geben. Alles, worüber geschwiegen wurde, schien es nicht zu geben – gerade das Gegenteil offenbarte sich im Laufe der Zeit. Am späten Abend ging ich beunruhigt ins Bett – der Brief lag auf meinem roten Schreibtisch, das Schriftstück hatte ich diskret in den Umschlag zurückgelegt und behielt die Information zunächst für mich. Was hatte ich für eine Frage gestellt, wie lebe ich mit der Antwort, was folgt daraus? Am nächsten Morgen erwachte ich jedoch mit einem Gefühl der Dankbarkeit eurerseits, ein kleines Lichtlein hatte sich entzündet. Nun ist es bekannt, was lange Zeit verschwiegen wurde und auf euch gelastet hat. Ihr wart dabei. Es macht die Sache weder besser noch schlechter, aber dass ich es nun weiß, entlastet uns alle. Es war, wie es war, zu deinem Leben gehörte eine NSDAP-Mitgliedschaft in jenen Jahren dazu. Wie du selbst wohl darauf zurückblickst?

Auf der einen Seite heißt es, dass viele Erwachsene im Deutschen Reich Mitglieder waren – aber nur etwa 10%, wie mir ein Historiker versichert… – und auf der anderen Seite hieß es nach dem Krieg, dass die meisten „nur" Mitläufer gewesen seien. (Wer übernimmt die Verantwortung?) Über 2,5 Millionen Deutsche wurde bis zum Ende des Jahres 1949 in Bezug auf eine Beteiligung am Nationalsozialismus entschieden. Davon wurden 1,4% als Hauptschuldig und Belastet eingestuft und 54% als Mitläufer. Aus heutiger Sicht ist das ein erschütterndes Ergebnis, das mit der Wahrheit nicht viel zu tun haben kann. Du warst also auch dabei. (Und noch immer hoffe ich: nur pro Forma?) Und ich bin weiter gegangen, ich habe mir aus dem Hessischen Hauptstaatsarchiv in Wiesbaden deine Akten zur Entnazifizierung aus der Spruchkammer zuschicken lassen. Da deine Geburt mehr als einhundert Jahre zurückliegt, kann in der heutigen offenen Demokratie jeder diese Akten bekommen. Siebzig Seiten werden mir auf CD gebrannt übergeben, der Auftrag kostet mich 40,02 €.

Auf meinem Bildschirm zeigen sich Briefe, Schriftstücke, Gutachten und Formulare. Ich lese deinen Entnazifizierungsantrag vom 18. April 1946, ein Jahr nach Kriegsende: Du musst ein Formular ausfüllen, abgefragt wird, ob du in folgenden Organisationen Mitglied warst: NSDAP, Allgemeine SS, Waffen SS, Gestapo, Sicherheitsdienst der SS, Geheime Feldpolizei, Sturmabteilung, NS-Kraftfahr-Korps, NS-Flieger-Korps, NS-Frauenschaft, NS-Studentenbund, NS-Dozentenbund, Hitler-Jugend, Bund-Deutscher-Mädel. Lediglich beim ersten Punkt beantwortest du die Fragen mit JA, alle anderen verneinst du. Des Weiteren gibst du aber an, in folgenden Vereinigungen Mitglied gewesen zu sein: in der Nationalsozialistischen Volkswohlfahrt (1933-45), in der Akademie zur Wissenschaftlichen Erforschung und Pflege des Deutschtums/Deutsche Akademie in München (1936-41), im Reichsbund deutscher Beamter (1936-45), im Reichsbund für Leibesübungen (1937-41), in der Union der Auslandsdeutschen (1930-45), im Nationalsozialistischen Bund Deutscher Technik (1934-36) und im Reichskolonialbund, Zeitraum nicht mehr erinnerlich – schreibst du. Diese Mitgliedschaften werden, laut Aktenlage, aber allesamt vernachlässigt.

In einem Aktenblatt des Grosshessischen Staatsministeriums gibt es eine Stellungnahme des Betriebsrats der Allgemeinen Bauverwaltung: „Frankfurt, den 18. November 1946. Vor seinem Ausscheiden aus dem Dienst bei der Stadtgemeinde Frankfurt am Main im Jahre 1936 ist „B." Stadtbaurat in Gotenhafen gewesen. Über seine politische Einstellung kann gesagt werden, dass „B." politisch in keiner Weise hervorgetreten ist. Er hat sich weder werbend noch sonst wie für die Ziele der Partei eingesetzt. Sein Eintritt in die Partei im Jahre 1933 erfolgte auf Grund einer Aufforderung des damaligen Bauamtsdezernenten Herrn Stadtrat Niemeyer, weil wiederholt darauf hingewiesen wurde, dass Dienststellenleiter nur im Amte bleiben dürften – „B." war Dienststellenleiter – wenn sie der Partei beitreten würden. Seinem Personal gegenüber war „B." stets ein gerechter Vorgesetzter. Diese Auskunft wurde mir von mehreren Bediensteten, die „B." länger kennen, mehrmals bestätigt."

Du selbst bringst allerlei Argumente vor, warum man deine Mitgliedschaft vernachlässigen könne, ja müsse. Zum einen, weil du von deinem Vorgesetzten dazu gedrängt worden seist, aber selbst keine Veranlassung sahst, in die Partei einzutreten. Außerdem habest du viele Jahre mit dem berühmten und bekannten Architekten Ernst May, der später nach Russland gegangen ist, im Projekt „Schlesisches Heim", in Breslau und an dem Wohnungsbauprogramm „Neues Frankfurt" zusammengearbeitet und seist damit quasi gegen die Parteiziele vorgegangen. Zusätzlich lässt du einige Kollegen persönlich zu Wort kommen, die in ihren beglaubigten Schreiben deine Unbescholtenheit unterstreichen. Diese Gutachten berühren mich, zeigt sich doch die Not der Zeit darin und das Bemühen, Wege in die Zukunft zu finden – trotz dunkler Vergangenheit. Der Notar und Rechtsanwalt Burmann in Frankfurt, eure Sekretärin in Breslau und Frankfurt Lis Günther und auch der Architekt Heinrich Lauterbach, damals Breslau, schreiben Gutachten. Letzterer gibt an, dass er selbst nie Parteimitglied gewesen sei, sondern der in der Naziherrschaft verbotenen Christengemeinschaft in Breslau angehört habe sowie Vorsitzender des dortigen Rudolf Steiner Schulvereins war. Ein Anthroposoph also – interessant. Auch ein Heinrich Plett spricht für dich, er ist selbst verhaftet worden, wie er schreibt und wusste, was dir blühen würde, wenn du nicht... Die alten Papiere durchqueren Vergangenheit und Zukunft, um Gegenwart möglich zu machen – irgendwie. Die Entnazifizierungsprozesse in der deutschen Nachkriegsgeschichte sind vom heutigen Standpunkt aus mehr als zweifelhaft zu beurteilen – aber es musste weitergehen, das verstehe ich, welche Rolle aber wer im Nazireich tatsächlich gespielt hat, bleibt eine andere Frage, die bis heute größtenteils unbeantwortet geblieben ist.

Es wird, laut Aktenlage dafür plädiert, dich unter den „obwaltenden Umständen" der „Gruppe der Mitläufer" einzustufen. Auf Grund des Gesetzes zur Befreiung von Nationalsozialismus und Militarismus vom 5. März 1946 wirst du am 8. Mai 1947 in Gruppe 4 der „Mitläufer" eingestuft, du musst 1000.- Reichsmark Strafe zahlen, bist damit rechtskräftig entnazifiziert und darfst dich somit an dem Wettbewerb um den Wiederaufbau und die Neugestaltung der Innenstadt Frankfurts beteiligen. Der Weg wieder Stadtbaudirektor zu werden ist also offen, du gehst ihn und gewinnst auch den Wettbewerb. Du lebst mit deinen drei Kindern und deiner Frau mitten im Nachkriegs-Frankfurt, die Trümmer in der Innenstadt nehmen schier kein Ende. Nach deinem Tod wird eine Straße nach dir benannt, weil du für den Wiederaufbau der Stadt eine wichtige Rolle gespielt hast, in Wikipedia gibt es einen Eintrag zu dir, und du wirst unter „Söhne und Töchter der Stadt Dorpat" erwähnt, direkt vor Else Hueck-Dehio, der baltischen Schriftstellerin und Jugendfreundin meiner Großmutter.

Auch im Stadtarchiv Frankfurt gibt es Unterlagen zu dir, man sendet mir alle deine Universitätszeugnisse, Publikationslisten, ja sogar Kongressprogramme, bei denen du einen Vortrag gehalten hast und die Kondolenzschreiben zu, die nach deinem Tod an die Frau gesendet werden, mit der du verheiratet bist. Einhundertsiebenundvierzig Seiten darf ich für 37,43 € lesen. Was haben die Menschen um dich getrauert, wie haben sie dich gerühmt! Meine Großmutter kommt in den Schreiben nicht vor. Wie sollte sie auch? (Oder wurden die entsprechenden Schreiben nicht an das Archiv übergeben?) Du bist einige Wochen nach deinem sechzigsten Geburtstag gestorben, im Herbst, nach einer Operation am Kopf. Es heißt, dass du nach dem Eingriff gar nicht mehr erwacht seist, sondern nach einigen Tagen aus dem Koma in den Tod übergegangen bist. Wie das wohl alles für dich war?

Dagmar lebt zu diesem Zeitpunkt bereits in Stuttgart, sie ist siebenundfünfzig Jahre alt und überlebt einige Monate später nur knapp einen Herzinfarkt. Eure gemeinsame Tochter ist dreizehn Jahre alt, sie ist daran gewöhnt, in der Schulzeit bei Pflegefamilien zu leben. Zwölf Jahre nach deinem Tod werde ich geboren. Schade, dass wir uns nicht kennen lernen konnten.

Ich grüße dich sehr herzlich!

Abschied und Neubeginn: Berlin, Dorpat, Posen

Zurück. Ich suche den Beginn der Wiederbegegnung meiner Großeltern und umkreise die wenigen Fakten, die sich mir erschließen. Es heißt, dass Herbert Dagmar im Herbst 1938, im Zusammenhang mit der gemeinsamen Begleitung des Lebensendes seiner Mutter, einen großen Rosenstrauß hat zukommen lassen. Dagmar muss einen tiefen Eindruck auf ihn gemacht haben – ob die beiden sich seit der gemeinsamen Kinderzeit in Dorpat gesehen hatten? Ich nehme an, dass er vielleicht in einer Ehekrise war oder gespürt hat, dass er sich biografisch in einem zu engen Rahmen bewegt – was soll ich als Nach- aber durch ihn Geborene auch sonst denken, wie kann verständlich werden, was geschah, wie könnte eine Legitimation aussehen, die es vielleicht gar nicht gibt. Dieser Umstand ist nicht zu klären, zumindest nicht von mir – die Beteiligten haben nur noch die Chance, sich feinstofflich zu verständigen, sich gegenseitig zu verzeihen und die Dinge groß zu sehen. Ohne ihn wäre ich nicht geboren worden. Was ich gerne wissen würde: Wie sah der Stern aus, den Herbert in Dagmar hat leuchten sehen? Und umgekehrt? Welche Farbe hatten diese beiden Sterne, welchen Klang, welche Form und wie haben sie sich bewegt, ja, wie könnte der Titel des Sternentanzes der beiden lauten?

In einem alten Fotoalbum in Frankfurt finde ich ein Totenbild von Herberts Mutter, Milly Boehm, Dezember 1938. Eine würdige alte Frau ist zu sehen, ihr Kopf ist mit Blumen umkränzt. Die Fotografin Dagmar Schulz hat das Bild gemacht und signiert, sie war bei ihrem Tod dabei. Als Freundin der Familie gehört sie zum Haus, alle Balten haben ein großes Herz für Verwandte und Freunde, die Gastfreundschaft untereinander ist groß und weit und unerschöpflich. Wie verbringt Dagmar aber nach dem Tod von Milly das Weihnachtsfest 1938, reicht die Gastfreundschaft auch noch bis dahin, wie mag sie sich mit Vater Maximilian Boehm verstanden haben? Vielleicht geht sie zu ihrer Schwester Edith und ihrem Mann Werner nach Potsdam, oder sie reist zur anderen Schwester, zu Sigrid und Walther nach Riga. Oder ist sie gar allein in Dorpat? Möglicherweise fährt sie nach Breslau, geht in ein Hotel und erwartet dort Herbert? Noch heute gibt es bei uns Piroggen und Rassoll zu Weihnachten, angeblich das Essen, das die Balten zu dem christlichen Fest bevorzugen und das es, wie ich mir habe erzählen lassen, auch im Hause Boehm gegeben haben soll.

In Dagmars Rentenauflistung heißt es, dass sie nach dem Intermezzo in Berlin weiterhin vom 1. Januar 1939 bis 15. Oktober 1939 selbstständige Fotografin im eigenen Atelier in Dorpat gewesen sei. Was für eine bewegte Zeit! Hat sie in dieser Zeit Herbert getroffen? War er einmal in Dorpat, seiner Geburtsstadt? Oder war sie bei ihm in Breslau? Oder haben die beiden sich in Berlin getroffen, oder sonst irgendwo? Vielleicht gab es auch damals schon Briefe. (Wie lange dauerte der Postweg von Berlin nach Dorpat?) Ob Jaan noch etwas darüber herausfindet, in welchem Maße Dagmar im Atelier von Eggert mitgearbeitet hat, oder ob sie gänzlich selbstständig war? Von der Familienseite aus war sie die letzte, die noch in Dorpat lebte, aber die Freunde? Herta vielleicht – wann und wie ist sie eigentlich in Stuttgart gelandet? Der mittlerweile sehr alte Hausarzt Dr. Meyer war noch da, ja, das scheint gewiss.

Vom 15. Oktober 1939 bis 8. April 1940 habe sie als Fotografin wiederum im Fotoatelier Frensdorf-Hoeland in Berlin gearbeitet, die beiden Frensdorf-Schwestern Hildegard und Lydia sind Kolleginnen, die ihre Ausbildung auch am Lette-Verein gemacht haben und längst selbstständig sind – ins Deutsche Reich eingereist ist Dagmar allerdings schon im August 1939, unmittelbar vor Kriegsbeginn, das alles muss mit der Wiederbegegnung mit Herbert zu tun gehabt haben. Ihre Einbürgerungsurkunde in das Deutsche Reich bekommt sie ein halbes Jahr später:

> *„Die Photographin Dagmar Schulz, Berlin, geboren am 20.7.1897 in Dorpat, zugezogen am 26.8.39 von Dorpat nach Berlin 62 in die Courbierestr. 4 bei Maydell, hat mit dem Zeitpunkt der Aushändigung dieser Urkunde die deutsche Staatsangehörigkeit (Reichsangehörigkeit) durch Einbürgerung erworben. Stettin, den 6. März 1940"*

Nun hat sie also einen deutschen Pass. Was für eine Biografie: Immer ist sie Deutsche, die ersten einundzwanzig Jahre ihres Lebens hat sie im Baltikum einen russischen Pass, ist Untertanin des Zaren, dann bekommt sie für einundzwanzig Jahre am selben Ort einen estnischen Pass und ist Bürgerin der Republik und nun kommt der deutsche, für die restlichen fünfzig Jahre, die sie tatsächlich auf altem deutschem Boden verbringt.

Offensichtlich darf oder will sie in Berlin nicht unmittelbar bleiben. Einen Reim kann ich mir darauf nicht machen. Wer sich hinter dem Familiennamen Maydell verbirgt, kann ich auch nicht genau herausfinden – es handelt sich aber um eine weitverzweigte und berühmte baltische Familie, die auch in Dorpat ansässig ist, wie das Internet berichtet. Alte Freunde? Ich habe in alten Adressbüchern Berlins gesucht, konnte aber den Namen mit der Straßenangabe nicht übereinstimmend finden, von daher weiß ich nicht, um wen es sich tatsächlich handelt. Die Balten untereinander agieren wie eine große Familie, man hilft und unterstützt sich wo es nur geht. Vom alten Boehm kann ich eine Spur zur Familie Maydell finden – aber wie Dagmar dorthin gekommen sein mag, durch ihn?

Der erste Schwung der Umsiedelung aus dem Baltikum – Heim ins Reich! – in die neueroberten Gebiete im Warthegau – durch den Überfall auf Polen! – verläuft bereits im Herbst 1939, als Dagmar in Berlin ist. Sigrid und Walther sind aus Riga dabei und landen in der Nähe von Posen. Nach der aktenkundigen Einbürgerung reist Dagmar über die Osterfeiertage, Ende März 1940, ins Riesengebirge zum Skilaufen – mit Herbert, Ilse und Erika Boehm. Eine Einladung?

Das Bundesarchiv schickt mir einen Briefwechsel, der dort eingelagert liegt. Die Briefe von meiner Großmutter sind handgeschrieben – ihre Schrift erkenne ich sofort. Die großen, stolzen und ausgeprägten Buchstaben haben auch mir den einen oder anderen Brief geschrieben. Ja, eigentlich kenne ich ihre Schrift nur aus Briefen an mich, die mich erreichten, als ich noch ein Kind war. Dass die gleiche Schrift so anders geartete Briefe geschrieben hat, deren Anfragen mit H.H. enden überrascht und erschreckt mich, trotz meines Wissens um die Gegebenheiten – was muss das für eine Zeit gewesen sein.

„Deutsche Umsiedlungs-Treuhand-Gesellschaft, Berlin, Mohrenstr. 42-44,
5. April 1940

Schnellbrief

An den Reichsführer – SS
Reichskommissar für die Festigung deutschen Volkstums, Berlin-Halensee, Kurfürstenstr. 142-43

Fräulein Dagmar Schulz soll zur Klärung von Fragen vermögensrechtlicher Art nach Posen fahren und bei unserer Zweigniederlassung in Posen vorsprechen. Die Ausreise von Fräulein Schulz soll voraussichtlich am 10. des Monats erfolgen. Wir bitten, ihr einen Passierschein für die Dauer von 4 Wochen zu bewilligen. Heil Hitler! Deutsche Umsiedlungs-Treuhand-Gesellschaft m.b.H.“

„12. April 1940
An das Polizeipräsidium, Abt. II, Zimmer 4, Berlin 62, Burgstraße 30

Es wird gebeten, Fräulein Dagmar Schulz, Berlin W 62, Schillstr. 8, einen Passierschein zur einmaligen Ein- und Ausreise nach Posen für die Zeit vom 16. bis 30. April 1940 auszustellen. Fräulein Schulz reist mit Zustimmung der hiesigen Dienststelle. Im Auftrag."

Fräulein Schulz. Ja, so war das damals. Unverheiratet blieb man (nein, frau) jung, auf immer und ewig verniedlicht. Wie kann eine dreiundvierzigjährige Frau „Fräulein" genannt werden? Ein Brief meiner Großmutter folgt, handgeschrieben – sie ist Ende Mai 1940 also immer noch in Berlin und wohnt nun bei Familie Engelhardt, die zum baltischen Adel gehört und sicherlich aus Dorpat kommt:

„Berlin W. 62, Schillstraße 8 bei Engelhardt, am 22. Mai 1940.
An den Reichsführer SS, Reichskommissar für die Festigung deutschen Volkstums, Berlin Halensee, Kurfürstendamm 142

Am 26. August 1939 bin ich als Baltendeutsche aus Estland in Deutschland eingereist. Ich bin Fotografin und hatte in Dorpat ein eigenes Atelier. Meine Absicht war, den Winter über in Berlin zu arbeiten; ich beschleunigte meine Abreise, um im Falle eines Krieges nicht von Deutschland abgeschnitten zu werden. Meine fotografische und meine übrige Einrichtung blieb in Dorpat zurück, die notwendigsten Dinge sind mir während der Umsiedelung nachgeschickt worden. Jetzt habe ich, nachdem ich mich in den letzten Wochen im Warthegau umgesehen habe, die Möglichkeit, in Posen ein fotografisches Atelier zu übernehmen und will in nächster Zeit dorthin umsiedeln. In diesem Zusammenhang möchte ich bitten, ob es wohl möglich wäre, mir eine wirtschaftliche Unterstützung bei dieser Übersiedelung zu gewähren. Da ich den Winter über sehr wenig verdient habe (150 RM netto) und keinerlei Reserven habe, da ich außerdem nicht die Möglichkeit habe mir einen Zuschuss durch die Einnahmen eines Hauses in Estland, an dem ich zu einem Viertel beteiligt bin schicken zu lassen, bin ich tatsächlich nicht in der Lage, die Kosten der Übersiedelung nach Posen allein zu tragen und wäre für ein Entgegenkommen in dieser Frage sehr dankbar. Heil Hitler! Dagmar Schulz."

Antwortbrief:

„0/210/22.5.40/Rdt/E, 30. Mai 1940
Betr.: Wirtschaftliche Unterstützung.
Bezug: Ihr Schreiben vom 22. 5. 1940

Fräulein Dagmar Schulz, Berlin 62, Schillstr. 8, bei Engelhardt

Auf Ihr obengenanntes Schreiben teilt die hiesige Dienststelle Ihnen mit, dass sie bereit ist, Ihnen für die Übersiedelung nach Posen einen Gutschein für die Fahrkarte und eine einmalige Unterstützung von RM 10.- als Zehrgeld zu gewähren.
Im Auftrag: SS-Standartenführer"

Offensichtlich war sie knapp bei Kasse, zumindest, was das Bargeld betraf. Zehn Reichsmark Zehrgeld... Was konnte sie davon kaufen, Lebensmittel für eine Reisewoche? Sie hatte doch um 150 Reichsmark gebeten! Insgesamt gesehen war sie ja gut betucht und hat kurz darauf in Posen ein großes Unternehmen gegründet, das schuldenfrei blieb. Nazi-Deutschland hat ein großes Interesse daran, dass die eroberten Ostgebiete mit „Deutschen" besiedelt werden, es beteiligt sich also sogar finanziell daran. Es folgt ein Brief meiner Großmutter, der bereits in Posen geschrieben wird – augenscheinlich ist sie zwischen dem vorigen und dem folgenden Brief tatsächlich doch irgendwie „umgesiedelt", von Berlin direkt nach Posen, in eine Wohnung, aus der die angestammten Bewohner vertrieben wurden. Dagmar war nicht noch einmal in Dorpat, sie hat weder Abschied genommen noch ihre eigene Wohnung aufgelöst – wie mir scheint. In Erinnerung wird sie ihre Heimat so behalten, wie sie vor Beginn des Krieges ausgesehen hat. 1939 war die Stadt noch die alte, mit Relikten des zaristischen Reiches, der Deutsch-Balten und der Estnischen Republik. Die prächtige Steinbrücke über dem Embach hat zu diesem Zeitpunkt noch fünf Jahre, dann wird sie nach einhundertsechzig Jahren zertrümmert. Jede Straße wird meine Großmutter gekannt haben, jedes Gebäude. Hier war sie zu Hause, in diese Stadt gehörte sie qua Geburt und Stand. Die große Zerstörung, die einige Jahre später die Stadt weitgehend niederreißt, hat sie nicht gesehen, Fotos nach dem Krieg, aus der Sowjetrepublik, wurden bestimmt nicht in den Westen geschickt. Mit diesen Bildern lebe ich heute erst und versuche mit der äußeren Entwicklung innerlich mitzukommen. Das alte Dorpat, das verborgene, russische Jurjew, die große Zerstörung im Krieg und nun das offene, estnische Tartu im 21. Jahrhundert.

Ich versuche mir vorzustellen, wie so ein vorgeschriebener Umzug einer ganzen Community ausgesehen hat, der gemeinhin „Umsiedelung" genannt wird und sich auf einen unbekannten Ort bezieht. Auf YouTube finde ich kurze Filmsequenzen, die zeigen, wie Züge am Bahnsteig 1 in Posen ankommen, und gut gekleidete und noch lächelnde Balten aussteigen. Sie werden in ein Durchgangslager gebracht, müssen zum Gesundheitscheck und werden – ob sie wollen oder nicht – entlaust. Das Lächeln wird ihnen vergangen sein. Wie lange es gedauert hat, bis Dagmar eine Wohnung zugewiesen bekommt, ist nicht zu rekonstruieren, aber sie ist nicht allein, das Schicksal schlägt bei dieser Aktion nicht auf der privaten Ebene zu – obgleich sich die Folgen natürlich dort abspielen –, sondern auf der Ebene einer Volksgemeinschaft: Die Balten halten stolz zusammen und sind bereit ihren Beitrag an das Deutsche Reich zu leisten. Sie schreibt:

> *„Posen, am 8. VII. 1940, Bäckerstr. 8/10*
> *SS Abschnitt „Ostsee"*
> *Am 6. III. 40 wurde ich, von Berlin kommend in Stettin von der Einwanderer-Zentrale Nordost, Nebenstelle Stettin, eingebürgert. Ich hielt den Rückkehrerschein Nr. 113 451. Bei dieser Gelegenheit lieferte ich meinen estnischen Reisepass (die Nummer weiß ich leider nicht mehr) ab. Dieser Pass wird jetzt von der estnischen Gesandtschaft in Berlin verlangt, weil ich sonst die Ausbürgerungsurkunde nicht bekommen kann. Da die Einwandererzentrale anscheinend nicht mehr existiert, wende ich mich an Sie mit der höflichen Bitte, sich dieser Angelegenheit freundlichst anzunehmen und festzustellen, wo mein estnischer Reisepass sich befindet. Da ich meinen Besitz in Estland zurückgelassen habe, ist es dringend notwendig, dass ich diese formalen Dinge in Ordnung bringe. In Erwartung Ihrer Antwort. Heil Hitler! Dagmar Schulz, geboren in Dorpat, Estland, am 20. VII. 1897."*

Den Zeitraum ihrer Umsiedelung nach Posen hat sie in der Liste angegeben, 9. April bis 1. Juni 1940, irgendwie, gerade noch auf den letzten Drücker, schafft sie es, offiziell aus Estland wegzukommen, in einen scheinbar sicheren Hafen einzufahren, der unter deutscher Herrschaft regiert wird. Und noch einmal: Wie hat sie ihr Leben in der Teichstraße beendet? Wie von der Stadt Abschied genommen? Sind alle ihre Möbel nach Posen transportiert worden? Sie war die letzte der Familie Schulz, die die alte Universitätsstadt verließ. Vierundachtzig Jahre zuvor war ihr Großvater Carl eingewandert, ihr Vater Arthur hat sein gesamtes Leben in Dorpat verbracht und sogar seine deutsche Reichsbürgerschaft dafür aufgegeben, sie verlässt die Stadt mit zweiundvierzig Jahren endgültig und kehrt nie wieder zurück – was sie nicht wusste und in diesem Moment auch nicht ertragen hätte. Am 17. Juni 1940 marschiert die Sowjetunion in Estland ein, das geheime Zusatzprotokoll des Hitler-Stalin-Paktes wird ausgespielt. Am 6. August 1940 wird Estland in die Sowjetunion zwangseingegliedert, der Friedensvertrag von 1920 – für alle Zeiten! – wird Zunichte gemacht. Nun regiert nicht mehr das zaristische Russland, wie vor dem Ersten Weltkrieg, sondern das sowjetische im Baltikum, nachdem das Land fast zwanzig Jahre selbstständig war und von Esten regiert wurde. 1941 überfallen die Deutschen die Sowjetunion und damit auch das Baltikum, sie übernehmen das Kommando, 1944 wieder die Russen und so bleibt es dann auch, bis 1990 – ein Jahr nach dem Tod meiner Großmutter.

In der Provinz um Posen hat sich etwas Ähnliches abgespielt wie in Estland – mit dem Unterschied, dass die Region vor dem Ersten Weltkrieg zu Preußen gehörte und nicht zu Russland. Nach dem Ersten Weltkrieg wurde die weitgehend deutschsprachige Region zu Polen hinzugeschlagen – das will Hitler durch das geheime Zusatzprotokoll des Paktes mit Stalin rückgängig machen. Die polnische Bevölkerung wird also kurzerhand aus dem Reichsgau Wartheland ausgebürgert, dort soll ein arisches Nazi-Musterland entstehen, ohne Kirchen, die alten deutschen Straßennamen werden wieder eingeführt, die offizielle Sprache ist Deutsch. Balten, Bessarabiendeutsche, Bukowinadeutsche und Dobrudschadeutsche sollen das Gebiet besiedeln. Besonders die Balten werden mit Handkuss aufgenommen, bringen sie doch einen hohen Bildungsstand mit, einzusetzendes Know-how für die Stadt und viel Geld. Der gutaussehenden Frau werden eine großzügige Wohnung und ein Arbeitsort zugewiesen. Hat sie gewusst, dass es in Posen seit 1939 ein Konzentrationslager gab, die Festung Posen, in dem der Tod durch das Gas an Psychiatriepatienten „ausprobiert" wurde? Es heißt, dass Himmler sich diese Form des Mordens im Dezember 1939 in Posen angeschaut habe, danach wurde das Gas auch in anderen KZs eingesetzt. Etwa zehn- bis fünfzehntausend Menschen fanden in den Kriegsjahren ihren Tod im Posener KZ, unmittelbar an und in den Stadtgrenzen.

Dagmar ist mit gänzlich anderen Dingen beschäftigt, sie ist schwanger und wird im Sommer dreiundvierzig Jahre alt – sie kann ihr Augenmerk nur auf ihre private Situation richten. Wie es ihr wohl ging? Wen sie in diese Tatsache einweihte? Sicher hat sie gehofft, dass Herbert kommt... Als Baltin ist sie froh, aus dem Herrschaftsbereich der Russen fortgekommen zu sein, nun ist sie auf „deutschem Boden". Aber wie wird das alles gegangen sein und wohin führt es? Wenn ihr nicht schlecht ist, arbeitet sie als Fotografin im Atelier von Helene Grünert-Boehm mitten in Posen. Am 20. November 1941 kauft sie es ihr ab. Von da an ist sie bis zur Flucht im Januar 1945 Besitzerin und Leiterin des Ateliers an der Schloßfreiheit 1 in Posen mit sechs Angestellten – wie es der alte Hausarzt in seinem Brief schreibt. Dagmar wohnt in der Bäckerstraße 8, Herbert wird immer wieder einmal zu Besuch gewesen sein, so hoffe ich, zu Weihnachten 1940 wird ihre Tochter geboren. Das Archiv in Posen sendet mir Unterlagen von 1941 und 1942 zu: Haushaltsliste Nr. 11 und 12. Bäckerstraße 8, Wohnung Nr. 10, Vorderhaus. Und wieder die Handschrift meiner Großmutter auf dem alten Papier. Fein säuberlich trägt sie als Haushaltsvorstand alles ein, so, wie es gefordert wird. Und ich stelle fest, dass sie nicht nur mit ihrer Tochter in der geräumigen Wohnung lebt, sondern, laut amtlicher Personenstandsanzeige, mit noch zwei weiteren Personen: Edith Jürgens, ebenfalls Baltin, in St. Petersburg geboren, vier Jahre jünger als Dagmar, ledig, Pianistin und Musiklehrerin, tätig im

Theater und an der Volksmusikschule in der Ritterstraße sowie das „Hausmädchen" Josefa Matula, 1905 geboren, Polin und beim Haushaltsvorstand angestellt. In der zweiten Auflistung findet sich an dieser Stelle ein anderer Name: Wladislawa Jaskoviak. Josefa und Wladislawa werden die kleine Monika versorgt und sich um den Haushalt gekümmert haben, während Dagmar sich den fotografischen Aufträgen in ihrem Atelier zugewendet hat – irgendwoher musste das Geld ja kommen.

In einer Dissertation über „Fotografische Selbst- und Fremdbilder von Deutschen und Polen im Reichsgau Wartheland 1939-45" ist das Atelier an der Schlossfreiheit aufgeführt. Genannt werden Helene Boehm und Dagmar Schulz als Eigentümerinnen in den entsprechenden Jahren. Der Fotograf Stanislaw Markiewicz wird als ursprünglicher Besitzer des Ateliers bezeichnet und ist enteignet worden. Was wohl mit ihm geschehen ist? Wie und wo er weitergelebt hat? Immer wieder macht es mich sprachlos, wenn ich mir klarmache, was damals geschehen ist. Die Polen wurden verjagt, damit sich vornehmlich die Balten-Deutschen in dem nationalsozialistischen Musterland ansiedeln können. Bargeld, Kontoguthaben und Wertpapiere aus Estland gehen unmittelbar und ohne Umweg in den Besitz des Deutschen Reiches über – damit wird die Kriegsmaschinerie weiter am Leben erhalten. Den Umsiedlern wird Entschädigung und Ersatz versprochen, irgendwann, nach dem Krieg, „in Naturalien" – was nie geschehen wird. In der Landwirtschaft ist es besonders krass. Die rechtmäßigen polnischen Besitzer der Höfe haben morgens noch ihre Kühe gemolken, müssen dann antreten, um abzutreten, und zum abendlichen Melken sind die neuen „arischen" Umsiedler zur Stelle. Der gesamte Besitz der Balten-Deutschen wird vom Reich einkassiert, die zugewiesenen Gebäude sind bei weitem nicht das, was sie ersetzen sollen. Hoffnung macht den Umsiedlern, dass sie nun als Deutsche unter deutschem Schutz stehen und die Russen nicht mehr fürchten müssen. Weit gefehlt, wie sich im Laufe des Krieges zeigt! Ob sich damals jemand darüber Gedanken gemacht hat, dass die Stadt einst unter polnischer Regierung stand, und sich gefragt hat, was mit den rechtmäßigen Bewohnern passiert ist? Wo und wie sie nun leben – ob sie überhaupt noch leben?

Auf dem Schwarz-Weiß-Foto des Platzes an der Schloßfreiheit in Posen von 1942, das ich im Netz finde, ist es 14.45 Uhr. Die gegenüberliegende Kirchturmuhr ist deutlich zu erkennen, ich nehme auf Grund der Kleidung der Menschen an, dass es sich um einen frühwinterlichen Tag handelt. Der Platz ist mehr als großzügig zu nennen – in Dorpat ist alles viel kleiner. Ein einzelner Straßenbahnwaggon durchfährt das Bild, ein Busch prangt im Vordergrund, die Straßenlaternen weisen den Weg durch die prächtige Straße, die nicht von Autos, sondern von einigen Menschen bevölkert ist.

Trotz allem stelle ich mir das Leben für die Neuankömmlinge in Posen zunächst weitgehend ruhig vor, die Kräfte, das eigene Leben wieder so zu organisieren, wie es einmal war, sind noch da und über die anderen Fragen macht man sich lieber keine Gedanken. Erst lange nach dem Krieg wird man in Frage stellen dürfen, was damals geschah, und nicht jeder der Betroffenen antwortet darauf.

Das kleine Mädchen, das zu Weihnachten 1940 geboren wird, wird 1941 von Onkel Walther K. getauft, zu Hause, so, wie es auch in Dorpat üblich war. Schließlich gibt es kaum beheizte Kirchen – und in Posen in den Kriegsjahren schon gar nicht, auch die Kindersterblichkeit ist weiterhin groß. Aber die Kleine wächst und gedeiht – trotz allem. Es gab ein Kindermädchen, mindestens, denn Dagmar leitet ihr Atelier durchgängig. Zu laufen ist es nicht weit, von der Bäckerstraße zur Schloßfreiheit, aber in der Stadt fahren auch Straßenbahnen – die Stadt ist deutlich größer und westlicher ausgerichtet, als es Dorpat war. Jahre gehen ins Land, der Krieg tobt an den Fronten, aber der Alltag will städtisch gelebt werden – wenn nur endlich die Zukunft käme. Nahrung und Kleidung müssen beschafft werden, dafür muss gearbeitet werden, ja, und das soziale Leben will gelebt werden, irgendwie (und mit irgendwem?). Ich entziffere mühselig und mit Hilfe einen handschriftlichen Brief von dem alten Schulz'schen Hausarzt aus Dorpat, der auch Dagmars Ausbildung als Krankenschwester geleitet hat, er schreibt ihr viele Jahre später nach Posen:

„24. Aug. 1942
Liebe Frau Dagi!
Über Ihren Brief habe ich mich sehr gefreut. War er mir doch ein Beweis des Vertrauens, das Sie mir schenken – und mit Recht schenken dürfen. Schon seit vielen Jahren stehe ich so, daß ich das Mädchen nicht verurteilte, das sich freilich im Gegensatz zur Einstellung der höheren Gesellschaft, das Recht auf das Kind nicht nehmen läßt! Ich kann diesen mutigen Frauen meine Anerkennung nicht versagen! Und wie freue ich mich über Ihr Glück. Ihr Leben hat an Inhalt gewonnen in gar nicht hoch genug einzuschätzendem Ausmaß! Und zwar für immer! Daß Sie ein eigenes Atelier mit 8 Angestellten haben ist Ihnen auch ein Grund zur Zufriedenheit! Ohne Arbeit können wir doch nicht existieren! Ja, im letzten Moment, am 29. Febr. 1940, kam es wie eine Eingebung über mich, daß ich meiner Frau wegen umsiedeln müße. Ich selbst fühlte mich damals nach einer überstandenen Grippe so elend, daß ich nicht recht an völlige Genesung denken durfte, sondern an den Tod denken mußte! So kam es zur Entscheidung, und ich erholte mich allmählich. Gott sei Dank, daß ich diesen schweren Entschluß faßte. Die Folgen wären sehr jammervoll gewesen, wenn wir geblieben wären! – Jetzt leben wir seit dem 15. Mai 1942 im eigenen Hause. Meine arme Frau humpelt am Stock durch die Stuben, der Arm ist völlig

gelähmt. Und ich bin ein kurzatmiges Wrack geworden. Ja, Freude macht das Greisentum nicht! Meine Frau läßt Sie grüßen. Ihr alter väterlicher Freund, Dr. Johannes Meyer"

Dass sie diesen, auf vergilbtem und dünngewordenem Kriegspapier mit Tinte handgeschriebenen Brief aufgehoben hat, ist bedeutungsvoll. Sie will damit etwas sagen, obgleich er unkommentiert in der Grünen Kiste liegt. Vielleicht, dass der alte Hausarzt, Repräsentant und Garant der Welt ihres Herkommens, ihrer Eltern sie nicht verstößt ob ihres wagemutigen und unkonventionellen Lebenswandels? Ihre Schwestern hatten es schwerer damit – das scheint mir sicher zu sein. Dr. Meyer akzeptiert die unverheiratete Mutter und das ist gut so.

Mir ist kein Name aus Posen bekannt, keine Verbindungen, keine Freundschaften, kein offizielles Miteinander. Dafür gibt es aber einige amtliche Schriftstücke aus der Stadt an der Warthe, die zumindest belegen, dass es diese Zeit dort gab. Ein „Vorläufiger Handwerkerausweis für Deutsche", liegt hier, es wird darin bestätigt, dass Dagmar ihre Werkstatt „ordnungsgemäß" angemeldet hat und vom Ersten Vorsitzenden der Handwerkerkammer in Posen unterschrieben wurde. Datum: 10.11.1940.

Dann heißt es vom Obermeister der Fotografen-Innung Posen am 29. Mai 1942, dass sie gemäß § 17 Abs. 2 der Innungssatzung zum stellvertretenden Schriftwart im Beirat der Fotografeninnung ernannt wird. Das „Heil Hitler!" ist durchgestrichen. Wohl ein Werk späterer Zeit?

Mit gleichem Absender kommt am 21. April 1943 noch eine Postkarte: „Betr. Ausschuss zur Schlichtung von Lehrlingsstreitigkeiten. Ich berufe Sie hiermit als Beirat der Fotografeninnung in den Ausschuss zur Schlichtung von Lehrlingsstreitigkeiten." Und es folgt ebenfalls eine durchgestrichene Zeile.

Und dann, am 25. April 1947, als der Spuk endlich vorbei ist, wird eine Postkarte von „Franz Renz, Friseurmeister, Landesbergen an der Weser" an Dagmar nach Stuttgart geschickt, auf der es heißt:

„Bescheinigung! Frau Dagmar Schulz, Photographin, war von November 1940 bis 20. Januar 1945 in die Handwerksrolle der HWK Posen eingetragen. Sie besaß in Posen, Schlossfreiheit 1 einen selbstständigen Betrieb, in welchem sie auch selbst arbeitete. Diese Bescheinigung erteile ich in meiner damaligen Eigenschaft als Präsident der HWK Posen."

Aufgelistet hat sie später das, was sie hinterlassen hat, was in Posen geblieben ist. *Atelier: Atelierkamera mit Kassetten, Atelierstativ, zwei große Scheinwerfer, zwei kleine Scheinwerfer, eine Rückbeleuchtungslampe, zwei Handreflektoren, eine Effektlampe, Gummikabel, eine Couch, zwei Sessel, zwei Stühle, ein kleiner Tisch, eine Gondel, Übergardinen für die Fenster, zwei Deckenleuchten, zwei weiße Stors, ein Velourvorhang, ein Bücherschrank. Arbeitszimmer: drei*

Arbeitstische, zwei große Regale, ein Rollschränkchen, ein Materialschrank, sechs Stühle, eine große Schneidemaschine, zwei kleine Schneidemaschinen, eine Heißpresse, zwei Retuschepulte, vier Arbeitslampen, zwei Deckenleuchten, zwei Wärmeplatten, ein Ventilator, vier große Archivregale. Dunkelkammer: zwei große Entwicklungsbecken, zwei Kopierapparate, eine Schneidemaschine, eine Wärmeplatte, ein Vergrößerungsapparat, sieben Entwicklerschalen in verschiedenen Größen, eine Wässerungstrommel, eine Dunkelkammerbeleuchtung, zwei Regale, Fensterverdunklung für zwei Fenster. Zweite Dunkelkammer: ein großes Entwicklungsbecken, vier Entwicklungsschalen, drei Dosen, drei Entwicklungströge, eine Tankeinrichtung, eine Dunkelkammerbeleuchtung, sechs Trockenständer, sechsunddreißig Entwicklungsträger, ein großes Regal, drei Mensuren, zwei Messkrüge, ein großer Topf zum Ansetzen, ein elektrischer Ofen. Büro: ein Mahagonischreibtisch, eine Schreibmaschine, ein Schreibmaschinentisch, ein Rollschränkchen, ein Tisch, drei Stühle, Gardinen und Vorhänge, ein Schreibtischsessel. Garderobe: eine Kleidergarderobe, ein kleiner Tisch, zwei Stühle, ein Spiegel, ein Teppich, ein Schirmständer. Verschiedenes: drei Hochglanzplatten, eine Aufgnetschrolle, eine Signaluhr, zwei Hirschuhren, zweihundertfünfzig Bogen Aufziehkarton, zwanzig Dosen Entwickler, verschiedene Chemikalien, Retuschiermaterial, Negativmaterial, Fotopapier, Postkarten, Kleingerät.

Am 30. Oktober 1944 geht Dagmar ein „Einheitswertbescheid" ihres Betriebsvermögens zu, es wird für das Jahr 1943 aufgerundet auf fünfundzwanzigtausend Reichsmark beziffert, die exakte Summe ist: vierundzwanzigtausendachthundertzweiundvierzig Reichsmark, da sie keine Schulden hat, wird nichts abgezogen. Dieses Original, handschriftlich vom entsprechenden Finanzamt ausgefüllt, liegt in einem der alten Ordner, der mit Nachlass beschriftet ist.

Die Flucht vor der Roten Armee aus Posen ist auf Sonntag, den 21. Januar 1945 datiert – noch am Tag zuvor war es ausdrücklich verboten, die Stadt zu verlassen. Es gab einen kleinen Puppenwagen, den die mittlerweile vierjährige Monika zum gerade zurückliegenden Weihnachtsfest bekommen hatte. Er konnte nicht mitgenommen werden. Die von Dagmar genähten rotkarierten Decken und Kissen blieben in dem Holzwägelchen liegen, als die beiden kurzerhand ihr Hab und Gut hinter sich ließen, um ihr Leben zu retten. Der Befehl war von oben gekommen und musste innerhalb von vierundzwanzig Stunden ausgeführt werden. Weg, bloß weg aus der Stadt, nach Westen, möglichst weit nach Westen, die Entfernung zur Roten Armee vergrößern. Ich nehme an, dass ihr die Stadt mit der Eisenbahn verlassen habt – aber wie weit ihr gekommen seid? Vielleicht gab es auch ein Wegstück, das ihr mit einem Pferdetreck überwunden habt, so wie Sigrid und Walther, die in jenen Tagen auch nach Westen unterwegs waren und einen Bericht darüber hinterlassen haben. Januar 1945. Es ist eiskalt und es muss schnell gehen. Die Oder muss überquert werden, normale Brücken gibt es nicht mehr. Nach Potsdam sind es immerhin gut dreihundert Kilometer, nach Arneburg dann noch einmal einhundertfünfzig. Jeder kann nur Handgepäck mitnehmen – Dagmar hat auch noch das ihrer Tochter. Du wirst dich einer Gruppe angeschlossen haben, vielleicht Nachbarn, Freunden, Geschäftskollegen? Ist deine baltische Untermieterin Edith Jürgens dabei gewesen? Herbert kann nicht helfen, ja, er weiß nicht einmal, ob ihr noch lebt – in Gotenhafen ist er von der Welt fast abgeschnitten. Briefe kommen nach ewigen Zeiten oder gar nicht an, Telefonverbindungen gibt es nur ganz selten. Zwei Briefe, die er dir nach Posen geschickt hat, hast du bei der Flucht offensichtlich dabei, vielleicht in den Mantelsaum eingenäht? Sie liegen später in der Pappschachtel mit all den anderen Briefen. Dennoch:

Wie ihr geflohen seid, weiß ich nicht.
Welchen Weg ihr genommen habt, weiß ich nicht.
Mit welchen Fuhrwerken und Gefährten ihr vorwärtsgekommen seid, weiß ich nicht.
Wo ihr geschlafen habt, weiß ich nicht.
Was ihr gegessen habt, weiß ich nicht.
Was ihr mitnehmen konntet und was ihr dalassen musstet, weiß ich nicht.
Mit wem ihr unterwegs wart, weiß ich nicht.
Was unterwegs alles geschehen ist, weiß ich nicht.
Wie lange es gedauert hat, bis ihr in Potsdam bei deiner Schwester Edith ankamt, weiß ich nicht.

Ich weiß eigentlich nicht viel. Nur, dass es der 21. Januar 1945 war, an dem die Flucht begann und dass ihr irgendwann heil in Potsdam angekommen seid. Auf deiner Liste steht, dass du im Juni und Juli des Jahres als Dolmetscherin in Arneburg gearbeitet hast. Was dazwischen zu denken ist, weiß ich nicht. Als alleinstehende Frau wirst du es nicht einfach gehabt haben. Gab es Helfer, Retter, Beschützer? Du konntest russisch – war das von Vorteil oder gerade nicht? Dein Alter wird dir zugutegekommen sein und eine mögliche Vergewaltigung und das Schlimmste verhütet haben, vielleicht konnte man dich schon für die Großmutter des kleinen Mädchens halten. Irgendwie ist es euch gelungen. Irgendwann seid ihr nach dem 21. Januar 1945 in Potsdam angekommen. Konntet für ein paar Nächte bei Edith und Werner unterschlüpfen – Sigrid und Walther waren schon vor euch da und sind weiter nach Bad Doberan gezogen. Du hast dich mit Monika auf den Weg nach Arneburg gemacht. Dort lebt Familie Könecke, der Architekt ist einer der Patenonkel deiner Tochter, seine Frau ist Lungenfachärztin – konntet ihr bei ihnen ein Zimmer bekommen? Auch hier ist der Krieg noch nicht zu Ende, ihr erlebt die letzten

Kämpfe um Brücken, Bahnhöfe und strategisch wichtige Orte. Bombenangriffe gehen nieder, Flakfeuer ist zu sehen.

Du schlägst dich nach der Flucht als Dolmetscherin und Sprachlehrerin durch, in Stendal und Arneburg. Aber das wird alles nicht so einfach gewesen sein. Ob du deine Kamera mitnehmen konntest, Ersatz bekamst, als sie eingezogen wurde? Fotografieren ließ sich damals sicher niemand und Geld gab es dafür schon gar nicht – aber es war deine Profession. Wovon hast du mit der kleinen Monika gelebt? Den Briefen habe ich entnommen, dass du mit einer Darmverschlingung im Krankenhaus gelandet bist – das muss eine lebensbedrohliche Situation gewesen sein. Wo war Monika so lange?

Zeugen: Alte Briefe

Die alte, zweiteilige Pappschachtel mit dem quadratischen Grundriss steht wieder lange und unbeachtet im Regal. Unterseite und Deckel passen genau ineinander, das Gelb-Grau wirkt schmuddelig, es wurden einmal zweieinhalb Kilo Kaffeebohnen darin gelagert, wie mich ein altes Etikett wissen lässt. Ein Care-Paket von den Amis? Alte Klebstreifen zeugen von anderen Aufgaben, die diese stabile Pappschachtel einmal hatte, bevor sie die Briefe für Jahrzehnte zu beherbergen begann. „Für M." steht darauf, die alte Paketschnur umwickelt doppelt alle vier Seiten, obenauf liegt eine plattgedrückte verknotete Schleife, die sich öffnen lässt. Jetzt mache ich es endlich, ich werde sie alle lesen!

Es sind einhundertachtunddreißig Briefe. Alle sind an Dagmar Schulz adressiert, nach Posen, Arneburg, Marbach und Stuttgart. Sie wurden alle mit der gleichen Handschrift geschrieben, Absender: Herbert Boehm. Erst aus Gotenhafen, einige von unterwegs aus, die meisten aus Frankfurt. Sie umfassen den Zeitraum von 1944 bis 1954. Aus den Jahren vor 1944 sind keine Briefe in der Schachtel, sie sind vermutlich in Posen geblieben, in der Bäckerstraße 8. Vielleicht haben sie in einem Sekretär gelegen, in dem es ein Fach, eine Schublade für Herberts Briefe gab. Wer sie wohl gefunden hat? Was mit ihnen geschehen ist?

Die Wohnungen, Häuser, Gebäude und Höfe der Deutschen stehen von dem einen kalten Januartag auf den anderen zunächst leer. Die Deutschen fliehen, sind sich der nationalsozialistischen Schuld bewusst, auch wenn sie selbst unbescholten sind, und laufen um ihr Leben. Sie haben sich den Zorn vieler Völker zugezogen. Die Baltendeutschen allemal die Wut der Polen, die Russen brechen mit brachialer Gewalt über die Deutschen her, die ihnen selbstherrlich den Krieg erklärt hatten. Wie lange stand die Wohnung in der Bäckerstraße leer, wer hat wann davon Besitz genommen und was ist mit dem Mobiliar meiner Großmutter und den Briefen von Herbert geschehen – Josefa? Das wäre noch die bestmögliche Variante. Alles, was aus Dorpat mitgenommen werden konnte, ist nun in Posen geblieben, Tische und Stühle auch aus dem Saal in der Gartenstraße in Dorpat?

Das Haus in Posen steht heute noch, vor einigen Jahren war ich einmal da. Es ist ein einst großes und prächtiges Stadtbürgerhaus mit einer Menge Wohnungen – heute sieht der Wohnkomplex ziemlich herunter gekommen aus. Ich treffe nur polnisch sprechende Menschen an und kann mich nicht verständigen. Also kann ich das Haus auch nur von außen sehen – und die Wohnung nicht betreten. Bis auf zwei Briefe, die Dagmar retten konnte, sind alle anderen, die Herbert vor der Flucht geschrieben und in die Bäckerstraße adressiert hat, verloren gegangen.

Auch aus den Jahren 1952 und 1953 finde ich keine Briefe, als meine Großmutter längst in Stuttgart gelandet ist. Sie wird abgewogen haben, welche Schriftstücke sie aufhebt – und welche sie dem Universum anvertraut, ich bin mir sicher, sie sind nach einem bestimmten Kriterium ausgewählt wurden – das ich aber nicht kenne. Die Briefe sind alt und zeugen von einer vergangenen und zugedeckten Zeit die kräftig erwacht, als ich die Briefe endlich nacheinander lese. Sie sind auf dünnem Kriegs- und Nachkriegspapier geschrieben worden, die Umschläge wurden oftmals doppelt verwendet, auf einigen sehe ich noch fremde durchgestrichene Adressen und Absender. Briefmarken gibt es in allen Farben und Größen, sie sind mit den unterschiedlichsten Pfennigbeträgen versehen.

Die Papierbögen sind eng beschrieben, von oben bis unten, von links bis rechts, Vor- und Rückseite, oft mit Bleistift, manchmal mit Kugelschreiber, die Handschrift ist geschwungen – ich brauche ein bisschen Zeit, um mich einzulesen. Die Briefe beginnen mit: Mein Lieb; meine allerbeste Dagi; ach Du; Liebste und Teuerste; meine Liebste; liebe Dagi; meine liebe Dagi; Dagi mein Lieb; Geliebte; Dagi, Liebe; mein Augenstern und weiteren warmen und herzlichen Begrüßungsformeln. Jeder Brief endet, nach den unterschiedlichsten Liebesbekundungen, Wünschen und Versprechungen mit: Immer, dein H.

Die Briefe erzählen von den Nöten der Zeit, vom Tagesgeschäft, von Wünschen und Hoffnungen, Sorgen, Wohnverhältnissen, Tätigkeiten, Vorhaben und Stellungnahmen zu verschiedenen Fragen. Herbert sorgt sich um die Empfängerin der Briefe und um die gemeinsame kleine Tochter. Er erwägt Entscheidungen, kündigt Geld an, bedankt sich für Briefe, Bilder, Geschenke. Einmal fragt er, ob Rollschuhe oder Schlittschuhe das begehrtere Geschenk für die Tochter wären. Er freut sich über ihre guten Schulzeugnisse, die schnelle Auffassungsgabe und ist der Adressatin samt gemeinsamer Tochter sehr zugetan, neigt sich spürbar und unumwunden zu Dagmar hin und lässt sie mit warmen Worten wissen, was sie ihm bedeutet.

Es gibt ein Foto, das in einem der alten und fleddrigen Umschläge liegt, auf dem Herbert Boehm und seine Tochter Monika zu sehen sind, wie auf der Rückseite vermerkt ist. Er sitzt an einem Tisch, sie steht hinter ihm und schaut ihm über die Schulter. Vielleicht ist sie neun, wahrscheinlich zehn Jahre alt. Das Bild ist klein und grau und hat einen weißen zackigen Rand – ein typisches Nachkriegsbild, bescheiden eben. Irgendetwas zeigt der Pfeife rauchende Mann ihr in einem Buch. Vater und Tochter. Nähe wird sichtbar, Vertrautheit. Vermutlich hat die Mutter das Bild gemacht, die Fotografin. Schade, dass ich kein Bild kenne, auf dem die Drei zusammen zu sehen sind.

Die Briefe aus der letzten Kriegszeit, dem Winter 1944/45 erzählen von der Kälte, den Einschränkungen, der Angst, von der Arbeit des Stadtbaurats in Gotenhafen, von den Kriegsgeschehnissen. Am Rand eines Briefes entziffere ich noch eine Bemerkung: Dagmar möge den Brief „von kleinen Dingen aus großen Zeiten" doch in die Schatulle für Monika legen, die sie einmal bekommen wird. Ihr habt also an später gedacht, wolltet etwas für die Tochter bewahren, die in rauer Zeit geboren wurde. Ich habe nie etwas von dieser Schatulle gehört. Vermutlich blieb auch sie in Posen. Ängstliche Briefe sendet er in diesen Tagen auch an Edith M. nach Potsdam in der Hoffnung, dass Dagmar die Flucht mit der kleinen Tochter von Posen geschafft hat, dass der Treck sie in sicheres Gebiet geleitet hat, dass die beiden leben und wohlauf sind. Dann gibt es Briefe nach Arneburg und ins Krankenhaus nach Stendal. Es muss eine Darmverschlingung gewesen sein, die Dagmar nach dem Leben griff, ihrer aber nicht habhaft wurde. Ende März 1945 schreibt er kurze Karten, noch mit einem vorgedruckten nationalsozialistischen Spruch auf der Vorderseite, und berichtet von seiner Flucht – mit dem Schiff, der Libau I, nach Neustadt in Holstein und dann nach Schwerin. Auch er hat alles zurücklassen müssen, Hab und Gut verloren, er schreibt von einem Koffer und einem Rucksack – mehr nicht. Frau und Kinder seien nur durch einen Zufall nicht auf der Willem Gustloff gewesen, sondern einen Tag später auf ein anderes Schiff gestiegen. Das Grab seines Vaters, der ein paar Monate zuvor bei ihm verstorben ist, musste er auch hinter sich lassen. Der Sarg der Mutter in Berlin, der des Vaters in Gotenhafen und er auf der Flucht vor den Russen. Auch sein zu erwartendes Lebenswerk sei zerstört, schreibt er, nur sein Leben konnte er retten. Er ist relativ schnell in Frankfurt gelandet, auch wenn es schwer war, eine Zuzugsgenehmigung zu bekommen, wenn man keine Arbeit nachweisen konnte. Oft wird in eurer Korrespondenz nach Briefen gefragt, die offensichtlich sehr verzögert oder gar nicht ankommen. Herbert verfolgt die Idee, dass Dagmar sich mit der gemeinsamen Tochter nach Berlin begeben könnte, in das Haus, das er einst für seine Eltern gekauft hat, zu seinen beiden Schwestern. Er wäre bereit, das Schweigen um die Vaterschaft des Kindes zu brechen und es wäre ihm ein sehr lieber Gedanke, wenn die beiden dort leben könnten – schreibt er.

Dort, wo seine Mutter starb, damals in jenem Haus, der zu dem Rosenstrauß führte… Vieles zerschlägt sich, aus dem einen oder anderen Grunde, nie aber gibt er die Hoffnung auf, bis zuletzt weiß er immer wieder Rat und erwischt ein Stück Vertrauen aus dem offenen Himmel. Auch Ida Kerkovius bringt er ins Spiel, seine Cousine aus Riga. Idas und Herberts Mütter sind Schwestern. Ida ist Malerin, lebt mittlerweile in Stuttgart und wird tatsächlich im Laufe der nächsten Jahre zur besten Freundin von Dagmar. Ich bin mit ihren Bildern aufgewachsen, einige kamen in unseren Besitz und hingen an den Wänden meiner Kindheit.

Bald schon schreibt der gestrandete Stadtbaurat mit doppelter Familie aus Frankfurt, all seine Hoffnungen richten sich darauf, wieder eine richtige Arbeit zu bekommen, in Amt und Würden versetzt zu werden, eine Entnazifizierungsurkunde vorlegen zu können. Auch Zugfahrten nutzt er zum Schreiben, D-Züge, Triebwägen – in den Briefen entschuldigt er sich für die krakelige Schrift, manchmal schreibt er auch in Wartesälen von Bahnhöfen zu nachtschlafenden Zeiten, in Hotelzimmern, vor Sitzungen. Die Sorge um Mutter und Kind, um Wohnung und Verdienst, die Genesung von vielerlei Krankheiten, ein erhofftes baldiges Wiedersehen spielen oft eine Rolle. Erziehungs- und Bildungsfragen habt ihr gemeinsam erwogen und zusammen entschieden, überglücklich ist er, als Dagmar die Flucht aus der sowjetischen Besatzungszone in die amerikanische gelingt – nun seid ihr beide in einer Zone, was ein Treffen vereinfacht und die Zukunft näherkommen lässt. Schnell wird klar, dass Monika zu einer Pflegefamilie muss, um Spielkameraden zu haben und jemanden, der tagsüber da ist. Dagmar sitzt derweil wieder in Ateliers und lässt Fotos das Licht der Welt erblicken.

Oft muss er warten, bis es spät ist, damit er schreiben kann, manches Mal dauert es bis weit nach Mitternacht, wie er notiert, wenn es endlich still ist, in der winzigen Wohnung und er allein raucht und seine langen und sorgfältigen Briefe verfasst. Einige sind auch in den frühen Stunden geschrieben, einer gar berichtet davon, dass es 6.30 Uhr am Morgen ist und er bereits im Rathaus in seinem Büro sitzt – hoffend, dass er eine ruhige Stunde hat, in der er schreiben kann, ganz bei ihr sein könne, wenigstens in Gedanken. Ich kenne nur seine Briefe, Herberts Briefe, in denen er auf die Briefe seines Gegenübers eingeht, auf die Briefe meiner Großmutter, die sie ihm geschrieben hat. Ihre kenne ich nicht. Wo mögen sie sein? Hat er sie vernichtet? Oder lagern sie noch in einer Schachtel im Rathausarchiv? Möglicherweise wurden sie aber auch von seiner rechtmäßigen Ehefrau beseitigt, die bestimmt unglücklich darüber war.

Wie Herbert sonst gelebt hat, ist mir nicht bekannt. Das Verhältnis zu seiner Frau, zu seinen Kindern, zu Freunden und Kollegen – wie mag es gewesen sein, wie ist es ihm sozial gegangen? Wie hat er die Spannung gemeistert, zwischen offizieller Familie und „geliebter Freundin samt gemeinsamer Tochter“? Ich weiß nicht einmal genau, wie ich das Verhältnis zwischen ihr und ihm benennen soll. Seine Briefe sind Dagmar so zugeneigt, erzählen nichts von Spannungen zwischen den beiden, von ungelösten Fragen, einer unhaltbaren Situation. Hat er nicht gezweifelt? War er klar und sicher, gab es in dieser Hinsicht keine Fragen? Wahrscheinlich haben die beiden diese delikaten Dinge in Gesprächen verhandelt. Tränen mögen geflossen sein, Hoffnungen und Wünsche werden im nasskalten Grau der Realität im Nachkriegsdeutschland zerplatzt sein. Für sie? Für ihn? War er zu feige? Irgendwie haben sie es gemeistert, sich die herzliche, warme und unerschütterliche Liebe zu erhalten, seine Briefe zeugen davon.

Ein einziger Briefumschlag in der Pappschachtel ist in der Handschrift meiner Großmutter beschrieben: Briefe aus letzter Zeit. Neben den letzten Briefen von Herbert, in denen es um seine Kopfschmerzen geht, sein Unwohlsein, die Schwäche, liegen auch eine Sterbeurkunde und zwei kleine, vergilbte Zettel, die sie in ihrer unverkennbaren Handschrift geschrieben hat:

„Am 8. August 1954 sahen wir uns bei Herberts Durchreise durch Stuttgart nach Bad Wiessee. Am 22. August 1954 bin ich bei Herbert in Wiessee. Kleine Feier seines 60. Geburtstages. Am 18. Oktober war ich mit M. in Frankfurt, wir sahen Remmo zum letzten Mal. Am 20. Oktober ging Remmo in die Universitätsklinik in Frankfurt. Am 25. Oktober ist sein letzter Brief an mich geschrieben. Am 27. Oktober Operation. Am 6. November 1954 um 10.10 Uhr abends ist Remmo in den Frieden gegangen. Am 11.11.54 um 14.30 Uhr Beerdigung auf dem Hauptfriedhof. Lieber Remmo –.“

1947: Flucht in den Westen

Aber so weit ist es noch nicht. In den ersten Monaten des Jahres 1945 kommen Dagmar und Monika in Rest-Deutschland an, sie wähnen sich vor der Roten Armee sicher. Noch wütet der Krieg, in der Ferne ist Geschützdonner zu hören und es sind Flächenbrände zu sehen. Herbert flieht im März von Gotenhafen nach Frankfurt. Erst im Mai wird kapituliert. Der lange und unsägliche Krieg nimmt ein Ende, das unendliche Leid der Menschen wird gestoppt. Langsam, ganz langsam kann an ein neues Leben derjenigen gedacht werden, die überlebt haben, irgendwie, die den Wiederaufbau in die Hand nehmen müssen. Es ist Frieden!

Aber alles ist zerstört, nach knapp sechs Jahren. Trümmer, Ruinen, Schutthaufen, die Infrastruktur des gesamten Landes (wo sind seine Grenzen?) und der Städte (wie komme ich von A nach B, welche Institutionen arbeiten wo?) funktioniert nicht mehr. Menschlich heißt es, nach vorne zu schauen, anzupacken. Nicht mehr nach hinten blicken, keine Fragen stellen! Die Besatzer, die das einst so stolze Volk vom nationalsozialistischen Terror befreit haben, sind streng – auch zu Übergriffen kommt es immer wieder. Dagmar und Monika sind in der sowjetisch besetzten Zone gelandet. Sie sind zwei von den zwölf bis vierzehn Millionen Flüchtlingen oder Vertriebenen, die ins „Deutsche Reich“ geflohen sind und kein Hab und Gut mehr haben, sondern nur noch sich selbst. Dagmar und Monika kommen nach Arneburg in Sachsen-Anhalt und schlagen sich durch, hier haben die Russen das Sagen. Dagmar erhält den Flüchtlingsmeldeschein Nr. 1972, für ihre Tochter den mit der Nummer 1973. Arneburg liegt am Westufer der Elbe, etwa zehn Kilometer entfernt befindet sich die Kreisstadt Stendal in der Altmark. Mutter und Tochter leben irgendwo, Dagmar bietet ihre Dienste an. Sie kennt zwar ein paar Leute im Ort, aber die kämpfen ebenfalls ums Überleben. In ihrer Aufstellung heißt es, dass sie zunächst als wirtschaftliche Hilfe bei Landwirt Gropper gearbeitet habe. Dann wird sie mit der Diagnose Darmverschlingung in Stendal ins Krankenhaus eingeliefert – sie überlebt knapp. Die Tochter bleibt wohl bei der Bauernfamilie, allein.

Als sie wieder gesund ist, arbeitet sie als Sprachlehrerin für Russisch an der Volkshochschule – alle müssen hier Russisch lernen. Dagmar hat keine Sympathien für die Russen, die nach dem Zaren kamen, haben sie doch schon in Dorpat versucht, den Deutschen das Leben schwer zu machen. Wieder und wieder musste sie sich mit den zaristischen, den bolschewistischen und nun den sowjetischen Ideen zurechtfinden, ständig wechseln die politischen und gesellschaftlichen Ausrichtungen der Herrscher, aber die Sprache bleibt – die russischen Gesellschaftsmodelle prägen eins nach dem anderen ihr Leben. Klar wird, dass auch die Besatzer unterschiedliche Vorstellungen über die Entwicklung des Landes haben. Edith und Sigrid sind mit ihren Familien auch in der sowjetisch besetzten Zone. Aber hilft Dagmar das, will sie dortbleiben, kann sie das überhaupt?

Das Nachkriegs-Rest-Deutschland ist in einem furchtbaren Zustand, die Innenstädte sind zerstört, überall Schuttberge und behelfsmäßige Instandsetzungen. Alles was Beine hat ist mit Alltagsfragen der Nahrungsbeschaffung, Kleidung und dem Dach über dem Kopf beschäftigt. Jobs werden angenommen, Aufträge erfüllt, der Schwarzhandel blüht. Im Laufe der Zeit wird deutlich, dass in den vier Besatzungszonen unterschiedlich gelebt wird und gegensätzliche Vorstellungen verwirklicht werden sollen. Es ist nicht einfach, über die innerdeutsche Grenze zu kommen. Wo gibt es eine Perspektive?

Ich mache mir klar: In den Briefen von Herbert steht mehrfach, dass die nicht mehr jungen Eltern von Monika überlegt haben, ob es möglich wäre, dass Mutter und Tochter nach Berlin gehen. In das Haus in Zehlendorf. Warum sie von der Idee Abstand genommen haben – keine Zuzugsgenehmigung? –, geht aus Herberts Briefen nicht hervor, die ich wieder und wieder lese. Vielleicht steht das in denen von Dagmar. Oder haben die beiden die Frage bei einem ihrer Treffen erörtert – wenn es eins gab. Wann, wo?

Dagmar sucht eine Perspektive. Sie will weg aus Arneburg. Als Flüchtling hat sie dort wenig Chancen. Ihr Ziel heißt Stuttgart. Sie macht Erkundungsfahrten, überquert die bewachte Grenze illegal. Dazu kommt, dass es einen Zwischenfall gibt. Sie wird geschnappt und verhört. Mehrfach. Einmal nimmt sie die kleine Tochter zum Verhör mit, um die harten russischen Männerherzen zu erweichen. Aber es hilft nichts, sie scheint in ihr Visier geraten zu sein. Sie entschließt sich zu einer erneuten Flucht und wartet nicht länger auf mögliche Genehmigungsschreiben. Der Pastor hilft. Mutter und Tochter liegen unter den Sitzen des Autos (wie muss ich mir das vorstellen?), als sie über die Grenze fahren. Die Flucht gelingt. Sie schaffen es und werden nicht erwischt. Endlich weg aus den Fangarmen der Russen. Im Zug geht es weiter nach Stuttgart, es dauert endlos lange, sie frieren und haben Hunger. Dagmar hat ein Schreiben bei der Polizei in Arneburg hinterlassen, dessen beglaubigte Kopie in ihrem Nachlass zu finden ist.

„7. April 1947. Ich, Dagmar Schulz, erkläre hiermit an Eidesstatt, dass die Anschuldigungen die mir von Seiten der R. Behörde gemacht werden, ich wäre angeblich im Deutschen Nachrichtendienst tätig gewesen und hätte mit den betreffenden Deutschen Dienststellen in Verbindung gestanden, jeglicher Grundlage entbehren und völlig aus der Luft gegriffen sind. Da ich in dieser Angelegenheit bereits dreimal stundenlang verhört worden bin ziehe ich es vor, mich den unberechtigten Verdächtigungen von Seiten der R. Behörde zu entziehen und meinen Wohnort zu wechseln. Diesen gab ich der hiesigen Polizei zur Kenntnis. D.S.

Die Unterschrift wird hiermit beglaubigt. Arneburg, 7. April 1947. Polizeiverwaltung der Stadt Arneburg. Pol. Hauptwachtmeister.“ Unleserlich.

Es ist ihre letzte Flucht, nun nach „Westdeutschland“, in die amerikanisch besetzte Zone, es ist Sonntag, der 13. April 1947. Vor der Abreise hat sie kleine Päckchen gepackt und von verschiedenen Postämtern aus verschickt, nach Stuttgart, in die Reutlinger Straße 30, zu Herta. Mehr als zweihundert Gramm dürfen sie nicht wiegen. Papiere? Schmuck? Fotos? In Stuttgart kommen Mutter und Tochter ins Flüchtlingsdurchgangslager, Desinfizierung und Entlausung werden durchgeführt, dann kommt, irgendwann, die ersehnte Zuzugsgenehmigung für Stuttgart, offiziell. Aber die beiden müssen ein Zimmer finden. Und Arbeit. Ihr Flüchtlingsstatus bleibt erhalten, sie bekommen ein neues Papier, dieses Mal einen Vertriebenenausweis. Dieser ist überlebenswichtig: für Lebensmittelkarten und ärztliche Versorgung. Nun sind sie legitimierte Einwohner der zerstörten Stadt Stuttgart.

Kurz darauf, am 8. Mai 1947, wird Herbert in Frankfurt vor der Spruchkammer offiziell entnazifiziert, das Leben kann eine neue Wendung nehmen.

Und nun

Da ist noch ein Papier mit Stempeln – wie mag die Handtasche ausgesehen haben, in der Dagmar alle diese vielen wichtigen und lebensberechtigenden Papiere aufbewahrt hat? –, am 5. Juli 1947 verfasst die „Heimatortskartei für Deutschbalten (Estland, Lettland, Litauen)“, die „amtlich anerkannte Auskunftstelle in München in der Nymphenburgerstraße“ – wie es heißt – eine letzte Legitimationsbescheinigung darüber in Deutschland sein zu dürfen:

„Umsiedler-Wohnsitz-Bescheinigung
Auf Grund amtlicher – authentischer Unterlagen und auf Grund der Stammkarte bescheinigt die amtlich anerkannte Heimatortskartei für Deutschbalten, dass Dagmar Schulz, geboren am 20. Juli 1897 in Dorpat/Estland, im Rahmen der Gesamtumsiedlung der deutschen Volksgruppe aus dem Baltischen Staaten in das Deutsche Reich (im Zusammenhang mit der Besetzung der baltischen Republiken Estland und Lettland durch die Sowjetunion) aus dem Estnischen Staatsverband entlassen, als volksdeutsche Umsiedlerin in die Einwandererzentralstelle geschleust und am 6. 3. 1940 in Stettin eingebürgert worden ist. Bis zum Zeitpunkt der Umsiedlung war der ständige Wohnsitz von Dagmar Schulz: Dorpat/Estland, Teichstraße 44, obwohl die Obengenannte sich zu dieser Zeit vorübergehend in Deutschland aufhielt. Krusenstjern, Leiter der HOK.“

Dagmar ist fünfzig Jahre alt, als sie Bürgerin von Stuttgart wird. Eine ihrer früheren Lehrerinnen vom Lette-Verein hat ein Atelier in der Stadt, dort darf Dagmar mitarbeiten, als die Menschen beginnen, wieder Geld für Fotos auszugeben. Dagmar bleibt fast bis zum Schluss ihres Lebens in und um Stuttgart, sie ist am Ende ihrer topografischen Reise angekommen: Dorpat, Berlin, Posen und dann Stuttgart, neunzehn Jahre nach ihrem Zuzug in der schwäbischen Metropole werde ich in der Stadt, aus der Familie Boehm einst ausgewandert ist, geboren.

Ich finde Listen in verschiedenen Variationen. Handschriftlich und mit Tinte auf altem, rissigem Papier geschrieben. Eine davon nennt den Schmuck und das Besteck, das „verloren“ gegangen ist, irgendwo, auf der unfreiwilligen und mitunter hektischen Reise zwischen Dorpat und Posen oder zwischen Posen und Trümmer-Deutschland. Ob die neuen Besitzer etwas von der Geschichte der Dinge ahnen?

„Ein goldener Fingerhut, eine große antike goldene Brosche ohne Stein, ein Steg mit einem Saphir und sechs kleinen Brillanten, ein Steg mit zwei Perlen und drei kleinen Brillanten, eine antike Brosche mit unzähligen Brillantensplittern, eine silberne Brosche mit einem Moosachat, ein goldenes Fliederarmband, eine dünne goldene Halskette, ein Beryll in Gold gefasst, ein Amethyst, ein Ring mit einem Aqua Marin, ein Herrenring mit einem Smaragd, eine silberne Kette, ein goldenes Herz mit Emaille Verzierung, eine silberne Armbanduhr, ein Trauring, ein Ring mit großem Brillant, goldene Ohrringe mit Brillanten.“

Und es geht mit Besteck und Geschirr weiter: ein silberner Brotkorb, sechs silberne Essbestecke, sechs silberne Esslöffel, sechs silberne Dessertlöffel, zwölf silberne Kaffeelöffel, zwölf silberne Mokkalöffel, acht silberne Komplettbestecke mit Gravur, ein großer silberner Teller, zwei Kristallschalen, ein Teesiebchen mit Untersatz. Gesamtsumme: ca. 4811.- Reichsmark.

Warum sie diese Verlustliste geschrieben hat, ob man sie irgendwo einreichen konnte, in einem deutschen Amt für Landesausgleich? Sie liegt in mehrfacher Ausfertigung, sowohl auf vergilbtem A4 Papier als auch auf einem A5 Block der „Aktienbrauerei zum Löwenbräu in München“ (wie mag sie an dies Papier gekommen sein?), im Ordner mit dem Titel: Lastenausgleich. Ich nehme an, dass Dagmar damals imaginär ihr „altes Leben“ wiederbeleben wollte. Ich stelle mir vor, dass sie an einem Abend nach langer Arbeit in der Dunkelkammer des Fotoateliers – welches Foto lässt sie das Licht der Welt erblicken und welches lieber nicht? – bei fadenscheinigem Licht an ihrem kleinen Küchentisch sitzt. Ihre Gedanken gehen auf die Reise, weit weg aus dem kalten Raum, weg von den Blechlöffeln und den Näpfen, aus denen morgens, mittags und abends gegessen wird – vermutlich noch nicht einmal ausreichend. In den Kriegsjahren in Posen hat sie noch gutbürgerlich gelebt, da hatte sie noch weitgehend alles, zumindest das, was man, samt Zugehfrau und Kindermädchen zum alltäglichen Leben brauchte – jedoch musste sie auch dort schon auf Möbel und Hausrat, Unterlagen und persönliche Gegenstände verzichten, die ihr aus Dorpat noch zugeschickt werden sollten und bis Januar 1945 nicht ankamen. Schließlich war sie es, die den großen baltischen Haushalt in der Gartenstraße aufgelöst hat. Ihre Mutter Emma hatte darauf bestanden, dass in dem neuerstandenen Mietshaus, das sie zur Geldanlage erworben hatte, auch drei Räume der Familie gehören, in denen wertvolle Gegenstände aufbewahrt wurden, die in Dagmars Wohnung in der Teichstraße keinen Platz fanden. Der gesamte Inhalt dieser drei Räume war in Dorpat geblieben, auch Charlys Georgskreuz, wie irgendwo vermerkt ist, die Umsiedelung musste zu schnell über die Bühne gehen. Aber der Hausverwalter des Gebäudes hatte versprochen, sich darum zu kümmern, er war Familie Schulz gewogen, kannte sie seit Jahrzehnten und bekam ein anständiges Salär. Estland war nach dem Krieg aber kein freies Estland mehr, alles war wieder einmal anders geworden, sondern ein sowjetisch besetztes Land. Der Eiserne Vorhang schnellte an den Landesgrenzen gnadenlos herunter, kein Durchkommen war mehr möglich, absolut gar keins – selbst Briefe wurden abgefangen. Dagmar kann keinen Kontakt mehr in die Stadt ihrer Herkunft herstellen. Geschirr, Besteck und Schmuck sind irgendwo liegen geblieben, in Dorpat/Tartu, in Posen… Die einstigen Kriegsgegner bleiben Feinde und schotten sich ab. In Stuttgart muss Dagmar mühsam und bescheiden jeglichen Hausrat wiederbeschaffen, 1947 geht es in vielerlei Privatwohnungen sehr sparsam zu. Das Leben geht trotzdem weiter, irgendwie, erst viele Jahrzehnte später stirbt meine Großmutter in einem baltischen Altersheim unter ihresgleichen, dem letzten Versuch, der Herkunft nah zu sein. Ob sie da noch an die vielen Verluste dachte?

Werte und Normen, Lebensgrundsätze und Ideale muss jeder Einzelne nach dem Krieg neu fassen, sich ein weiteres Mal neu erfinden. Das eigene Selbstverständnis nachjustieren – so er sich dazu im Stande sieht. Im Nachkriegsdeutschland ist alles und nichts möglich. Vordringlich bleibt die Frage des Erwerbs, drängend bleibt die Lösung des Wohnraums und unumwunden notwendig der seelische Halt. Wer hat überlebt? Wo sind Familienmitglieder und Freunde? Wer kann wem wie helfen, wie geht es weiter? Gibt es etwas, das über die rein physische Existenz hinausgeht? Wann wird es möglich sein, einmal wieder ein Konzert zu hören?

In den hinterlassenen Papieren liegen unendlich viele Formulare und Briefe – wie viel Zeit und Kraft muss sie das gekostet haben –, mit denen sie ab den Fünfzigerjahren versucht für ihre Wohnung und ihr Atelier in Posen sowie das große Mietshaus in Dorpat irgendwie entschädigt zu werden – ganz abgesehen vom verlorenen

Inventar –, einen Lastenausgleich zu erhalten, der ihre künftige Rente aufbessern muss, schließlich hat sie mit diesem Besitz kalkuliert. Als unverheiratete Mutter, die keinen verdienenden Mann an ihrer Seite hat, deren Eltern verstorben sind und die so spät in eine rententechnisch relevante Berufstätigkeit eingestiegen ist, muss sie um ihre Versorgung im Alter kämpfen. Kläglich, lächerlich und fadenscheinig ist die Summe, die ihr in den sechziger Jahren überwiesen wird, ihr Lebensende bestreitet sie von deutscher Sozialhilfe. Die Schwestern sind beide in einem Landstrich, den man zwei Jahre später DDR nennen wird – hier ist gar nichts möglich, sie sind nicht berechtigt, einen Antrag zu stellen und Gunnar, der geliebte jüngere Bruder, musste auf seinen Teil verzichten – wer hat ihn stattdessen bekommen? –, da er schon „ausbezahlt" wurde, als er Ende der zwanziger Jahre Europa verlies – um niemals zurückzukehren. Dagmar ist also die Einzige, die eine Chance darauf hat, irgendwie entschädigt zu werden.

Ich nehme Abschied von Tartu und stehe nun wieder vor jenem erhaltenen Haus, das Emma Schulz 1935 in der Universitätsstraße gekauft hat – es ist das Einzige, das ich hier sehen, deren Mauern ich berühren kann. Meine Großmutter ist vor achtundsiebzig Jahren zuletzt hier gewesen und ich nehme nicht an, dass eine ihrer Schwestern nach ihr noch einmal hier war. Das Haus steht genauso da, wie es auf den alten Fotos abgebildet ist, die vor dem Zweiten Weltkrieg gemacht wurden. Nur der ummauerte Garten ist einem offenen Platz gewichen, ansonsten sieht alles gleich aus. Es ist auch ein Eckhaus, auf Estnisch: Ülikooli Ecke Munga, keine fünfhundert Meter die Straße entlang, an dem einst das alte Haus samt Atelier stand, das der Großvater Carl im davorliegenden Jahrhundert erworben hatte, bevor es 1944 ausbrannte. Wenige Meter trennen das beständige Geschäftshaus von der Johanniskirche, in der die Familie einst ihren Segen bekam. Das Haus ist bewohnt und sieht gleichzeitig leer aus. Nie hat jemand von Familie Schulz darin gelebt – die Geldanlage ist dem Lauf der Weltpolitik anheimgefallen – trotzdem bildet das Haus einen Ankerpunkt für mich, auch wenn ich nie darinnen war. Gegenüber steht die Universität mit dem dazugehörigen Café. Hier setze ich mich hinein und lasse meinen Gedanken bei einem nordischen Espresso freien Lauf: Das Leben meiner Großmutter. Und ihrer Eltern und Großeltern. Was erzählt es mir? Was bedeuten mir die erhaltenen Fotos, die Dokumente und beglaubigten Aussagen, die im Laufe meiner Recherche aufgetaucht sind und die weit über die Nachrichten aus der Grünen Kiste hinausgehen?

Das Wort „fragen" bedeutet ursprünglich „suchen, herumwühlen" – ja, das habe ich getan, über eine lange Zeit. Ich habe in der Vergangenheit herumgewühlt – und Vieles gefunden. „Antwort" hingegen kommt eigentlich von „Gegenrede" – nein, das mache ich nicht, das kann und will ich gar nicht. Es gibt in diesem Sinne keine Antworten – keine Gegenrede aber doch einiges, was sich mir erschlossen hat und ans Tageslicht gekommen ist.

Sicher scheint mir zu sein, dass das, was man die Aura einer Familie nennen könnte, transgenerational weitergegeben wird, in mir steckt ein Stück der Fotografenfamilie Schulz:

Stolz und Absturz. Schon im Baltikum waren die Deutschen „die Fremden", zumindest die Eingewanderten, nicht diejenigen, die zu dem Land, in dem sie leben ganz natürlich gehören – auch wenn es viele waren. Carl ist von Endigen bei Freiburg nach Dorpat im Russischen Reich eingewandert, Arthur hat sein gesamtes Leben im Embach-Athen verbracht, wie seine Geburts- und Heimatstadt Dorpat genannt wird und Dagmar war gezwungen sich wieder auf den Weg zurück in den Westen machen. Stuttgart und Endingen sind nicht weit voneinander entfernt. Später, im Nachkriegsdeutschland wurde meine Großmutter offiziell Flüchtling genannt, auch dort gehörte sie also nicht zu den „Verwurzelten". Zwar hatte sie ein Recht da zu sein, wie die Millionen anderer Flüchtlinge, die nach Trümmer-Deutschland zurückkehren mussten auch, nicht aber eine über Generationen gewachsene Geschichte – sie war und blieb fremd, im eigenen Land – allemal über ihren baltischen Akzent und den Klang ihrer Stimme, der sie lebenslänglich als Balten-Deutsche verriet. Und das kenne ich, in Deutschland, meinem Geburts- und Herkunftsland, in dem ich immer gelebt habe, werde ich schon seit meiner Kindheit regelmäßig gefragt, wo ich denn herkäme. Auf Grund des Eindrucks (meines Aussehens, meiner Sprache?) ist die Annahme, dass ich, obgleich gut Deutsch sprechend (!), keine Deutsche sein könne. Die Vermutungen reichen von Schweizerin über Belgierin und Holländerin bis zu Engländerin, Dänin, Schwedin, Finnländerin oder Polin und noch weiter in den Osten. Jedes Mal bin ich erneut darüber überrascht. Was ist es, das an mir haftet und mich fremd wirken lässt? Hat dieser Eindruck mit der Geschichte meiner Großmutter zu tun, die das Land, in dem sie leben wollte, verlassen musste und im Strudel der Geschichte von Ost nach West zog – nachdem ihr Großvater von West nach Ost gezogen war? Spiegelt sich irgendetwas von dieser West-Ost und Ost-West Thematik in mir wieder? Die Heimat ist Dagmar verloren gegangen, der Ort, der sie trotz ihres unsteten und weltläufigen Lebenslaufes immer wieder aufgenommen hat, existiert so nicht mehr, sie konnte nicht mehr zurück in ihr familiäres Nest, der Vorhang, der sich politisch herabgesenkt hat, ist undurchdringlich. Ich selbst wüsste gar nicht zu sagen, wo oder was meine Heimat ist. Deutschland fühlt sich noch immer wie ein Zwischenstopp an. Die Sehnsucht irgendwo hinzugehören, hat nichts mehr mit geografischen Orten zu tun, sondern mit sozialen und geistigen, die Angst nicht dazugehören zu dürfen, sitzt tief.

Ist nicht die globalisierte Welt gerade auch ein Resultat der zahlenstarken Kriegsenkelgeneration, die, meist unbewusst, durch die Geschichte ihrer Vorfahren bereit ist, sich eine Mobilität über die ganze Welt zuzutrauen und noch einmal und noch einmal darauf hinweist, dass das soziale und zwischenmenschliche, freundschaftliche und kollegiale Miteinander über materielle und geografische Ankerpunkte hinausgehen muss? Die Zahl der Kriegsenkel in Deutschland ist groß, kämpfen alle mit den gleichen Fragen? Offensichtlich ist es von immenser Wichtigkeit, die Geschichte der eigenen Vorfahren zu kennen, um sich selbst zu spüren. Ich sehe die Wehmut im Blick meiner Großmutter noch immer vor mir, sie war in diesem Sinne noch auf die Materie angewiesen, auf Heim und Haus, was ihr so nie mehr zur Verfügung stand. Ihren sozialen Abstieg hat sie bravourös und mit Stolz und mit Würde ertragen, sie hat die Dinge groß gesehen, hat aus dem Vergangenen geschöpft und sich von Erinnerungen ernährt, auch ihr ist die Grande Dame nie verloren gegangen. Die Sommer ihrer Kindheit in Elva am großen und kleinen See, die Kutschfahrten, das Krocketspielen mit den Freunden, die Selbstverständlichkeit, einen Platz in der ehrwürdigen Stadt zu haben, zum Atelier Schulz zu gehören, das ein deutliches Standing in der Stadt hat. Die alte Welt war mit Kindermädchen, Köchin, Gärtner und weiteren Bediensteten rund für sie – gerade deshalb konnte sie ausbrechen. Und zurückkehren. Die Geschwister, Cousinen, Tanten und was familiär noch alles aufzubieten war, war eine Bastion gegen Gott und den Rest der Welt – den äußeren Bruch hat sie innerlich nicht mitgemacht.

Ein inneres Nicht-ankommen-Können ist ein typischer Charakterzug der Kriegsenkelgeneration, deren Eltern im Krieg Kinder waren und deren Großeltern zur Kriegsteilnehmergeneration gehören, wie die Literatur nachhaltig berichtet. Auch ein Immer-wieder-Anfangen scheint typisch zu sein. Damit ergibt sich eine doppelte Mitgift – Chance und Dilemma zugleich. Eine Stärke ist die schier unendlich weitreichende soziale und räumliche Mobilität. Besonders im menschlichen Miteinander sind Kriegsenkel mit diesen Merkmalen deutlich zu erkennen: die soziale Treue, das weitverzweigte Netzwerk reicht weit über eine räumliche Gebundenheit hinaus. Die Welt steht Kriegsenkeln offen, sie sind gut und oft mehrfach ausgebildet und behalten ihren roten Faden innerlich fest in der Hand – oft sogar zu ihren gesellschaftlichen Ungunsten. Aber auch eine gewisse Unsicherheit ist ihnen anzumerken. „Wer bin ich" fragen sie sich, „wohin gehöre ich", „was will ich", „was soll ich", „wo muss ich hin" – was bedeutet diese lange Geschichte hinter mir, über die so viel geschwiegen wird? Die Schwäche der Kriegsenkel liegt in ihrem Mut auch unangenehme Dinge auszusprechen, Abgründe zu akzeptieren, Widersprüche zu integrieren und selbst immer wieder wie ein Phönix aus der Asche aufzustehen. Ankommen wäre schön und ein Sich-beheimatet-Fühlen auch. Ohne deine Wunde – wo bliebe deine Kraft? Kriegsenkel agieren aus einem tiefen, oft unbewussten Schmerz, legen mitunter den Finger in die Wunde und sind grundlegend und lebenslang irgendwie mit Heilungsprozessen beschäftigt. Sie haben das Potenzial dazu, manch einer droht aber auch gerade daran zu zerbrechen – an den Dingen, die unausgesprochen auf ihnen lasten, die transgenerational weitergegeben wurden, an dem Schmerz ihrer Vorfahren.

Die familiäre Rückbindung von Kriegsenkeln ist mitunter nicht ganz einfach, denn Kriegskinder haben oft nicht das Glück, einen klaren Blick auf die Folgen ihrer Kindheit zwischen alter Heimat, Flucht und Vertreibung sowie dem Bombenhagel in den Kriegsjahren und den daraus folgenden spärlichen Wohn- und Lebensverhältnissen werfen zu können – es wäre ein Verrat der eigenen Eltern, die so Furchtbares durchmachen mussten. Schließlich sind jene es gewesen, die am Ende die Trümmer beseitigt haben, oft den Ehepartner oder weitere Familienmitglieder verloren haben und gleichzeitig auch noch ihre Kinder durchbringen mussten – selbstverständlich mit dem Blick nach vorne. Nach vorne und nur nach vorne. Aufbauen, weitermachen, das Leben neu organisieren. Kriegskinder sind zähe Abenteurer, Gefühle konnten nicht zu ihrer eigenen Kindheit gehören, sonst hätten sie diese nicht überlebt. Daraus abzuleiten ist, dass Kriegskinder ihren Gefühlshaushalt in Kindheits- und Jugendjahren auf Sparflamme gehalten haben, rationale Entscheidungen der Elterngeneration hatten immer Vorrang – erst später konnten sie sich dagegen auflehnen. Kriegskinder wurden zwangsläufig darin geschult, ihrem Denken einen größeren Wert beizumessen als ihren Gefühlen, vom eigenen Willen gar nicht zu sprechen. Das große Wunschkonzert bezog sich für sie auf eine Zukunft, in der Sicherheit und Stabilität Vorrang haben. Der Stärke des Durchhaltens steht die Schwäche Gefühle klein zu halten gegenüber.

Im Gegensatz dazu hat die Kriegsenkelgeneration einen ganz anderen Lebensstart gehabt: Frieden und Bildung. Kriegsenkel wissen alles und es geht ihnen gut. Ihnen steht eine glänzende berufliche Zukunft offen. Der äußeren Sicherheit – schon so lange Frieden! – steht aber eine innere Fragilität gegenüber. Ihre Gefühlswelt ist reich und nicht unbedingt beschreibbar, sie steht auf tönernen Füssen. Da gibt es Ängste und Sorgen, das Gefühl nicht anerkannt zu werden und bohrende Fragen. Weder ist ein Grundvertrauen noch ein Heimatgefühl vorhanden, zwischenmenschlich sind sie auf ständige (Selbst-)Vergewisserung angewiesen.

Kriegsenkel, so heißt es auf Tagungen und in der Literatur, leben in ihren Gefühlen und wissen nicht, worauf sie sich gründen können, wo sie (in sich) zu Hause sind. Die Sorgen ihrer Eltern um materiellen Besitz erreichen sie nur marginal, denn sie sind mit ihrem emotionalen Alltag so beschäftigt, dass kaum Platz für etwas Anderes bleibt. Sie sind mit ihrem seelischen Überleben ausgelastet und wissen nicht, wo sie hingehören – ihrer blendenden Karriere in Friedenszeiten stehen unsichtbare Schranken im Weg.

Und es geht weiter: Die heutig zwanzig- bis dreißigjährigen sind die Kinder der Kriegsenkel. Sie haben es nicht mehr mit physischen oder seelischen Verwirrungen und Fragen, die sich aus den gesellschaftlich brutalen Umwandlungen durch die Kriege ergeben haben, zu tun, sondern mit geistigen. Das Leben ist in seinen Zusammenhängen und Abhängigkeiten undurchschaubar geworden, die Globalisierung ist Segen und Fluch zugleich. Ethische, moralische und religiöse Fragen lenken das Weltgeschehen, obgleich der aufgeklärte Materialismus, die vielgelobte Wissenschaftlichkeit und die demokratischen Strukturen ihre Vormacht für besiegelt halten – der Kampf aller gegen alle ist ausgebrochen. Wer findet wo eine Nische – und kann das gesamtgesellschaftlich und weltpolitisch noch guten Gewissens begründen?

Kriegsurenkel haben es mit der Frage zu tun, was sie in dieser korrupten, egozentrischen und verdorbenen Welt wollen, die möglicherweise auch in Europa wieder auf einen Krieg zusteuert. Sie können denken und sie können fühlen, aber sie können das mitunter nicht zusammenbringen. Emotionale Dramen gehören genauso zu ihrem Alltag wie die Veröffentlichung von privaten Erlebnissen auf Facebook – was für Kriegskinder und -enkel unvorstellbar ist.

Sie tragen die Reste des großen physischen und emotionalen Scheiterns, das Erbe der transgenerationalen Weitergabe von Kriegstraumata mit sich herum und wehren sich vehement dagegen.

Sie wollen alles: freies Denken, offene Gefühle und mutige Willensintentionen – wobei ihnen die eigenen Schritte schwerfallen. Auch sie stehen auf der Bremse und geben gleichzeitig Gas. Plakativ ausgedrückt: Jeder hat das Abitur, jeder kann studieren, aber die Werte und Vorstellungen der Eltern-, Großeltern- und Urgroßelterngeneration tragen nicht. Auch für diese Generation gilt: Das spezifisch Eigene und Neue zu kreieren. Die Kriegsurenkel wollen nicht in alte Fallen stürzen, sondern gänzlich neue Formen und Wege aufbauen. Auch sie schauen nicht in die Vergangenheit, die verlorene Heimat oder in die Gegenwart, die gesellschaftlichen Möglichkeiten, sondern in die Zukunft, weit in die Zukunft, sie gehen einen Weg, der unter ihren Füssen entsteht – ohne dass sie wissen, wohin der Weg sie führt.

Alle drei Generationen haben Stärken und Schwächen, Freiheiten und Gefangenschaften. Die, die denken können, brauchen ein Haus. Die, die fühlen können, brauchen Freunde und die, die wollen können, brauchen praktikable Ideale. Zur Überwindung der spezifischen Einseitigkeiten gehört es, neben einem offenen Geschichtsbewusstsein, sich selbst ernst zu nehmen, sich im Laufe des Lebens gut kennen zu lernen und den Mut zu haben "bekanntes" Terrain zu verlassen.

Die urteilsfreie Selbstwahrnehmung und eine frei gewählte Selbstschulung können dazu führen, die inneren Ketten zu sprengen und das Kaleidoskop der physischen, seelischen und geistigen Möglichkeiten zu erweitern. Ein respektvoller Dialog zwischen den Generationen – was in dieser Hinsicht eine echte Herausforderung ist – kann zur Heilung der inneren Wunden beitragen.

Erst die nächste Generation wird von den Geschehnissen des 20. Jahrhunderts so weit befreit sein, dass sich ihr Denken, Fühlen und Wollen nicht mehr aus den Albträumen der gesellschaftlichen und zwischenmenschlichen Zerstörung rekrutiert, sondern, dass sie frei und weit und offen entscheiden kann, was sie denkt, fühlt und will. Zukunft hat Herkunft. Die Umwälzungen des 20. Jahrhunderts, in denen die europäische Bevölkerung kräftig durchgeschüttelt wurde, braucht mindestens drei Generationen, um nachhaltig verarbeitet und transformiert zu werden.

Brief III

Liebe Großeltern, gab es je einen Brief, der an euch gemeinsam adressiert wurde? Seit Monaten bin ich mit euch unterwegs, durch die Kriegswirren hindurch. Ich habe versucht eure Familiengeschichten zu rekonstruieren, habe Fotos betrachtet, Briefe gelesen, habe Erinnerungen und Notizen durchforstet, bin an Orte gefahren, an denen ihr gelebt habt und habe versucht der Idee eures gemeinsamen Lebens und Schicksals habhaft zu werden, inmitten der politischen und gesellschaftlichen Umwälzungen der ersten Hälfte der 20. Jahrhunderts. Alles, was ich auf materieller Ebene bekommen konnte, habe ich gesichtet, eingeordnet und auf mich wirken lassen. Herbert, du bist seit über sechzig Jahren tot, und du, Dagmar, die mein Herz noch immer Baba nennt, seit knapp dreißig Jahren. Wie es da oben im Himmel wohl ist? Wohin geht die nächste Reise? Klare Worte dringen bis zu mir nicht durch, aber ein Gefühl von Wärme kommt an. Darin schwingt Interesse mit, offene Fragen, kleine Verwunderungen, klare Tatsachen und deutliche Überraschungen – ich glaube, dass das für alle Seiten gilt, für euch und für mich.

Heute stehe ich in Engen in Süddeutschland in einer Sonderausstellung des Städtischen Museums. Bilder von Ida Kerkovius gibt es zu sehen, „Im Herzen der Farbe" heißt die bunte und so farbenprächtige Präsentation in dem alten, hellen Gebäude. Die Bilder der Künstlerin, die auch eine Adolf Hölzle Schülerin war, machen einen tiefen Eindruck auf mich. Sie sind fröhlich und gleichzeitig ernst, bunt und klar, geheimnisvoll und verwunschen. Die viele Farbe ist eine Liaison mit den konturierten Formen eingegangen. Strenge Klarheit und offene Phantasie laden in einen Raum ein, der von Wärme erfüllt ist. Im Wohnzimmer meiner Kindheit hingen einige Bilder von ihr, ihr Stil ist mir tief vertraut, auch wenn ich all die Bilder, die heute in Engen hängen, bislang nicht kannte. Herbert, Ida Kerkovius ist deine Cousine aus Riga – wann habt ihr euch zuletzt gesehen? Und Baba, wann hast du die Künstlerin kennengelernt, erst in Stuttgart oder schon im Baltikum? Von dir weiß ich, dass du sie bis zu ihrem Tod in Stuttgart 1970 begleitet hast. Einst hast du mir das Buch von Kurt Leonhard geschenkt, „Ida Kerkovius, Leben und Werk", das 1969 veröffentlicht wurde. Auf der ersten Seite hat sie in ihrer unverwechselbaren Handschrift einen Gruß für dich hinterlassen. Ob ihr euch wohl einmal zu dritt getroffen habt?

Ab 1939 konnte auch Ida Kerkovius nicht mehr in ihre Heimat nach Riga zurück. Zuvor war sie noch einmal zwei Jahre in der Stadt ihrer Herkunft. Mehrere Häuser des Vaters luden in der Ostseehafenstadt zum Verweilen ein. Die meisten ihrer elf Geschwister sind in der Nähe und die wohlhabende Gutsbesitzerfamilie trifft sich jeden Sommer auf dem Landgut Saaden. Vielleicht entstanden deshalb in der Folge des Hitler-Stalin-Paktes so viele Bilder, die die Stadt Riga und die Landschaft des Baltikums thematisieren? Innigkeit und Sehnsucht sind zu sehen, Loderndes und Brennendes, sowie klare Formen und Abstände, ein Schatz aus dem Herzen ist auf das Papier gebracht worden. Ida Kerkovius hat in meinen Augen auch in der Folge noch Heimatbilder gemalt, abstrakte Gemälde, die die Orte in der Welt repräsentieren, in die sie gereist ist und die in ihr räsonieren – wie im Tessin. Einige ihrer Bilder werden zur Zeit des Nationalsozialismus als entartet aus öffentlichen Sammlungen entfernt, dennoch erhält sie weder ein Berufs- noch ein Ausstellungsverbot. Ida Kerkovius macht weiter, auch nachdem ihr Atelier den Bomben der Alliierten anheimfällt. Der Verkauf eines großen Bildes ermöglicht ihr den Kauf eines großen Webstuhls, in der Folge webt sie ihre Kunstwerke mit dem Faden in große Teppiche, Wandbehänge und Web-Bilder.

Die gemalten Bilder der baltischen Künstlerin im Museum zu betrachten ist wie ein Nach-Hause-Kommen für mich, ich fühle mich aufgehoben und aufgerufen. Als ich von der Ausstellung wieder nach Hause komme, schaue ich mir noch einmal die Kondolenzbriefe an, die nach deinem Tod, Herbert, geschrieben wurden. Und da ist sie, die Karte von Ida. Und wie es die Weisheit des Schicksals will, ist sie an die „liebe Dagi und die liebe Emmi" gerichtet. Ich mache mir klar: Emmi ist Herberts Ehefrau. Aber Dagi, meine Großmutter? Nein, das kann nicht sein. Und so war es natürlich auch nicht. Herbert, du hast deine älteste Tochter auch Dagmar genannt, in weiser Vorsicht? Tochter und Geliebte tragen also den gleichen Namen. Warum Ida nicht auch die anderen Kinder erwähnte, warum sie nur an Emmi und Dagi schrieb? Ich lese: „Der Tod meines liebsten Vetters Herbert hat mich tief ergriffen. Wie tragisch, dass er verhältnismäßig jung hat an einem so schweren Leiden sterben müssen. Ich spreche euch meine herzlichste Teilnahme aus. Ich habe seine Einstellung zur Kunst immer sehr geschätzt und hatte mir fest vorgenommen ihn das nächste Mal in Frankfurt bestimmt zu besuchen. Wie schade! Mit herzlich teilnehmenden Grüßen, eure Ida Kerkovius".

Die Bilder in der Ausstellung in Engen kommen wie ein Gruß für mich – auch von euch beiden, irgendwie. Ein alter Schwarz-weiß-Film von 1966 wird in einem Nebenraum gezeigt, ein Lebens- und Schaffensportrait der Künstlerin ist dort verwackelt wieder und wieder zu sehen. Und Ida erzählt in diesem Film von sich, von ihrer Kunst, ihren Malerkollegen, von ihrer Heimat. Ihre Stimme und ihr Dialekt – typisch baltisch! – hat den gleichen Klang, wie ich das gesprochene Wort von dir, Baba, erinnere. Als ich wieder in dem großen weißen Raum stehe, in dem die vielen ausdrucksstarken Bilder um mich herum hängen, habe ich das Gefühl, dass sie mir auch von euch erzählen. Von den Farben in eurer Heimat und von der Gemeinschaft und den Gepflogenheiten der Balten-Deutschen in den nördlichen Ostseeländern. Ich stelle mir vor, dass ihr euch in euren Gesprächen während des Krieges oft über die Weite des Landes unterhalten habt, die Eigenarten des Lebens in Riga, Reval und Dorpat, ja dass euer Selbstverständnis bis über den Tod hinaus mit dieser baltischen Heimat verknüpft ist. Diese Message ist bei mir angekommen und mit den farbenprächtigen Bildern von der euch beiden bekannten und geliebten baltischen Malerin möchte ich euch grüßen – ihre Bilder sind da, sie ist da, ihr seid da und alle lebt ihr in mir weiter! Die undurchsichtige Schwere ist gewichen, eine offene Zukunft kann kommen. Von ganzem Herzen, Eure gemeinsame Enkelin

Epilog: Die Toten

Den fünfhundertdreiundachtzig Fragen stehen dreitausendsiebenhundertzweiunddreißig Punkte gegenüber. Das Netzwerk der Toten ist in Bewegung gekommen. Es wird getuschelt und geflüstert, geschaut und betrachtet, Positionen werden verändert, Plätze wechseln und künftige Vorhaben werden ins Visier genommen: Die Reihe der Ahnen formiert sich um, Fragen werden zu Aussagen. Das, was eine Folge war, nacheinander, hintereinander, höchstens zu zweit, löst sich in eine schwingende Spirale auf. Fokussiert werden die noch Lebenden und die Kommenden, sie bilden den Kristallisationspunkt, leiten die Blickrichtung und führen gleichzeitig den Umschwung zwischen hier und da, diesseits und jenseits, jetzt und später und früher und immer und nie und vielleicht und so oder so durch.

Es bleiben Fragen, damit gilt es zu leben, irgendwann werden sich die Antworten präsentieren. Die bereits Gegangenen sind die Unverlierbaren, wie sie Hilde Domin nennt. Auch wenn die Gräber in Riga und Tartu nicht mehr zu finden sind, sondern nur noch die, die es aus der zweiten Hälfte des 20. Jahrhunderts in Deutschland gibt, weil die Grabkreuze im Osten umgefallen und der zeitweiligen Missachtung anheimgefallen sind, weil der Eiserne Vorhang ein Eiserner Vorhang gewesen ist, gerade darum sind die Vergangenen präsenter denn je, sie haben irdische Spuren hinterlassen, kürzere oder längere Zeiten auf der Erde verbracht, da oder dort, glücklich oder leidvoll, überraschend oder bescheiden.

Christa Wolf lässt ihren Roman Kindheitsmuster mit dem Satz beginnen: Das Vergangene ist nicht tot, es ist nicht einmal vergangen. Und so ist es. Eine Generation gebiert sich aus der anderen, das menschliche Miteinander braucht Stoff. Es ist eine Spirale, eine Lemniskate, eine große Metamorphose. Der Blick nach hinten wendet sich dem Schnittpunkt der Lemniskate des Lebens zu und erahnt das, woraus die Vergangenheit die Zukunft jedes Einzelnen in der Gegenwart entstehen lässt.

Carl aus Endigen kam und ging zuerst. Seinem frühkindlich familiären Desaster trotzend hat er das Abenteuer auf sich genommen und die Heimat verlassen, hat sich ins ferne und sagenumwobene Baltikum begeben, um dort für sich eine NEUE Heimat zu begründen. Dass der kleine Waisenjunge finanziell und vor allem künstlerisch so erfolgreich werden sollte und so viel Anerkennung für seine Fotografie und die rasante Weiterentwicklung erhalten würde, war wohl dem glücklichen Stern zu verdanken, der ihn durch sein recht kurzes Leben geleitet hat. Stolz und aufbrausend hat er seine Ziele verfolgt und sich unter die Großen in seinem Metier gemischt, den Aufstieg ins Bürgertum geschafft und stolz präsentiert. Seinen Namen hat er der Firma Jahrzehnte lang zur Verfügung gestellt, so dass alle Bilder aus dem Atelier seinen Namen tragen. Die aus Dorpat und Riga, Libau und Majorenhof. Dass ich eines der Ehrengeschenke habe, den Ring, den er einst von Kaiser Franz Josef aus Wien bekam, berührt mich sehr. Mein Ururgroßvater Carl hat Geschichte geschrieben, die sich mitunter um meinen linken Mittelfinger geschwungen hat.

Seine Frau Julie war gerade die Richtige. Nichts ist mir über ihre Familie bekannt, nur die rudimentären Daten, die der Archivar über die Ankunft auf Erden und das Verlassen derselben im Stammbaum niedergeschrieben hat. Julie war Carl gewachsen, sein Stern und ihr Stern haben sich gegenseitig leuchten lassen und das fotografische Vermächtnis begründet. Irdische Niederlagen und finanzielle Engpässe hat sie großzügig genommen. Dorpat wurde irgendwann zu klein, auf jeden Fall für sie, da durfte es schon die Stadt Riga sein. Nach dem frühen Tod von Carl hat sie gar die Leitung des Ateliers ergriffen – diese Frau von Welt, die in ihren langen Kleidern gerne posiert hat und die Ehrungen, Prämien und Gewinne von Abgesandten des Zaren- oder Kaiserhofes stolz und galant in Empfang genommen hat.

Arthur, der Drittgeborene der achtköpfigen Kinderschar in diesem Elternhaus, hat sich behauptet, trotz allem. Dem großen Mann, der seinem Vater ähnelt, gelingt es den Erfolg fortzuschreiben, das Dorpater Atelier in der Gartenstraße weiterhin in aller Munde zu halten – auch wenn seine Brüder ebenfalls fotografisch unterwegs sind. Zu schaffen macht ihm die Krankheit, die ihn Jahr für Jahr in seiner Beweglichkeit mehr einschränkt – auch seine Brüder sind mit einer schwachen Gesundheit geschlagen. Der stolze Arthur, der die Frau seines Lebens eroberte und mit ihr sechs Kinder bekam, musste irgendwann hinnehmen, dass er das Atelier und seine Familie nur noch über das Wort regieren konnte.

Aber Emma, die Schöne, die Mutter dieser sechs Schulz-Kinder aus der Gartenstraße, hat ihren Mann zeitlebens geliebt und ihm gleichzeitig misstraut. Niemand weiß zu sagen, wie es zu seiner Krankheit kommen konnte. Sie hat sich dafür von ihm mit einem guten Leben beschenken lassen, jedes Jahr Schmuck, einen neuen Hut und unendlich viele Fotografien von ihr. Ihre Reichweite ging nicht über die Familie hinaus, diese jedoch hat sie fürsorglich, wie ein Fels in der Brandung, umsorgt. Schlimm muss für sie der Tod von Gerta und Charly gewesen sein, unfassbar der Fortgang von Gunnar, traurig aber natürlich die Hochzeiten von Edith und Sigrid die die beiden in die Ferne führten. Wie sehr muss sie sich an Dagmar gehalten haben, die letzte, die ihr bis zum Tode blieb.

Auf Charly, dem Erstgeborenen, haben der Stolz und die Erwartung des Vaters gelastet, so schwer, dass er die Fracht fast nicht tragen konnte. In seiner Soldatenuniform bleibt er eine jener vielen tragischen Figuren, die der Politik des Deutschen Reiches und der Antwort der russischen Untertanen im eisigen Winter zum Opfer fiel: als Deutscher in der russisch-zaristischen Armee, auf den polnischen Feldern, vermutlich durch die deutschen Gegner. Aber auch er wusste nicht, wie er zu leben hatte, in der erhabenen Fotografenfamilie, die nur den Umgang mit dem Erfolg wünschte und sich mit biografischem Zaudern, Zagen und Zweifeln nicht auskannte.

Gerta, dem kleinen Mädchen, das die Erde nur kurz und sanft geküsst hat, fiel noch vor Ende des 19. Jahrhunderts die Rolle zu, der Familie den ersten unschuldigen Tod ins Kinderzimmer zu tragen, in Kerimois, dem Sommerort, den die Familie bis dahin nur mit den Strahlen der Sonne verband. „Brüderchen komm tanz‘ mit mir…“ Der Schmerz hat die Mutter so tief getroffen, dass das Mädchen über Jahrzehnte an Geburtstagen, zum Weihnachtsfest oder bei jedweder familiären Feierlichkeit dabei war und Zeichen für Vergänglichkeit und Beständigkeit zugleich wurde.

Edith, dem zarten Mädchen, hat Tante Thommy den nötigen Beistand handfest gereicht, so dass sie Freud und Leid, Gram und Verzicht zu handhaben lernte. Ob des reichsdeutschen Mannes hat sie zwangsweise die Weite Russlands erkundet und sich nach dem Ersten Weltkrieg auf den Weg in den Westen gemacht. Der Mann und die Kinder waren ihre Welt, sie war es auch, die damit begann die Familiengeschichte aufzuschreiben, um festzuhalten, was war und den Glanz der Vorfahren für die Nachfahren sichtbar zu machen.

Und Sigrid, deren Lebensbeginn mit dem Tod der großen Schwester so nah verknüpft blieb, traf die richtige Wahl und nahm den Pastor zum Gemahl, der ein amtliches Verhältnis zum Himmel bekleidete und zu all den dunklen Vorkommnissen des menschlichen Daseins ein paar tröstende Worte fand. Sigrid, die praktische Mutter, für Kinder und Kindeskinder stets in möglicher Reichweite, hat Verbannung, Umsiedlung, Flucht und den immer wieder anstehenden Neubeginn stoisch genommen, der familiäre Zusammenhalt hat das Tohuwabohu der Weltgeschichte stets überragt.

Gunnar hat sich nicht in die Karten schauen lassen – auf einer langen Wegstrecke seines Lebens. Anfang und Ende sind mehr oder weniger bekannte Festpunkte, dazwischen ein paar Fotos, das Telegramm, das über seinen Tod informiert, ein

Ausrufezeichen, das heute noch bis in mein Wohnzimmer reicht. Gunnar ist nah, obgleich er so fern ist. Südafrika war seine Bestimmung. Das Rätsel bleibt und wird von mir nicht gelöst. Sein langes Leben, am anderen Ende der Welt – so wütend, so traurig, so mutig, so abenteuerlustig. Ein Fragezeichen führt weiter.

Und Dagmar. Meine ferne und irgendwie trotz allem rätselhafte gebliebene Großmutter, die so lange gelebt und eine bewegende, mich berührende Biographie hinterlassen hat, an der sie mich nicht an jeder Wendung hat teilhaben lassen. Sie hat hoch gepokert, wurde als Liebling ihrer Mutter verwöhnt und hat dann alles ausgebadet, was es in jenen Jahren auszubaden gab. Unglaublich, wie sie das geschafft hat, so jung und so alt, allein und beweglich, zwischen Dorpat, Berlin, Breslau und Posen hin und her, im Ersten und Zweiten Weltkrieg und mit Kind und mit und ohne den Vater des Kindes an ihrer Seite und einem Atelier und dem Verlust und dem Wieder-Aufstehen und dem Weitermachen und dem Bescheiden-sein. Sie war die Einzige, die aus dem Schulz-Clan eine richtige und offizielle Ausbildung gemacht hat, ich bin nicht mal sicher, ob ihr Vater eine hatte – auch was ihre Brüder beruflich vorhatten, ist mir verborgen geblieben. Dagmar hat sich nicht kleinkriegen lassen, sie hat den Schatz aus dem Baltikum mitgenommen und mir übergeben, mich dazu verführt nach Dorpat zu fahren, sodass ihre Geschichte… Ein bisschen, irgendwie.

Die Schulz-Linie ist über ihren Namen an ein Ende gekommen – es gibt keine nachfolgenden Generationen mehr, die den Namen dieser baltischen Familie tragen. Nur die drei schönen Töchter konnten für Nachwuchs sorgen, aber in der alten Welt war der Preis der Familiengründung für die Frauen der Verlust des eigenen Familiennamens. Kinder, Enkel und Urenkel gibt es jedoch, deren Wurzeln in Dorpat in der Gartenstraße unter den Trümmern des einst so schönen Hauses liegen. Sowohl die Vergangenheit als auch die Verwandtschaft hat sich in Teilen gezeigt und biografische, familiengeschichtliche und weltpolitische dur- und moll-Töne preisgegeben. Nun weiß ich, woher ich von der einen Seite komme.

Der offizielle Schulz-Stammbaum nennt die Geschwister aus Dorpat sowie die ehelichen Verbindungen, die sowohl Edith als auch Sigrid eingegangen sind. Edith hatte drei Kinder, Sigrid fünf, Dagmar eins – das aber samt Vater nicht auf dem Stammbaum steht. Die Mutter Emma hatte also neun Enkelkinder. Die Kinder von Edith und Sigrid hat sie noch miterlebt, dass aber ihre Tochter Dagmar auch noch Mutter wurde, hat sie verpasst – meine Mutter kennt sie nicht. Die Stammbäume führen weiter, durch die drei Kinder von Edith werden acht Enkelkinder geboren, durch Sigrids fünf Kinder kommen siebzehn Enkelkinder zur Welt und durch Dagmar zwei.

Und diese Tat steht nun an, auch wenn meine Großeltern nicht verheiratet waren, so waren sie doch miteinander verbunden und haben eine nächste Generation generiert. Ich füge Herbert Boehm in den Schulz'schen Stammbaum ein und führe ihn weiter. Statt des Zeichens für eine Hochzeit schreibe ich: „verbunden mit", sodass die nächste Generation eine Chance hat, mit ihren Vorfahren und Nachfahren in einem Stammbaum aufzutauchen. Meine eigene Existenz bekommt eine Grundlage, ja eine Legitimation. Der Platz in der eigenen Herkunftslinie eröffnet eine Zukunft.

Hervorzuheben bleibt an dieser Stelle Herbert, der in zwei verschiedenen Stammbäumen ein doppeltes, geteiltes, halbes und verwunderliches Leben führt – je nachdem, wie man es sehen will. Auch wenn meine Mutter und damit die folgenden Generationen, die aus der Liebe zwischen Herbert und Dagmar entstanden sind, in dem Boehm'schen Stammbaum nicht existieren – dieses Projekt muss jemand anderes durchführen – so bekommt er nun einen Platz im Schulz'schen Stammbaum. Durch ihn wurde die Fortführung der Familiengenealogie über Dagmar ermöglicht, obgleich auch sein Familienname heute kaum mehr weiterführt. Die Familiennamen Schulz und Boehm aus Dorpat sind in direkter Linie kaum mehr vorhanden. Die siebte Generation nach Carl und Julie, Arthur und Emma, Herbert und Dagmar Schulz ist auf dem Weg in Süddeutschland auf die Erde zu kommen, um zu leben, etwas zu machen, vielleicht irgendwann einmal nach Estland zu fahren…

Auch zu Herbert Boehm bleiben unbeantwortete Fragen. Was aber mitunter überdauert hat, ist ein Gedicht, das er zu einem Nachkriegsneujahrstag von Frankfurt nach Stuttgart an Dagmar Schulz, die Mutter seiner Tochter, die ohne ihn leben musste, schickt. Es ist das Gedicht „Stufen" von Hermann Hesse. Seine handschriftliche Abschrift liegt, wie könnte es anders sein, in der Grünen Kiste und wird zu Motto und Motiv dieser Spurensuche:

Wie jede Blüte welkt und jede Jugend
Dem Alter weicht, blüht jede Lebensstufe,
Blüht jede Weisheit auch und jede Tugend
Zu ihrer Zeit und darf nicht ewig dauern.
Es muß das Herz bei jedem Lebensrufe
Bereit zum Abschied sein und Neubeginne,
Um sich in Tapferkeit und ohne Trauern
In andre, neue Bindungen zu geben.
Und jedem Anfang wohnt ein Zauber inne,
Der uns beschützt und der uns hilft, zu leben.

Wir sollen heiter Raum um Raum durchschreiten,
An keinem wie an einer Heimat hängen,
Der Weltgeist will nicht fesseln uns und engen,
Er will uns Stuf' um Stufe heben, weiten.
Kaum sind wir heimisch einem Lebenskreise
Und traulich eingewohnt, so droht Erschlaffen,
Nur wer bereit zu Aufbruch ist und Reise,
Mag lähmender Gewöhnung sich entraffen.

Es wird vielleicht auch noch die Todesstunde
Uns neuen Räumen jung entgegen senden,
Des Lebens Ruf an uns wird niemals enden...
Wohlan denn, Herz, nimm Abschied und gesunde!

Herbert Boehm mit seiner Tochter, ca. 1949

Dagmar Schulz in den 30er Jahren in Berlin

Anhang:

Stammbaum Julie und Carl Schulz

Juliane *(Julie)* Friederike Maria Stahl
* 06.06.1840 Dorpat/Tartu
† 10.12.1901 Riga

Carl Anton Schulz
* 04.03.1831 Endingen
† 25.06.1884 Riga

∞ 03.11.1857 Dorpat/Tartu

Kinder:

1. *Ida* Josephine Schulz
* 08.08.1858 Dorpat/Tartu
† 19.07.1943 Leszno

2. *Carl* Julius Schulz
* 12.04.1860 Dorpat/Tartu
† 11.03.1895 Riga

3. Alexander *Arthur* Schulz
* 13.05.1862 Dorpat/Tartu
† 12.06.1921 Dorpat/Tartu

4. *Franz* Rudolph Schulz
* 21.05.1864 Dorpat/Tartu
† 14.05.1865 Dorpat/Tartu

5. *Anna* Schulz
* 10.03.1866 Dorpat/Tartu
† 21.04.1945 Danzig

6. *Ella* Marie Schulz
* 10.03.1868 Dorpat/Tartu
† 24.08.1888 Riga

7. *Ferdinand* Oscar Schulz
* 13.01.1872 Dorpat/Tartu
† 12.07.1929 Liepāja

8. *Eduard* Schulz
* 19.01.1875 Dorpat/Tartu
† 22.01.1913 Riga

Obere Reihe von links nach rechts: Edith, Charly, Sigrid
Untere Reihe: links Dagmar und rechts Gunnar, in der Mitte eine Puppe: Gerta
Ca. 1902

Stammbaum Emma und Arthur Schulz

Emma Wilhelmine *Schulz*, geb. Ferberg
* 18.03.1865 Reval/Tallinn
† 08.04.1938 Dorpat/Tartu

∞ 28.09.1887 Reval/Tallinn

Alexander *Arthur Schulz*
* 13.05.1862 Dorpat/Tartu
† 12.06.1921 Dorpat/Tartu

Kinder:

1. *Carl* Woldemar Hugo *Schulz*
(genannt Charly)
* 29.09.1888 Dorpat/Tartu
† 1915? (im Ersten Weltkrieg in Polen verschollen)

2. *Gertrud* Charlotte *Schulz*
(genannt Gerta)
* 15.09.1889 Dorpat/Tartu
† 09.08.1895 Dorpat/Tartu

3. *Edith* Marie Adelheid *Schulz*
* 14.11.1891 Dorpat/Tartu
† 02.12.1985 Potsdam
∞ 09.06.1914 Elva
Alexander Julius Robert *Werner* Meyer
* 03.07.1886 Reval/Tallinn
† 20.02.1959 Potsdam

4. *Sigrid* Lilli *Schulz*
* 17.04.1895 Dorpat/Tartu
† 19.06.1964 Bad Doberan
∞ 21.11.1913 Dorpat/Tartu
Walter Friedrich Adolph Krüger
* 13.06.1884 Sesavas
† 02.06.1962 Bad Doberan

5. *Dagmar* Edith Charlotte Julie *Schulz*
* 07.07.1897 Dorpat/Tartu
† 06.09.1989 Bad Pyrmont
verbunden mit
Herbert Christian Woldemar *Boehm*
* 24.08.1894 Dorpat/Tartu
† 06.11.1954 Frankfurt

6. *Gunnar* Arthur Elmar *Schulz*
* 01.01.1899 Dorpat/Tartu
† 13.09.1974 Boksburg, Südafrika

Nachwort

Ganz besonders herzlich möchte ich mich bei Sven Lepa aus Tartu bedanken, der mir unschätzbar viele Informationen und Dokumente der Familie Schulz digital aus den Archiven in Estland zur Verfügung gestellt hat – ohne ihn wäre diese Rekonstruktion nicht möglich gewesen. Gleichwohl gebührt mein Dank meiner Mutter für das Überlassen all jener Unterlagen aus den entscheidenden Jahren über ihre Eltern sowie die Grüne Kiste, die sie mir vertrauensvoll übergeben hat. Des Weiteren möchte ich mich bei zwei Enkeln von Sigrid Schulz: Hille Wittwer und Andreas Krueger sowie bei zwei Enkeln von Edith Schulz: Madeleine Meran und Renate Schreiber sehr herzlich für Informationen, tatkräftige Hilfe, Unterlagen und vor allem Fotos bedanken. Für die Unterstützung, dieses Buch tatsächlich zu schreiben, gebührt mein Dank meinen Weggefährten, die auch mit der Thematik unterwegs sind, der eigenen Identität habhaft zu werden, sie zu ergreifen und damit konstruktiv umzugehen. Hervorzuheben sind besonders: Heike Fangrat, Lina Jakob, Françoise di Ronco, Jelle van der Meulen, Henriette Ernst, Peter Manthey.

Juli 2021
Im 125. Geburtsjahr von Dagmar Edith Charlotte Julie Schulz